奢侈品的秘密

LES SECRETS DU LUXE

[法]劳伦斯·皮科 著　王彤 译

中国出版集团
中译出版社

右页插图

《告别》,这幅描绘法国君主专制时期贵族日常生活的图片记录了十八世纪法国人的风俗与着装风格。该作完成于1775年,现藏于法国国家图书馆。

SOMMAIRE

成熟
1799—1899

151 「时间就是金钱」
157 气球狂热
165 女时装设计师第一人
171 新大陆之味
177 蓬帕杜夫人的生意
183 英国约翰们,欢迎光临法国!

192 引言:从创业精神到造福社会的奢侈品
195 受害者舞会
201 墙纸浪潮
209 世界音调,法国主宰
215 印花布匠人
223 王室女教师的玩具
229 伊西多尔,潜伏在中国的间谍
235 金银器革命
241 从煤炭到制箱匠
249 震撼人心的演出
255 交际花与高定时装
263 救星巴斯德
267 人造天堂
273 造福社会的水晶
277 「电动奢侈」?

284 注释
290 人名索引
292 部分参考书目
294 图片版权
295 致谢

目录

诞生
1661—1715

- 1　作者序
- 8　引言：法国奢侈产业之起航
- 11　王室庆典——挑战不可能
- 17　窃取制镜诀窍
- 25　十七世纪的新兴企业
- 33　救命香水
- 39　奢侈的标志
- 47　瓷宫特里亚农
- 53　滑稽的假发
- 61　奢侈品殿堂
- 65　宫廷礼仪挽救制造业
- 69　潮流大咖
- 75　奢侈，耶稣会士和外交
- 81　致命之美
- 87　味蕾革命
- 93　炼制"白色黄金"的术士

成长
1716—1789

- 100　引言：奢侈品，必要的不必要
- 103　把赌注压在奢侈品上的赌徒
- 109　财富之轮
- 117　没有亚洲漆，那就用马尔丹清漆
- 121　商人伏尔泰
- 127　蓬蓬·牛顿夫人
- 131　科学表演家
- 139　从人形机器人到丝绸
- 145　社交女王

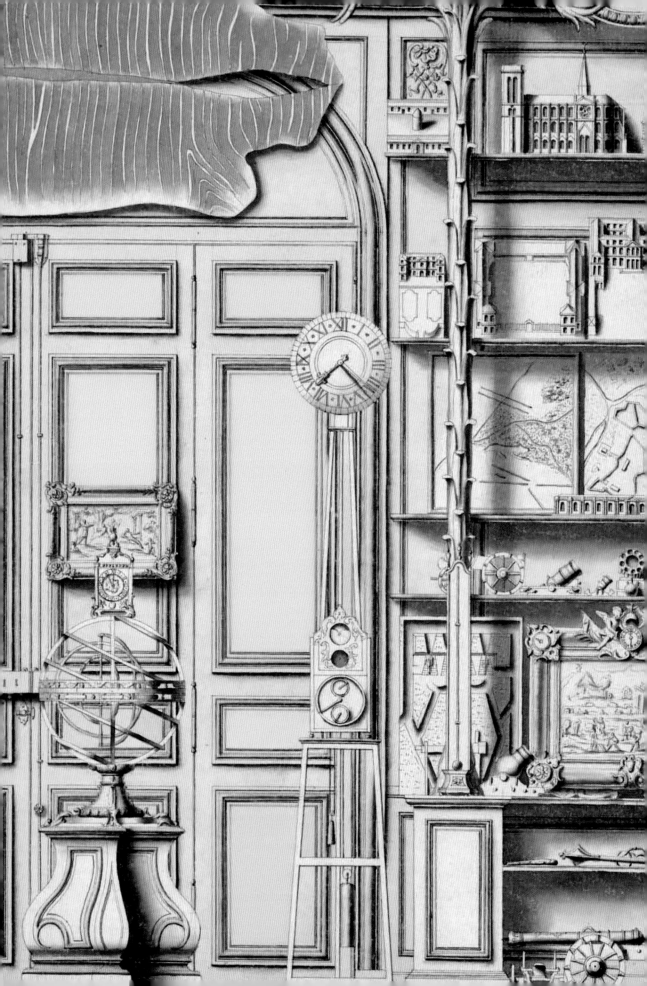

唾手可得之物带不来丁点好处或半分荣光；得来不易之物则恰恰相反。只消对仅以艺术或商业为傲的城镇或国家之实力稍做估量，吾等便能轻易知晓：如陛下能以法兰西自然禀赋为基础，发挥艺术与商贸之影响，法兰西之国力必将大增。除了能让更多财富涌入王国之外，制造业之兴旺还必将使一百万游手好闲者能自食其力，让同等数量之国民得以倚仗往返海港谋生糊口。

——《商贸回忆录》，让-巴蒂斯特·柯尔贝尔（Jean-Baptiste Colbert）[1] 致路易十四
1664 年 8 月 3 日

PRÉAMBULE

| 作 | 者 | 序 |

亲爱的读者朋友们，我想，好奇心旺盛的你们渴望知晓奢侈品的秘密就好似蜜蜂渴求着花蜜。当"秘密"与指向某个神秘领域的"奢侈品"一词连在一起时，可想而知，这必将是一场能满足各位好奇心的盛宴。现在让我们坐下来喝一杯，就像在普通的朋友聚会上那样。在接下来的序言中，我将把我寻找并最终发现法国奢侈品真正含义的历程——道来。

其实，像我这样的记者，日常工作无非分析新闻，找到趋势，介绍新的奢侈藏品及其生产制作过程。在很长一段时间里，我一直挺满意这份工作的。直到某一天，我到达了崩溃边缘：由于日复一日、年复一年地收到来自品牌方的宣传资料，我渐渐察觉到，这些文案都打着奢侈品的旗号，使用着可用于修饰任

左页插图

博尼耶·德·拉莫松先生的物理学器具及机械制品陈列室（细节图）。让-巴蒂斯特·库尔托纳绘于 1739—1740 年，现藏法国国家艺术史研究所。

1　让-巴蒂斯特·柯尔贝尔，路易十四时代卓越的财政大臣，他推行重商主义并扶植了法国的制造业。——译注

何事物的雷同关键词，不断重复着同类故事，提出相似的论据。"奢侈品"这个词由于遭到滥用已经变得毫无意义。

我没了头绪。但我相信广见博闻者能帮助我重新找到方向。于是，不论时间，不论地点，我开始向我遇见的每个人提出一个同样的问题——"奢侈品究竟是什么？"然而，不管是问工程师、口译员、朋友、陌生人还是专家，不管是问法国人还是外国人，我得到的答案都一模一样："奢侈品是一种特殊工艺的结晶，它专属于某人，珍稀且昂贵。而法国是且一直是奢侈品制造领域的翘楚。"全世界都这么说！作为一个货真价实的法国人（虽然我的民族主义情绪不那么强烈），我也只能为此感到高兴。由于我撰写过大量文章，已经锻炼出了一定的调查研究能力，因此我能够去弄清某人、某企业或某领域（香水、金银器、汽车和箱包等）的具体情况。我认为，当下大行其道的对法式奢侈品的定义源于人们的感觉而非事实。这一认知让我难以安心，我甚至感到不舒服了。

单从数字方面看，很好理解。全世界二百七十个奢侈品牌里有一百三十个法国品牌，法国奢侈品企业的销售额占世界奢侈品总销售额的四分之一。二十世纪八十年代，也是法国头一个决定在索邦大学开设奢侈品管理专业。这真是个怪主意！这一定"全赖柯尔贝尔"[1]。没人知道原因，但在法国，我们认为一切问题的始作俑者往往都是柯尔贝尔。奢侈品产业管理硕士学位在法国和所有所谓的"发达国家"中已经存在几十年了。我不理解这个专业存在的意义。直到我也去教授了这个专业的课程，在进入这个体系的中心后，我才稍微搞清楚了一些。

如您所见，我们使用的是"奢侈品产业"一词，这就意味着存在量产奢侈品的现象，奢侈品可能并非孤品。奢侈品管理专业的学生们在求职时不会瞄准那些没有量产化的企业，因为这种手工制作奢侈品的企业提供的管理岗位实在太少。

最令我感到困扰的是，我无法对奢侈品领域形成全面的了解，我分不清其中的各行各业和各种职能。于是我开始做"实验"：我把奢侈品领域的经典之作一一放进扫描仪。事实上，当你有了某个初步设想后，往往会有机缘巧合助你将其实现。当时的我遇到了三个人，一位制图师、一位三维医疗软件工程师和一位放射科医生，他们都富有好

---

[1] 有法国研究者认为，柯尔贝尔的治理为法国的各弊病埋下了祸根，并提出了"都是柯尔贝尔的错"的论断。——译注

奇心。我们一开始设想的是不去关注奢侈品的外在，而是将注意力放到其内核上，也就是我所说的"人类留下的痕迹"上。我研究了挑出的每样奢侈品的历史、各组成部分和它们的起源。一路试下来，我终于发现了此前一直被人们忽略的一点：这些奢侈品应用了科技发明（有时甚至是专利技术）。这些技术结晶是人类肉眼看不见的。它们一直都存在着，但在奢侈品历史中却遭到了严重忽视。我想我找到了破题的关键。

但人总得挣钱糊口呀！于是我尝试着将这个我无法割舍的爱好和我的本职工作结合起来。我开始调查奢侈品制造过程中的技术细节。但遗憾的是，没有一个主编与我志同道合。在他们眼里，奢侈品是迷人的、空灵的，与实验室或工厂八竿子打不着。不过，在当时，我刚制作完成并命名为 LuxInside（来自内部的光）的系列透视图片被法国文化中心选中。它们被当作法国文化的代表在中国、阿根廷、巴西、加拿大进行了巡展。故事最后奇妙地回到了原点：展览的最后一站是巴黎大皇宫。从此我不再被当作一名记者，人们把我看成一名艺术家。但是头衔的更改改变不了一个人。我还是重操记者旧业，参与每场讲座，利用在某地暂留的机会进行调查。

2010年我从上海回来。在上海，我见到了一位重要的中国代理商，任何法国奢侈品想要进驻中国都必然要与他打交道。在我们享用着带有上海风情的餐前小食——唐培里侬香槟配炸薯条时，这位代理商回答了我的经典问题，并给出了和他人并无二致的答案。随后他反过来问我："法国那么小，你们还有地方住吗？"我愣住了，并问他何出此言。"你们在我们这里卖了这么多奢侈品，我想你们的土地上一定布满了工厂，不是吗？"当我在想如何诚实地回答他时，他又补充道："至少，有你们的奢侈品产业在，法国人不会失业。"这就是我长久以来感受到却无法言明的东西：想象与现实之间的脱节。这次对话引发了我内心的巨震，促使我在这条道路上继续往进，尤其是我前不久才遇见了一位纪录片制作人，他是唯一一位觉得这个话题值得深入挖掘的人。我更是感到任重而道远。

我在内心深处一直认为，奢侈品产业是法国风头最劲的产业。在创作 LuxInside 系列时，我制作了一个奢侈品零件金字塔形统计图。它显示的结论与我们的认知相差甚远：奢侈品离不开钉子和针线制造者、矿业从业者、钢铁冶炼从业者和其他原材料生产者。没有这些人的高质量劳动成果就没有奢侈品。当然，也别忘了化学家和工程师们。

我将每个大牌企业的雇员数量、其生产车间的雇员数量和它们在各国的分销商数量一一加起来，最后总数达到了几百万。结果，这个数字正好与当时法国的失业人数相近。怎么会这样？我肯定全搞错了！唉，必须坚持研究下去。如果我能找到一个切入点，发现各种事件间的联系和一些线索就好了，就算它们不能证明我的理论，但起码也能让我更了解这个领域……

于是，我不再去看那些加了滤镜的奢侈品照片，也和各种品牌方的宣传资料说了再见。我开始去翻阅历史书。是的，法国在奢侈品市场上的确占主导地位，但我查阅的书籍并没有解释清楚这一现象背后的逻辑。没人对法国奢侈品的历史和文化渊源刨根问底。年代最久远的参考文献基本只追溯到十九世纪，最负盛名的专家的研究也止步于十八世纪。那么十八世纪之前呢？这是个谜。艺术史学家的著作并不像我所期待的那样，他们的研究只关注风格、社会、文化。而我却梦想着能读到关于人类首次发现钴矿的那段历史，想了解那些提炼出这种颜料的天才工匠们用它做出了哪些发明创造。多亏了前人对钴矿的开发和利用，艺术家们才能使用这种独一无二的蓝色进行绘画，工厂才能将其用于织物染色。服装设计师们更是受这种传奇颜料的启发，掀起了法国蓝的潮流。蓝色因此成为赶时髦的人绕不开的话题。亲爱的读者朋友，你们一定能明白我的意思吧！

可是目前并没有这方面的资料。我向钴矿生产领域专家、染料化学专家、蓝色颜料使用史研究者以及时尚界专业人士寻求帮助，但没有哪一种研究能将所有元素同时串联起来。

为了理解奢侈品，为了准确定义它，除了从这些冗长繁杂的研究资料入手，我别无选择。我必须了解各学科间的关联，于是，我一头扎进属于科技史学家、艺术史学家、社科史学家的知识海洋中。只读法国的还不够。在商业领域，一切都在流通，万物皆有联系，这种流通和联系跨越了国界。因此我还需要去读中国、英国、意大利、荷兰的相关资料。我奔向法国国家档案馆，反复确认我手头的研究资料是否遗漏或者篡改了档案中本来的信息。感谢熟悉馆藏资料的档案管理员们，在他们的帮助下，我得以追寻到那些有用的线索和史料。

追溯着历史，我重新回到十七世纪。在碰壁无数次后，我找到了 1663 年路易十四统治时期，让 - 巴蒂斯特·柯尔贝尔在准备首次贸易咨议会上的发言时写作的手稿。我简直不敢相信自己的眼睛。虽然用语习惯与今日迥异，但文本传达的信息却确凿无疑。

柯尔贝尔向国王路易十四提出了一个前所未有的经济战略——将法国变成奢侈品产业的摇篮。在当时，奢侈品制作还是其他国家的强势领域。要实现柯尔贝尔的提议就必须进行大规模的奢侈品生产，雇用大量劳动力，除此之外还得依靠艺术和科学领域的不断创新以及国际市场的开拓。

法国并不是奢侈品的发明者。每个国家、每种文化都孕育了自己的奢侈品。自从人类社会诞生以来，人们就在数世纪的劳作里不断突破极限，创造出了独一无二的珍宝专供他们民族的精英使用。这些奢侈品是某个特定时代的人类所能创造出的最好的东西。印度的珠宝、中国的瓷器、佛拉芒绘画、东方的香料、意大利的雕塑、法国的挂毯、中美洲的羽毛头饰、非洲酋长的雕花宝座……这些东西并不都是法国发明的，但奢侈品产业确实是由法国创造的！

经过二十年的调查研究，现在我有幸能带大家探寻人类这场不可思议的冒险所遗留的种种痕迹。我希望大家能从这些小故事里获得消遣并且从中窥见那段伟大的历史，我还会与大家分享一些出人意料但饶有趣味的知识。在各个章节里，您将认识那些性格鲜明、令我魂牵梦萦的人物，他们中有非凡的女人与狡猾的男人；有并不疯狂的科学家和经济学家；有哲学家和积习已深的赌徒；有职业间谍或意外入行的间谍；有奢侈品的奴隶以及造福社会的奢侈产业。

好了，时间到了，现在我们不讲故事了，开始讲法式奢侈品的历史。我将向各位讲述的是一个尘封在档案深处的秘密。对，没错，这一切的"罪魁祸首"的确是柯尔贝尔！

劳伦斯·皮科（LAURENCE PICOT）
一个充满好奇心的奢侈品专业人士

诞

LA NAISSANCE
1661–1715

生

拥有两千万国民的法国是当时欧洲人口最多的国家，其人口总数是英国和俄罗斯的三倍！那个年代的经济学家认为，法国大量的人口实乃上帝恩典，毕竟一个王国是否富足是由其缴税居民数量的多少来衡量的。但他们首先得工作才能缴税……

难道所有法国人都从事奢侈品生产吗？

其实，当时法国的经济支柱乃是农业。然而这一产业深受无常气候的困扰。有些人称，这是因为当时的地球处于小冰期，而有的人则认为这是气候变暖的恶果。总之，冬季严寒、夏季酷热与反常的降水导致农业收成惨淡，其他产业无力弥补农业的损失。同时，法国的失业率也在连年上升。

引言
法国奢侈产业之起航

当时被普遍接受的重商主义经济学说认为，地球上金银矿的储量是恒定的。因此，在那个年代里，通过战争掠夺他国的财富被当成国家实现增收的唯一途径。然而，就算已经发动劳民伤财的战争数十年之久，法国国库也并没有如预期那样充盈起来。

就是在这样的背景下，路易十四从 1661 年开始亲政。极富远见的大臣让 - 巴蒂斯特·柯尔贝尔（Jean-Baptiste Colbert）伴其左右。他们与前人在治国方面的不同之处有二：第一，他们推行绝对君主制；第二，柯尔贝尔出身于世代从事商贸金融业务的家族，他与国王皆相信贸易制霸优于军事征服。

斗垮了自命不凡、权势滔天的财政总监富凯（Nicolas Fouquet）之后，路易十四与柯尔贝尔这一组合开辟了前所未有的治理模式。多疑、强势、凡事过问到细枝末节的路易十四亲自过目、批准或否决每项提议。恪守己位的大臣柯尔贝尔则负责为造就国王的辉煌鞠躬尽瘁。他的职权渐渐增加，可以说他最后掌握了除战争大臣外的所有大臣的职能，以一己之力掌管着国家财政、海军、内外贸易、山林水泽和制造业。

这简直前所未闻！但对于柯尔贝尔来讲，这是天赐良机：如果无法诸权加身，他革故鼎新、重振法国的远大理想也只会沦为一场空谈。

INTRODUCTION
UN PAYS TOUT ENTIER EN START-UP DU LUXE

在一次摸清国家底细的调查中，柯尔贝尔发现，法国进口的主要是奢侈品，尤其是一些名贵布料。无力生产高端布料的本国制造业仅仅满足于生产中低端的布料，奢侈品可能来自意大利、中国、荷兰，但绝不可能来自法国。

要想法国有能力生产出举世珍品，一是要做到让法国有钱人不买别国产品，从而让钱财不流进他国的口袋；二是要让法国有能力自主出口奢侈品，以聚敛他国财富。这个想法是好的，尤其对于人民而言，因为他们能在这种带有极高附加值的奢侈品生产工作中磨练技能，从此天下将不再有失业者，多美好啊！但很明显，为了达成这一目标并实现法国奢侈品行销全球的理想，法国不能只生产市场有限的孤件，而应当批量生产品质超群的奢侈品。柯尔贝尔想要在法国创建奢侈品产业，而太阳王应允了。

要达到这一目的，各领域亟待变革：工业、国内水陆交通（关乎商品运输效率）、产品质量管控、工匠培训、机械、海运和海外贸易公司（可以低价进口原材料）、道路及城市治安（为保障贸易顺利开展）……当然，科学家们也要出力，他们应该用科技发明支持国家战略。还有，为了节约时间，法国首先要设法得到他国奢侈品制作的保密工艺，然后在本土复刻出来并努力提高其品质，这样方可称霸奢侈品市场。

在太阳王长达五十四年的统治里，这场巨大变革一直持续着。柯尔贝尔和路易十四向世界发动了一场经济战——奢侈品之战。

第6页插图

《反射》，医学成像摄影作品，2020年，由劳伦斯·皮科制作。本作品被收录于LuxInside系列，摄影题材为一枚制作于1687年的路易十四椭圆形肖像浇铸玻璃浮雕（现由圣戈班集团收藏）以及一面制作于1683年的凡尔赛镜厅的镜子（现由文森·戈尔收藏）。

MISSION IMPOSSIBLE POUR UNE FÊTE ROYALE

王室庆典——挑战不可能

筹办大比武（Le Grand Carrousel royal）的任务其实是一个陷阱。

如果没有足智多谋的柯尔贝尔，为路易十四下令举办的首个庆典拨款堪称痴人说梦——要知道，当时国库空空如也。所幸的是，在柯尔贝尔的主持下，庆典最后不仅没有大伤财政元气，反而还让国家大赚了一笔。

王命已下，这场庆典的排场大小关乎国王的形象和整个国家的经济利益。此时正值1661年年末，宫廷中钩心斗角、嫉妒争宠之风盛行。年轻的卢瓦侯爵向君主提议用一场比武大会来庆祝王太子[1]的降生。当时的他一定在为能让柯尔贝尔难堪而得意窃笑。

在这场盛大的庆典上将会开展不同项目的骑兵竞技赛，这需要众多工作人员参与其中并花大功夫来定制服装、制作布景、布置看台……简单概括就是：要花上很多钱。时年二十一岁的弗朗索瓦·米歇尔·德·卢瓦（François Michel de Louvois）是米歇尔·勒泰利埃（Michel Le Tellier）之子——在成为马扎然和路易十四心腹之前，柯尔贝尔也曾为这位勒泰利埃效犬马之劳。

年轻的卢瓦在家族庇佑下长大，自然想要捍卫家族的利益。他的父亲身为御前咨议会[2]的一员，与雄心勃勃的柯尔贝尔是同僚。卢瓦认为必须遏制住柯尔贝尔令人眼红的上升之势。除了是国务大臣之外，柯尔贝尔也是财政咨议会[3]的一员。正如卢瓦估计的一样，国王授意柯尔贝尔来筹办大比武。卢瓦侯爵想让柯尔贝尔失宠，而为人严肃认真的柯尔贝尔接下了这一挑战。这到底要花多少钱？路易十四觉得

左页插图

让-巴蒂斯特·柯尔贝尔肖像及柯尔贝尔家族蛇纹族徽，柯尔贝尔（colbert）来自拉丁语单词"蛇（coluber）"。柯尔贝尔家族的箴言为拉丁语"Pro rege, saepe, pro patria semper"，意为"常为吾王，永护家国（pour le roi souvent, pour la patrie toujours）"。肖像由尼古拉·罗贝尔绘制于十七世纪，现藏于法国国家自然史博物馆。

---

1 "法兰西的路易"，1661年11月1日降生于枫丹白露宫。
2 御前咨议会经国王授权由三位国家重臣组成，主要负责制定重大政策和处理外交事务。
3 财政咨议会成立于1661年9月5日，负责制定国家经济和财政政策，处理各种争议问题。

LES SECRETS DU LUXE

本页插图

为庆祝王太子诞生,路易十四在巴黎杜伊勒里宫前的广场举办大比武。该画由亨利·德·吉塞绘制于1662年6月5日和6日,现藏于凡尔赛宫和特里亚农宫博物馆。表面上看只是场无用消遣的大比武实际上是一场国王形象之战,在大比武上,路易十四正式提出了象征他的太阳标志和他的箴言:"它象征了一位君王的职责,并激励我永远地去履行这些职责。我选择太阳作为标志,因为它是所有世间万物中最高贵的,它被光芒围绕并赐予身为它臣民的其他星体光辉。这当然是能代表一位伟大君主的最生动、最美丽的形象。"太阳标志被放在一个象征地球的圆形图案之内,上有铭文(这是灵魂所在)——Nec Pluribus Impar,这个拉丁语短语意为"无与伦比""我一个人就足以应付如此多的事务,而且还有余力去掌管其他国家,就像太阳总能照亮其他星体一样"。(路易十四,《王太子教育回忆录》,著于1662年。)

12 LA NAISSANCE 1661—1715

PAGES ROMAINS.

L E bonnet étoit de satin couleur de feu brodé en bandes d'or & d'argent. Les Pages étoient vétus des mêmes étoffes, & des mêmes couleurs que les précédans Officiers de la Quadrille, à la reserve que le corps étoit de brocart d'or brodé par écailles d'argent, & que les lambrequins tant des hauts des manches que de la ceinture, étoient taillées en écailles de satin couleur de feu, brodé d'or & doublé de toile d'argent.

Les manches de dessous étoient de toile d'or reliées d'un bracelet couleur de feu brodé d'or, & se terminoient en manchettes de toile d'argent, taillée en feüilles.

Les caparaçons étoient de satin couleur de feu brodé d'or.

Les uns portoient les Lances, les autres les Ecus, où les Devises étoient peintes.

四十万里弗尔足够了，但柯尔贝尔称"投入至少要达到一百万里弗尔才能让庆典声势足以与伟大的陛下相称"。路易十四目瞪口呆，他当然知道自己穷得响叮当。当柯尔贝尔自信满满地向国王请求"无须为钱费心，只求您允我将这个秘密保守一周"时，这位财政总监的小黑眼睛里一定闪烁着恶作剧的光芒。

盛世大"秀"

柯尔贝尔使出了王室敛财秘诀。

在那个时候，法国是没有财政预算这一概念的。如有需要，国王会从大金融家那里借钱，借钱的额度是来年百姓上缴的税款总额。提供借贷的机构被称为包税所（Les Fermes）[1]，包税所的负责人被称为包税人。在召开大比武的前夕，柯尔贝尔将巴黎包税人们召集起来进行协商。包税人害怕国王会要走国家经济重镇——巴黎包税区未来整年的税收，而大臣则表示，会将巴黎下半年的税收留给包税人，但是巴黎上半年的税收将由国家自己征取。听了这话后，以为会丢掉整年收益的包税人们感恩戴德都来不及，哪还有半分怨言。

包税人们拿出的钱甚至比预计的更多，大量现金涌入国库。当柯尔贝尔知道当时尚处于保密状态的庆典会在巴黎中心——杜伊勒里宫的广场举行时，他更是备感满意。现在，庆典筹备第一步已圆满完成。

柯尔贝尔向国王禀报了他的计划，并建议国王在此刻向全国甚至全欧洲宣布王室即将举办庆典。王室庆典本来就是一桩大事，一位刚掌权的君主的首次庆典想必更将非同凡响，而且这可是为了庆祝王权继承人之诞生的庆典。在外省及外国贵族和法国老百姓眼里，巴黎已经成了心驰神往之地。

路易十四在回忆录中记叙："这场为取悦人民而办的大比武让大家极其满意。庆典让王室获得了百姓的拥戴，我们繁荣而井然有序的法国也吸引了外国人的目光。大比武在我们看来其实并不是必要开支，但它却为外界留下了一种对法国极其有利的印象——法国是如此伟丽富有且强大。"

等消息公布后，包税人们气坏了。如此宏大的盛典本应给他们

左页插图

在柯尔贝尔下令制作的手册中，插图部分配有对图中衣物和其所用布料的描述性文字，为的是吸引读者购买这些布匹。《1662 年太阳王大比武》，配文由夏尔·佩罗（Charles Perrault）撰写，版画由雅克·巴伊绘制并由以斯哈埃勒·西尔韦斯特和弗朗索瓦·舍沃雕刻。本书问世于 1670 年，本图来自凡尔赛公共图书馆藏本。

---

[1] 国王借钱后，包税辖区百姓税款则由国王的债主组织的包税所代为征收，以作为偿付。包税人所征得的税高出向国王预付款的部分即为包税人所得。——译注

LES SECRETS DU LUXE

带来油水的……五个月过去了，筹备工作到达高潮，一切似乎已经就绪了。观礼者们抵达巴黎，柯尔贝尔则揭开了他神秘计划的冰山一角：他请求国王将开幕时间延迟两个星期。举办日期最后定在 6 月 5 日和 6 月 6 日。

两个星期太短了，以致游客来不及先返回家中，到时候再度前来。他们只得滞留在巴黎。这两星期的停留是他们始料未及的，但对于柯尔贝尔而言却是谋划已久。比起短短两天，两个星期能为巴黎的商业带去更多收益，这些收益最后直接进了国库而没进包税人的腰包——吕内公爵（Le duc de Luynes）在后来回忆道："人们在巴黎城的庞大消费让陛下收入大增，收入远超往年岁入。"[1]

"大比武一开始只被当成无足轻重的消遣。但渐渐的，每个人都热血沸腾起来。比武活动宏大壮丽极了，竞赛类型繁多、服装款式新奇、口号也是五花八门。"国王路易十四也亲自上场，他那奢侈华丽的服装吸引了全场目光。

让我们回想一下：其实，当时的时尚更多是针对男性而言的，法国布料主要被出口到黎凡特（地中海东部）和西属美洲地区，以换回大量金银。大比武就像是今天的高定时装秀。唯一的区别是，大比武上的"模特们"是由国王领头的法国大人物们。这些人在场上可不止走几步而已，在枪挑悬环赛和骑马刺击赛等竞技项目中他们甚至表演了马背起舞。

这是一场为君主增添荣光的盛世大秀，一场留下传世美谈的庆典。柯尔贝尔从一场本来必输无疑的角力中凯旋，最后他还为国王，甚至可以说，为全法国人民，奉上了一本令人印象深刻的小册子。大比武上亮相的服饰成了服装设计师们的灵感来源，并吸引大量客户向法国商人订购织物。这个小册子里含有一些起宣传作用的商用表单，基本上相当于现在邮购用的销售目录。每一件刻印在手册上的衣物都被描绘得细致入微且配有文字介绍。柯尔贝尔任命了夏尔·佩罗（他写的童话在现代家喻户晓）来主持手册的汇编工作。

制作这份手册总共花了八年时间，于 1670 年[2] 问世的它将大比武的一切都记录在案。可惜的是，它没能提到大比武造成的影响——大量钱币进了法国口袋。吕内公爵那本流传下来的回忆录里倒是提到了这一点："当庆典以极尽华丽铺张之能事举行完毕，我们的国王想知道它花了多少钱时，柯尔贝尔大人表示，付讫所有费用后，庆典压根没花国库一分钱，甚至还赚了一百多万。"

---

1 《吕内公爵的路易十四宫廷回忆录》，杜西厄与苏里叶出版社，卷二，第 333 页。
2 1670 年后，这些精妙的插图在外省和整个欧洲再版发行，输出了法国人的时尚品位。在贵族住宅的墙壁上（例如在沃吉拉德城堡），人们可以欣赏到其他版本的插画。皇家印刷局印制了价格较低廉的黑白版本——《1662 年国王与王公贵族一同参加的骑马刺击赛和挑环赛》。

VOLER LE SECRET DES GLACES

窃取制镜诀窍

从十七世纪中叶起,镜子成为人们梦寐以求之物。巨额钱财从法兰西流向垄断制镜工艺的威尼斯人手中。为了及时遏止财富的流失,计划窃取这种秘传工艺的柯尔贝尔制定了一个奇特的间谍计划。

事情是这样的。在审阅 1660 年的海关登记簿时,身为财政总监的柯尔贝尔发现了一个大到离奇的数字:仅在全年第一季度里,法国人就花了十二万里弗尔进口镜子[1]。大臣心中警铃大作,他已经意识到镜子这种奢侈品为国家制造了多大的财政缺口。根据当时普遍的重商主义思想,一个国家拥有多少财富取决于该国境内拥有多少贵金属。任何一笔资金外流都相当于在国家钱袋子上多划上一刀。而且柯尔贝尔认为,镜子能助他征服一个颇有前景的市场——当时,三分之二的巴黎人家中拥有镜子,这股镜子热眼看还将蔓延到巴黎外各省。制镜计划没有君主的支持自然无法施行,不过好在路易十四已经对此产生了兴趣。

镜子和窗玻璃不大一样。工匠会先用嘴吹制出厚玻璃基底,然后对其进行打磨。这种厚实的基底使得匠人能够在抛光打磨,将其削薄一半的同时,又不至于将其损坏。其中一些透明成品被制成了窗玻璃,其他的则被镀上水银制成镜子。当时,只有威尼斯穆拉诺岛的玻璃匠人熟谙秘不外传的制镜步骤。由于受人类的身体极限与匠人的力气大小限制,这些玻璃镜最长只能达 40 到 50 法寸[2]。镜子中最为优美典雅、制作难度最大的当属大尺寸镜和斜边镜,它们的价格能抵得上一座豪华住宅[3]。

也许法国驻威尼斯大使邦奇先生(Pierre de Bonzi)能为国王和柯尔贝尔出谋划策。但是,威尼斯严格把控着穆拉诺玻璃匠人的动向,并竭尽全力维护其垄断权。玻璃制

---

1 特里·萨尔芒、马修·斯托勒,《伟人柯尔贝尔》,达朗迪耶出版社,2019 年。
2 法国古长度单位,1 法寸等于 1/12 法尺,约合 27.07 毫米。——译注
3 莫里斯·阿蒙指出:"自 1660 年起,巴黎每三份遗产清单中就有两份含有镜子。镜子受到各社会阶层广泛喜爱:上至朝廷重臣、金融家、议员、资产阶级,下至车夫、无业游民和花边织造工,人人都爱极了这些挂在墙上的奢侈品。"(《凡尔赛利亚》第 20 期,2017 年,第 135 页)。

造厂建在穆拉诺岛上，忧心的邦奇向二人透露道，任何接近工匠并鼓动其赴法的人"都会被扔到海里"。可这难不倒柯尔贝尔。他的密探闪亮登场。1665 年 5 月，这位密探一举策反了三名玻璃匠人并将他们送入法国，后续他还成功输送了十位匠人入法。就这样，生产镜子的整套工序被带到了法国。1665 年 10 月，君主签发制镜专利特许证书并建立专门的制镜厂。

然而，叛逃入法的工匠们却开始犹豫不决了。一方面，新威尼斯驻法使臣朱斯蒂亚尼希望能用钱财驱使他们回到穆拉诺，另一方面，法国政府又以特权引诱他们留下。获得皇家特权的制镜厂管理者杜努瓦伊先生抱怨道："可是不管许给这些家伙什么好处，他们都不愿意教授法国人制镜技艺。制镜厂的经费怎么花也全是他们说了算。"为了让匠人们回国，威尼斯大使甚至打起了情感牌：他们伪装成匠人的妻子和亲人写信劝返这些匠人。但是这个计谋立刻就露馅了，因为寄给匠人们的信函的笔调和他们妻子平时的口气差了十万八千里。匠人们自己又怎么放得下巴黎呢？当法国女子们争相来圣安东区看这些制镜工匠时，后者都飘飘然了，简直难以集中精神。不得已，柯尔贝尔只能下令，禁止风流招摇的女性进入匠人居所。

这边，威尼斯大使则接到共和国密令，要求他依法处死叛逃者。最优秀的两名穆拉诺工匠在 1667 年离奇死亡，柯尔贝尔下令尸检并发现他们是死于毒杀。其他匠人虽然得到威尼斯赦免可以活着返回穆拉诺，但他们反而利用这一点向法国皇家制镜厂索要更多的好处。法国政府终于忍无可忍，于 1667 年 3 月将他们驱逐出境。

图拉维尔与法国制造

上述故事听起来有点像谍战片的剧情，但它确实发生过。故事的后续是，柯尔贝尔找到了另一种制作威尼斯式镜子的方法。在成功制作出了 42 法寸 [1]（相当于 113 厘米！）的镜子后，他大方地放走了那些不守规矩又好斗的工匠。

这称得上巨大突破！但还是不够。当时的时尚是用镜子铺满从地板到天花板的整个房间，人们还渴望用镜子装饰整个舞会大厅，并且拥有能和烟囱比高低的镜子。制镜厂必须量产镜子。这样一来，不仅能拥有足够多的镜子来满足王室本身搞些大工程的需要，同时，蒸蒸日上的制镜业还能让法国在对外贸易中赚得盆满钵满。但是要怎么做呢？

左页插图

奢侈的巅峰。当时的镜子和窗玻璃尺寸普遍很小，就算是最富有的人家中也是如此。《路易十四和西班牙国王腓力四世在费伦特岛上的会面场景》，夏尔·勒布朗绘制于 1660 年 6 月 7 日，私人收藏。

---

1 莫里斯·阿蒙，《从太阳到地球：圣戈班史》，拉特斯出版社，1998 年。

诺曼底人提出了解决方案。档案告诉我们，柯尔贝尔从一开始就打算两手都抓。1663年，他就向图拉维尔城（位于诺曼底地区，近瑟堡）里一个叫理查德·卢卡·德·讷乌（Richard Lucas de Nehou）的玻璃匠人订购了一些镜子样品。这批样品质量上乘，已经能与威尼斯镜媲美；而威尼斯叛逃镜匠的工作其实并没有取得什么实际成果。考虑到这些，皇家制镜厂于1667年从原厂主手中购买了图拉维尔玻璃厂10%的股份，从而拥有了工厂的控制权。这是历史上首次让真正的行业领头羊来指导皇家制造厂的生产工作。

当时制镜厂的负责人们都是柯尔贝尔的亲信。他们受到提拔倒也不是因为能力出众，主要还是因为对柯尔贝尔忠心可鉴。有了玻璃匠人卢卡·德·讷乌的加盟和来自国家的补助，皇家制镜厂生产的镜子质量和产量都得到了提升，已经能够满足市场需求。虽然还是无法造出大尺寸的镜子，但是法国已经能够生产出足够多的中等尺寸的镜子（35法寸），这让法国能在市场上与威尼斯相抗衡。当大量黄铜支架的小镜子被并排放置时，足以让来者感到自己仿佛走入了一个无尽闪耀的空间。将于不久后问世的凡尔赛镜厅正是将此诀窍使用得出神入化。在镜子贸易方面，柯尔贝尔于1672年乘胜追击，彻底禁止法国从威尼斯进口镜子。

在与威尼斯总督的通信[1]中，朱斯蒂亚尼讲述了法国眼下正在发生的事："柯尔贝尔的目的是让法国变得比任何国家都要富裕，他要打造一个出口商品丰富、艺术底蕴深厚、掌握各种财富的法国。这个国家可以自给自足，不必向别国求取任何东西。所以，此人不惜一切代价将每个国家最拔尖的工艺移植到法国，耍弄各种手段阻止他国把商品输送到法兰西君主的领土上。法国掠走了我们国家的制镜工艺！"使臣认为一切已经无可挽回。法国成功仿造了威尼斯的镜子。这位大使不知道的是，法国甚至还将通过制造超大尺寸的镜子来超越威尼斯这个鼻祖。

左页插图

在凡尔赛镜厅之中，比起纯银的器具，大型镜子显然更能吸引廷臣的目光。《凡尔赛镜厅一景》，赛巴斯蒂安·勒克莱尔·朗西昂绘于1684年，现藏于凡尔赛宫和特里亚农宫博物馆。

1　皮埃尔·克莱蒙，《柯尔贝尔的信件、指示与回忆》第七卷，第173页，皇家印刷厂，1861—1873年，法国国家档案馆。

本页插图

皇家制镜工厂的领导人借鉴了贝尔纳·佩罗（Bernard Perrot）的浇铸制镜法（用这种工艺生产出的镜子十分美观），将其改良以替代吹制法。皇家制镜厂用其生产的特大镜子使穆拉诺玻璃匠人的作品黯然失色。从1665年只能复制技术到1693年能够自主革新技术，柯尔贝尔的战略大显神通。皇家制镜厂凭其垄断性的技术优势在法国及国外市场上独领风骚。《圣戈班玻璃厂内众人铸镜场景》，工厂领导皮埃尔·德劳内-德朗德（Pierre Delaunay-Deslandes）也在场（细节图），该图绘制于1780年左右，现藏于圣戈班档案馆。

LES START-UP VERSION XVIIE SIÈCLE

十七世纪的新兴企业

柯尔贝尔希望建立一些年轻有潜力的新皇家工厂。于是，在1665年，二十座新工厂拔地而起，之后又兴建了三十多座。这些工厂共同的特征是发展势头强劲、使用全新技术且需要大量资金支持。原来，早在我们使用"新兴企业"这个词之前，柯尔贝尔就已经开始打造新兴企业了。

1663年，柯尔贝尔命各省的财务总监发起调查，找出是哪些进口产品导致了法国铸币外流。要知道，欧洲的金银资源可是十分稀有的，欧洲人当时不得不依赖进口西属西印度群岛开采的矿藏……调查结果显示，罪魁祸首是各种高端产品、镜子、衣物花边。奢侈精细布料位居进口货榜首，仅此一项就导致法国损失一千八百万里弗尔，这已经相当于国家年度财政预算的一半了。柯尔贝尔劝路易十四不要回避这一问题，而应该从法国先前的成功中总结经验来解决它。靠着强有力的论据和对竞争对手的清晰定位，柯尔贝尔在1664年首次贸易咨议会上的发言打动了国王的心。他的发言主题无他，只有一个——经济战争。

回望历史，里昂丝织厂的建立不就是一个振奋人心的成功案例吗？！以前只事商贸不事生产的里昂城，如今已经发展出了他们引以为豪的独门丝绸纺织技术。这是法国唯一成功自创的技术。1466年，路易十一大手一挥，下令建立里昂丝织厂以打破意大利对金银丝锦缎及其他奢侈布料的垄断。当时，路易十一与里昂的市政长官针锋相对，后者只愿意缴税而不愿意服从国王的谕旨。直到弗朗索瓦一世掌权时，来自皮埃蒙特的织工图尔凯迪(Turchetti)和纳里(Naris)才得以依仗王室赋予的特权入驻里昂。为了促进市场发展，弗朗索瓦一世要求所有法国商人运输丝绸都必须从里昂经过，此举让里昂成为丝绸贸易的枢纽。

亨利二世接手时，里昂城已经十分繁华，国王不得不在里昂城内的建筑上叠加楼层以容纳更多织匠和织机。1536年的里昂只拥有两位丝织巧匠，但现在这里已经有了近一万二千位。亨利

左页插图

与当时普遍设在工匠住处的其他作坊相比，插图中的工坊显得更加现代化。《皇家戈布兰挂毯厂内的水平纺织（le tissage en basse lisse）工坊》，版画，罗贝尔·贝纳尔刻制，路易斯·弗朗索瓦·珀蒂·拉德尔绘图，制作于十八世纪。摘自洛桑印刷公司（位于洛桑和贝尔讷地区）1779年发行的《科学、艺术和技术词典》。

四世在登基后还委托农学家奥利维耶·德·赛尔（Olivier de Serres）将桑树引种到国内，蚕以这种树为食。亨利四世计划让国家拥有完整的丝织产业链，让法国实现从原材料到最终丝织成品的完全自足。于是法国人开始在维瓦莱地区和邻近的罗讷河谷里种植桑树。这主意不错，但还远不够。

意大利的丝织品上饰有复杂华丽的花纹。法国那没有花纹的丝织产品自然无法打动挑剔的客户。到了1605年，里昂人克劳德·当贡（Claude Dangon）"发明"[1]了大提花织机，

---

[1] 在此五百年前中国人已经发明了提花织机。

本页插图

凡·罗拜于1708年建立的集中式工厂的入口处。《哈姆斯皇家工厂》，1715年绘制，现藏于阿布维尔市档案馆。

从此，织出精美的图案不再是梦。里昂可以与意大利相匹敌了。

当路易十四打响经济战时，里昂丝织厂是全法国唯一的成功工业案例。然而国王和大臣绝不满足于模仿，他们追求的是超越。柯尔贝尔明白了，只要里昂能不断推出有新图案、新花色的丝织品，那就必能吸引人们不停地购入。如此一来，在丝织市场上，里昂定将成功取代意大利。

丝织业能这样发展起来，那么呢绒制造业也是同理。为了解决布料图案研发这个大

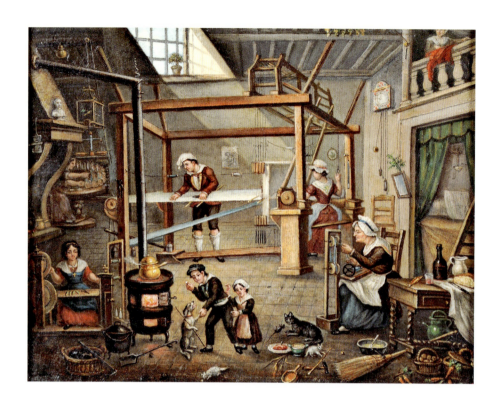

难题,柯尔贝尔创办了一些免费授课的公立美术学校[1]。里昂花了近两个世纪的时间才完成转型,希望通过创办新兴企业快速重振法国财政的柯尔贝尔等不了那么久。他决定将已经取得的所有成果千方百计地投入生产以解燃眉之急。

奢侈品的核心

法国的呢绒制造业也曾历经辉煌,但由于裹足不前,现今已濒临绝境。当下最抢手的精细呢绒来自荷兰,使用美利奴羊毛制作。从价格的角度讲,一古尺(约1.2米)佛兰德斯生产的呢绒比普通法国呢绒贵上七倍。柯尔贝尔试图在法国本土养殖伊比利亚绵羊以重振法国呢绒产业[2]。他还打算充分发挥皇家特权的作用(王室颁发给制造厂的这种特权被誉为"扶持新兴产业的临时拐杖"[3]),并雇用外国熟练工匠。其实,引入外国匠人已经违背了

---

1 1676年,柯尔贝尔下令在外省创办培养年轻艺术家、工匠和工人的培训学校。
2 菲利普·米纳尔,《法国的市场经济与国家,柯尔贝尔主义的谜团与传奇》《政治经济学》,2008年第37期,第77—94页。
3 西蒙娜-亚伯拉罕·蒂斯,《中世纪诺曼底呢绒的出口》,收录在阿兰·贝西亚主编的《十三到二十世纪的诺曼底呢绒产业》中,鲁昂和勒阿弗尔大学出版社,2003年。

本页插图

1800年之前的里昂埃皮斯山一个传统丝织作坊的内部,由巴尔塔扎尔·亚历克西斯(Balthazar Alexis)绘制于十九世纪,现藏于加达涅博物馆。

法国工匠行会立下的铁律。但那又怎样？发展得又快又好才是硬道理。除此之外，为了促进工厂之间的良性竞争，柯尔贝尔还特别设立了一些不受任何行会规定约束的"模范制造厂"。

在中世纪，北部的诺曼底地区曾是全法国精细呢绒生产的重镇[1]。柯尔贝尔决定把此地的优势利用起来，他一边整顿当地已有的制造厂，一边还派特使雅诺（Janot）秘密与荷兰米德尔堡的织布巧匠乔斯·凡·罗拜（Josse Van Robais）接洽。"这位匠人后来在法国大捞了一笔，引得其他荷兰师傅纷纷效仿。"凡·罗拜飞快地拜倒在了法国许给他的种种特权之下[2]，他将自己五十个技艺最精湛的工人、三十台织机和缩呢机偷偷运到了法国。为了不让当地人恐慌工作将被外国人"偷去"从而引发骚乱，偷渡船选择于夜晚驶入圣瓦莱里的索姆湾。这些荷兰人在阿布维尔安顿下来，并在此建立了皇家试点工厂，该地区的布匹生产将迅速迎来变革。

柯尔贝尔旗下的制造厂享有特权，它们分散在法国四分之三的国土上。为了不让国王失望，几个大贵族和金融家听了柯尔贝尔的劝，决定入股这些工厂，他们就好像现在的"天使投资人（business angel）"。从普通产品蜕变为奢侈品后，法国产羊毛制品的价格在三十年内翻了一番[3]。

生产奢侈品需要技术创新和财力支持，但同时也需要能带来新生产方式的社会变革。路易十四统治时期的工业生产还是较为"分散"的。当时，生产销售商会将原材料和设备分发给城里或乡下的工人，让他们在自己家中加工。分派完生产任务之后，这些商人还要负责产品的销售。让工匠们进入工厂中集中进行劳作是产业革命的一大标志。在荷兰，这种集中劳作从十七世纪末就开始出现了。一方面，这有利于将保密的生产工艺封锁在高墙之内；另一方面，将所有生产活动聚集在相同地点也有利于生产专业化，能促进技术交流和革新。而创新正是奢侈品的核心要素之一。

但是，在太阳王的年代里，只有很小一部分法国皇家工厂采取了这种被称作"集中式"的崭新工作方式。圣戈班制镜厂、朗格多克的维勒纳卫特精细呢绒厂以及巴黎戈贝兰挂毯厂就是其中的代表。柯尔贝尔在生前是看不见集中式劳作的工厂了，因为凡·罗拜的大工厂在1708年才建立起来。但是，一场势不可挡的变革已经到来。

---

1 库特屈斯先生，《十六和十七世纪的凡·罗拜细呢绒生产厂》，1920年，摘自《阿布维尔学术院回忆录》。
2 凡·罗拜获得的诸多特权包括但不限于：阿布维尔及其方圆十里范围内荷兰或英式细呢绒垄断经营权、不动产购置权、西班牙羊绒进口关税豁免权、纺车梳纱和纺纱技术使用垄断权。
3 迪沃米尔·马尔科维奇，《法国羊毛纺织业：从柯尔贝尔到大革命》，德罗兹书店出版社，1976年。1670年法国生产的羊毛织品总价值为两千万里弗尔，1789年达到近一亿八千万里弗尔。

> "柯尔贝尔的目的是让法国成为最富裕的国家,他要打造一个出口商品丰富、艺术底蕴深厚、掌握各种财富的法国。"

摘自威尼斯共和国驻法国大使马克·安东尼奥·朱斯蒂尼亚的《1665—1668年大使工作报告》

右页插图

1667年10月15日,路易十四参观戈贝兰挂毯工厂,这是一张参照夏尔·勒布朗的草图,在水平织机上使用羊毛、丝绸和金线等材料织成的挂毯。该挂毯于1729—1734年间完成,现藏于凡尔赛宫和特里亚农宫博物馆。

安息香、四贼醋[1]"[2] 配制的药剂浸泡过的海绵。由于他们使用香料来熏蒸各场所进行消毒，这些药剂师也被称作"调香师"。人们深知，只有嘲笑死亡方能远离死亡，因此医师们的长鸟喙面具也常出现在欧洲后来的狂欢节中。

对于有钱人而言，香薰手套成了必备单品。手套的美妙香气不仅可以保护人们免受疫气侵害，还能释放安神疗愈的神秘能量。制作香薰手套首先需要祛除皮料的异味。"将干燥处理后的皮料放入橙花水、玫瑰水和'天使之水'中浸泡，然后再次晾晒，并在晾制过程中不断抻拉皮料。紧接着对处理过的皮料进行裁剪、缝制和染色。接下来就将手套放入花匣中，与水仙花、风信子、重瓣紫罗兰、麝香玫瑰、晚香玉和铃兰花交叠放置。花朵每十二小时更换一次，这一步骤要持续一周。"[3] 后人还研制出了很多其他版本的配方。当时流传着这样一句话——"完美的手套要用西班牙的皮料，交给法国人裁剪然后让英国人缝纫。"法国有四个城市在香薰手套制造领域闻名遐迩：巴黎、格勒诺布尔、布卢瓦和旺多姆。

但是，手套匠人和调香师是否能建立行会因地区而异，这点阻碍了香薰手套产业在全法国范围内的发展；与此同时，行业内部也是一团乱麻，药剂师、香料商、烈酒商、制革工人间由于工作内容多有重叠而摩擦不断……

直到 1614 年，巴黎才终于建立了手套匠人-调香师行会[4]，开始整顿生产秩序。行会规定，每种匠人只能完成生产环节里的某一特定部分而无权越俎代庖其他种类匠人的工作。柯尔贝尔还鼓励法国东印度公司（1664 年成立）在那些盛产香料的地方开设分支机构，以便就近采买原料，避免支付中间商费用。在他有生之年，柯尔贝尔见证了第一家法国东印度贸易公司的分公司在朋迪榭里开业。可惜的是，以上所有的努力还是不足以让法国实现香薰手套或香水的批量生产。这两种产品仍为精英阶层独享。

香气袭人

实际上，从古埃及开始，香氛就和圣人关系紧密。"香氛（les perfums）"这个称谓来自拉丁语"per fumum"，意为"透过烟雾"。古人深信，通过焚烧香料就能够与诸神进行沟通；而没药和乳香的气味更是被认为是基督徒们的标志。总之，香气就代

左页插图

手套是彰显社会地位的标志。《卢瓦侯爵夫人安妮·德·苏夫雷（Anne de Souvré, marquise de Louvois）》，西蒙·德科瓦绘制于 1693 年，现藏于凡尔赛宫和特里亚农宫博物馆。

---

1 四贼醋（vinaigre des quatre voleurs）：黑死病流行时期出现的一种祛病草药醋，传说是由四名盗贼所研制。具体配方尚不明确。——译注
2 安尼克·勒盖尔，《香水：从起源到今天》，第 113—119 页，巴黎，2005 年。
3 安尼克，同注 2。
4 1724 年，在格拉斯，药剂师不属于手套匠人和调香师群体。

LES SECRETS DU LUXE

上方插图

这副与1693年卢瓦侯爵夫人佩戴的手套极相似的刺绣香薰手套,由手套商法布尔(Maison Fabre)于2014年制作。

右页插图

《十八世纪的女手套匠人或女调香师》,雷蒂夫·德·拉·布雷托纳绘制,载于1882年的《美物大全》杂志,现藏于法国国家图书馆。

表着上层阶级，它们象征着神在人间的代言人——宗教人士和国王的神圣性。

太阳王更是没有理由会拒绝香水。御用调香师马夏尔（Martial）会为国王精心调制每日香氛。太阳王自己也热爱在调香室中制香[1]，这个爱好后来成为贵族圈的生活习惯之一。巴黎的手套匠人和调香师西蒙·巴布（Simon Barbe）为香薰手套的爱好者们写了两本书[2]，书中含有鸡蛋花香薰手套和琥珀香薰手套的制作配方。如果读者无法弄到昂贵的原材料也不要紧，巴布还提供了不含琥珀的琥珀香薰手套以及不含茉莉的茉莉香薰手套的制作方法。

路易十四晨起的第一个习惯便是用被称为"爱神手绢"的干燥白布搓揉身体。接下来国王会穿上干净的衬衣，一位内侍会用酒精为国王清洁双手，随后为他剃须（每两天一次），穿戴，梳发。整个过程完全不会用到水！为此，国王一天内要换好几次衬衣，同时也会更换假发。丰满迷人的蒙特斯潘夫人与国王保持了很长一段时间的情人关系，在这期间，她曾在凡尔赛宫张罗兴建了一个浴室。可惜的是，浴室里的八角形大理石浴池并不用于个人清洁。御医法贡指出，此处进行的沐浴不带有任何"疗养作用"。

衣物、头发和双手都香气扑鼻。凡尔赛宫中的男男女女都在衣服褶皱中藏着香囊，腰带上系着内置橙花或紫罗兰的香果球；居室里被洒上了香醋；香脂匣中燃烧着固体香水。人们想尽一切办法来掩去这座拥有两千多个房间却没有一间正经厕所的宫殿中弥漫着的那股恶臭。而作为法国美丽的首都，巴黎的卫生情况当然也好不到哪里去，旅行者甚至将其称为"泥淖之城"。没办法，人们只好用香水覆盖一切，包裹一切，涂抹一切，压倒一切……

国王过多地使用香水以至于都过敏了。那个时候的人该以史为镜，看看古罗马的前车之鉴，以减少宫中香氛产品的使用量。古罗马作家老普林尼不就讽刺罗马宫廷这方面的开支实在过大吗？——"印度、中国和阿拉伯半岛每年都会从我们帝国抢走一亿塞斯特斯。奢侈品和女人们令我们损失惨重！"[3]

在路易十四统治的末期，男女宫臣的香水用量都已经大大减少，私人浴室重新派上了用处，不过，也是经香薰处理过的。毕竟谁也说不准，万一哪天黑死病又卷土重来了呢？

---

1 《德·拉马尔先生回忆录》，1682年："国王在调香室里单独制作的一些药物闻起来非常糟糕。"
2 西蒙·巴布，《调香师弗朗索瓦：教给您从花中提取香氛的手法以及所有香氛的配制方法》，里昂，1693年，《皇家调香师或用花香调制所有香味的调香艺术（既可以是香气也可以是口味）》，巴黎，1699年。
3 老普林尼，《自然史》第十二卷。一亿塞斯特斯约80千克黄金。

LES MARQUES DU LUXE

奢侈的标志

法国的呢绒想要取得成功就必须先赢得国内外良好的声誉，必须挽回顾客对那些差劲呢绒厂的信任并且建立新的工厂。柯尔贝尔一边苦苦寻觅着能让法国呢绒保持高质量的办法，一边还在想着如何搞出个特殊标识，让人一看即知这是优质产品——这就是我们现在所说的"品牌"的雏形。

"好名声胜过千军万马"[1]，这是路易十四的名言。而法国制造业为了保证产品质量，获得一个好名声也的确付出了巨大努力。在路易十四之前，奢侈是种生活方式，意味着获得多余之物，炫耀自己生活有多富足安逸。而从路易十四时代开始，奢侈就意味着昂贵而精致的物件。莫里哀于 1661 年创作的喜剧《丈夫学堂》（*L' École des maris*）中，"奢侈"一词意义的改变也有所体现[2]。务实的柯尔贝尔一反以往对奢侈品的模糊定义，赋予了它一个新定义。在柯尔贝尔眼中，奢侈品之所以贵，靠的是它超群的质量。而在呢绒领域，质量的衡量标准就是其尺寸，所用纺线的数量和所用染料的种类。大臣深知，每年在黎凡特诸城——法国与西印度群岛进行布匹交易的主要市场——卖出的法国呢绒里，有许多都会因为有瑕疵而被退回。太丢人了！要想在布料市场上，尤其是在高端布匹领域独占鳌头，那就必须让产品质量臻至完美。

但是，法国各地的度量衡尚未统一，因地区而异。各地市场上的交易者们为了丈量织物，往往会将一古尺的长度参考刻在石头上。人们也会使用"尺子"——一种被锯成小段的木块。但是这种操作也有问题。当被磨损到仅剩尖端时，度量就会不准确。许多无良商家正是瞄准了这一点。当时，巴黎的一尺相当于 119 厘米；斯特拉斯堡的是 50 厘米；巴约讷的是 88 厘米；鲁昂的呢绒和丝绸一尺是 115 厘米……而当地普通布的尺则是 140 厘米。即使伦敦的一尺长度与巴黎的一致，汉堡的和阿姆斯特丹的也不一定吻合。这可真是太复杂了！而且这还没算上各种偷奸耍滑的行径，比如故意把呢绒扯长扯宽等。当欺诈行为在交易中随处可见，又如何能叫顾客安心购买？

1　路易十四，《王太子教育回忆录》，皮埃尔·古贝尔修订，第 214 页。
2　阿兰·雷伊，《法语历史词典》，罗贝尔出版社。

不仅如此，在染色方面，尽管商人把手上的布匹夸得天花乱坠，但它们的染色质量实在堪忧。在上手洗涤或穿戴之前，人们很难区分出买回的布料究竟是"低级染色品（le petit teint）"还是"优质染色品（le grand teint）"，也无法判断出是否会褪色。如果高价买回的奢侈布料一用、一洗就褪了色，顾客必然不会再愿意光顾了。所以必须规范市场行为。柯尔贝于1666年建立的法兰西科学院（L'Académie des sciences）本应负责解决这个问题，让科学知识服务于生产。但是事与愿违，当时根本没有科学家正儿八经地研究过染料，"化学"学科也还处于起步阶段。看来，只有职业染匠能提供些经验参考了。由于戈贝兰工厂身处首都巴黎、汇聚了大量染匠人才和各种染制技术，于是，这里的染匠工坊就成了现成的"实验室"，人们在这里展开了染料化学的应用研究。

规则章法

柯尔贝卷起袖子准备大干一场。1668年，他下令测量巴黎城内自1554年沿用下来的尺度标记。这个标记被刻在大沙特莱教堂（Le Grand Châtelet）一块已坍缩的石壁上，因此已经变形失去准度。测量基准已经核实过了以后，柯尔贝在1669年着手制定制造业和染坊制新规[1]，这是一切的基础。每个地区的尺度被重新确定。木制尺的终端必须包上不会磨损的铁块，用线数量必须根据各织物的类型固定下来。"全国境内同名、同种、同质的布料的长、宽和韧性必须一模一样，一个地方的工匠，除非是因为他们手艺更高，否则不会获得别的地方的工匠不能享受的额外好处。"如此一来标准也统一了。法国还为每种颜色的染料开出了最优质的植物、昆虫和贝类的原材料清单并推广了更好的染制方法。"走访那些染色技艺了得的染匠，并给出自他手的布匹打上特定标记；各色呢绒样品将被染成深红色。所有染制都必须严格使用此前规定的染料。"这下，使用的染料也确定好了！

这都是些很好的举措，但如果大臣不使用他那极具个人特色的撒手锏——督查——再好的举措也不会奏效。

柯尔贝重新组织了海关局，各省的财务总监也任命了专员，这些专员的职责之一就是核查由当地工厂生产的，或由商人出售的来自其他地方的布料是否符合当局的规定。在生产的各道工序中，表现出色者的布料都会被打上铅印。不符合规定的则会被没收然后在广场上示众。狡辩自己不知道新规定是行不通

左页插图

《戈贝兰的染色工坊内部》，由洛哈绘制于约1760年，现藏于卡纳瓦莱博物馆。

1 皮埃尔·克莱蒙，《柯尔贝尔的信件、指示与回忆》，第二卷第二部分，工商业，《法国皇室建筑、艺术和制造厂总监柯尔贝尔为贯彻制造业和染色业规定于1670年4月30日在圣日耳曼昂莱所做出的一般指示》。

Londrins Seconds

Fabrique de Etienne Desalon de Clermont

的，因为"专员会将所有加入行会的工匠和高级师傅召集到社区工商会，向他们宣读上述条例，讲解他们如何才能良好地履行条例规定，并让他们意识到如果违反条例，他们肯定会破产，因为他们生产的布料将被通通没收，花边也将被撕碎销毁示众"。

柯尔贝尔指出："督查专员将尽己所能，他们会鼓励和协助所有生产西班牙式和荷兰式细呢绒以及杜索呢绒[1]的工匠师傅完善产品并争取扩大生产量。由此一来，我们就可以完全抛弃外国生产者，让法国垄断呢绒制造业。"皇家呢绒厂有权使用特殊的生产标识。他们的质检铅印上是象征法国皇室的百合花或者生产厂的名字。荷兰人凡·罗拜则被授予特权可以制造"含四根金色纺线的蓝色花边和介于花边与普通呢绒之间的织物"[2]。这就是此后广为人知的凡·罗拜呢绒的特有标志。

一旦开始，柯尔贝尔就不会再轻易停止。他继续增加和完善规章，到了最后，仅仅染料版块就有三百七十六条规定。如果还有谁拒不执行，柯尔贝尔就加重惩罚。这种情况下，就轮到生产和售卖劣质呢绒的工匠和商人被带到广场上示众了，他们罪有应得！这些人生产的残次品不仅会被撕碎还会被焚毁。不过，这实在有点过于严苛了。所以虽然律令上的确是这样写的，但其实很少真正施行。

反叛的风险太大以至于人们不敢轻举妄动。这些新规定被深深烙印在了所有法国人心中，"品牌"一词镌刻进了集体记忆里，至今难以磨灭。尽管现在已经没有专员来检查商品质量是否保持卓越了，但"品牌就代表着奢侈和优质"这一传统却留存了下来。有一个好名声就足够了！

左页插图

染制技艺的好坏决定了布料最后的市场价值。在1769年，寻常颜色的二等隆德琳缩绒薄呢的价格是7里弗尔16索尔，而同样的产品如果染制工序的完成质量更高，价格可达9里弗尔10索尔。1765—1766年间产自法国克莱蒙埃罗的二等隆德琳缩绒薄呢样品，现藏于埃罗省档案馆。

[1] 迪沃米尔·马尔科维奇，《法国羊毛纺织业：从柯尔贝尔到大革命》，杜索（Du Seau）呢绒产自埃尔伯夫的一家老作坊。柯尔贝尔振兴这个作坊并于1667年打造为皇家工厂。这些呢绒本来是农民的外套布料，但是从1669年起，它开始因优良质量而声名远播。价格也从2.5里弗尔上升到17里弗尔。

[2] 法国国家图书馆，杜马塞，《论词语的转义，或同一语言中的相同词语的不同含义》，1757年。人们后来不再说一匹罗拜呢绒，而直接说一匹罗拜。

LE TRIANON
DE PORCELAINE

瓷宫特里亚农

自从听马可·波罗讲述了中国文明的宏伟壮丽及其悠久文化传统[1]之后，欧洲人对中国的迷恋就一发不可收拾。这个被重重谜云笼罩的国度坐拥各种异宝，比如后来传至西方的瓷器。在瓷器制造领域，没人敢自诩能比肩中国工匠。路易十四曾梦想用瓷来包裹整个宫殿。发现中国瓷器的葡萄牙人将其命名为"普尔赛林（pourceline）"，这种陶瓷的质地特征与欧洲产的陶器不同。它们虽外表精致脆弱，但实际上却能完美地防水且耐高温。没有哪个陶匠敢自夸自己的作品能有这些能耐。当绘有南京瓷塔的画作[2]被呈至路易十四宫中时，在场观画者无不赞叹瓷塔建造者匠心独具，并为瓷塔的豪奢而称奇。

当时，贵妇中的贵妇——蒙特斯潘侯爵夫人——弗朗索瓦丝·阿特纳伊斯·德·罗什舒阿尔·德·莫特马尔（Françoise Athénaïs de Rochechouart de Mortemart, marquise de Montespan）俘获了君心，而瓷器俘获了这位夫人芳心。掌握着绝对权力的君主想为心上人修建一座能满足她这种喜好的宫殿。在路易十四的设想中，这将是"一座小小的但建筑水准登峰造极的宫殿，酷暑时，我们也好去那里歇息一会儿……"

我们大概能想象倒霉的柯尔贝尔当时内心有多绝望。他好不容易才平衡了王国的收支！这种命令在历史上只出现过两次，上一次还是亨利四世要求苏利公爵（Le duc de Sully）去做类似的事。虽然知道战争无益于贸易，但柯尔贝尔说服君主避免战争的努力已经付诸东流。路易十四当时刚结束遗产战争（1667—1668）。在作战期间，国务大臣柯尔贝尔不得不一边支持海军军费，一边拨款给一些重大工程（比如修建大西洋和地中海之间的运河以方便粮食运输），一边保持对花销巨大的制造业的资金投入，同时还要掏钱修建凡尔赛宫，现在又多了一项差事——营建一个国王与其情妇的天价爱巢。

第44、45页插图

《海关局内部》，产品的质检和质量标识管理就是在此进行，本画由尼古拉·伯纳德·勒皮奇绘于1775年，现藏于蒂森·博内米萨博物馆。

左页插图

建筑师罗贝尔·达尼（Robert Danis）于1912年绘制的图纸，该图重构了1687年被夷平之前的特里亚农瓷宫中的"狄安娜之间（La chambre de Diane）"，图纸现藏于凡尔赛宫和特里亚农宫。

---

1 马可·波罗，《马可·波罗游记》，著于1300年前后，1477年首次印刷出版。
2 约翰·尼霍夫，《荷兰东印度公司使节出访中国纪闻》，1665年。

LES SECRETS DU LUXE

左页插图

《瓷宫特里亚农》,建筑水粉画,依据 1670—1687 年档案资料绘制的水粉重构图,爱德华·安德鲁·泽加与贝尔纳·H. 达玛绘于 2019 年。

上方插图

绘有一只狗捕猎野兔场景的陶盘,陶盘四角绘有四朵皇家百合花,这是特里亚农宫瓷器里的装饰品之一。现藏于凡尔赛宫和特里亚农宫博物馆。

LES SECRETS DU LUXE

陶制仙境

简直见了鬼了。在全欧洲境内,无人能制作瓷器。从弗朗索瓦一世起,最有钱的人也只能零散地搜罗一些精美藏品,东一个瓷花瓶,西一个瓷果盘。更别说现在这是要将一个城堡的所有外墙都用瓷填满,这得耗资几百万,从中国进口数量极其庞大的瓷器。而且,我们的弗朗索瓦丝·阿特纳伊斯明显只想要瓷器中最优质的,由康熙皇帝的景德镇御窑生产的青花瓷。

财政大臣有颗顽强的心脏。他苦思冥想一番后发现,在法国乃至全欧洲根本没有工坊能生产这种被誉为白色黄金的瓷器。于是他开始寻思,如果从中国进口瓷器,应该如何降低运费。他想动用成立于1664年的法国东印度公司。该公司成立之初就是为了与1602年建成的,几乎垄断亚欧海贸的荷兰东印度公司角力。但是一切并没有如料想般顺利,因为柯尔贝尔无法说服足够多的金融家来投资建造可以进行长途运输的船舶。

修建一座货真价实的瓷宫是天方夜谭!身为皇家建筑总监的柯尔贝尔只有一个对策了:想办法生产些以假乱真、比真的还真的"瓷器"。在路易十四时期充满戏剧性的宫廷传奇中,特里亚农瓷宫的修建是亮眼的一笔:"宫殿门面的四角和挑檐上都有陶块装饰。宫殿上方一层接一层地摆着瓷瓶,就这样一直延伸到宫殿顶部。顶上还画着各种栩栩如生的鸟儿。"[1] 当时的法国人只能靠传说来认识中国,用他们的想象力构建出一个东方幻象,根本没人去关注东方风情真实的样子。

宫殿的屋顶并不像传说中那样都是由瓷瓦铺就,上面铺的其实是被绘成青花色的铅瓦;意大利小天使雕塑旁边摆着铅制雕花镀金大瓮,或者是漆过的铜花瓶;内韦尔(Nevers)、利雪(Lisieux)或代尔夫特(Delft)制作的陶器都是蓝白相间的;室内的墙壁涂抹着大理石粉灰,家具则是纯银、兽角和象牙质地。

很快,在凡尔赛宫的花园中,一座象征着太阳王爱情的宫殿拔地而起。一则童话故事还影射了这桩盛事:"为了实现中国皇帝之女、公主贝拉格洛瓦的心愿,桑帕朗贡敲打魔棒,一座瓷做的宫殿应声出现在我们眼前,宫殿四周的花坛上茉莉满植还设有无数小喷水池。"[2] 蒙特斯潘侯爵夫人是那美丽的贝拉格洛瓦,

左页插图

从中国青花瓷中汲取制作灵感,这个特里亚农宫的写字台由镶有象牙的橡木制成,使用蓝色、乌木色、檀木色和苋红色的颜料进行上色,线脚材质为镀金铜和天鹅绒。它被制作于1670—1675年,现藏于保罗·盖蒂博物馆。

---

1 让-弗朗索瓦·费里比安,《凡尔赛宫总述》,1674年。
2 爱德华·安德鲁·泽加与贝尔纳·H. 达玛,《凡尔赛宫和特里亚农瓷宫中的兽园:重构历史》,《凡尔赛利亚》("凡尔赛之友协会"所属期刊),1999年第二期,第66—73页。

而路易十四则是桑帕朗贡。1698年后才出版的这则童话故事里或多或少包含着一些精心掩盖过的讽刺意味。在故事的结尾,作者安排"中国公主"向情人桑帕朗贡问道:"你是否因我的娇纵耗尽了你所有的财宝?"[1]

瓷宫特里亚农的出现是划时代的,它还在法国和其他欧洲宫廷中掀起了一股中国风热潮。柯尔贝尔意识到,在法国发展瓷器制造这一奢侈行业极为必要。让法国生产出瓷器是他必须完成的挑战。不信?那就看特里亚农宫吧,投入使用近两年后,陶器的缺陷便暴露了出来:陶土开始粉化了。那些绘制在铅器和铜器上的青花图案也需要每年定期保养才能维持原样而不剥落。后来,大臣认识了男爵冯·奇恩豪斯,他是数学家莱布尼茨的好友,同时也是位年轻的科学家。这位男爵也认为弄清中国瓷器的制作秘方很有必要。柯尔贝尔想把这个来自德国萨克森的人才留在法国,于是让他做了自己孩子的家庭教师。那么此人在将来会有怎样的作为呢?这又是另外一个故事了。

---

1 让·德布雷沙克,《不那么像童话的童话,没有桑帕朗贡也没有仙后》,1698年,比约恩斯塔德出版社。

LES PERRUQUES RIDICULES

滑稽的假发

如果把人人必戴长假发的路易十四时代撇开不看，法国人的发型时尚发展史还是很正常的。

国王路易十四本来有一头引以为豪的浓密"鬃毛"。但后来，由于在战争中重病缠身，国王接受了医治，这一治疗过程也使他的头发受到了难以逆转的伤害。假发匠们将迎来大展拳脚的机会。一个活跃的行会团体即将问世。

1658 年，法国与西班牙正在交战，十九岁的年轻太阳王御驾亲征去了前线。1658 年 6 月 25 日，敦刻尔克白天还属于西班牙，中午便被法国占领，晚上则到了英国手上。

如果一切都可以就此打住，法国人的脑袋倒也不用遭后面的罪了。然而，路易十四在攻克马尔迪克要塞后却染上了一种未知的疾病。御医的日记描述了当时的情况："由于这里生活的种种不便，再加上污浊的空气、水污染、大量的病人、广场上晾着的死尸和其他无数的糟糕情况，陛下遭受了巨大痛苦。"[1] 人们为国王进行了清洗，使用了放血疗法，但是国王的高烧还是不退。7 月 6 日，路易十四要求向上帝进行忏悔。

国王将死的谣言传到了巴黎。无人知晓国王究竟得了什么病，也不知道如何救治。巴黎医学院院长居伊·帕坦（Guy Patin）别无他法，只能让国王服用催吐剂。这种药剂里含有剂量经过精确计算的毒药，也许可以治愈国王。不过风险确实也很大……尤其是对医生本人而言，要是不小心害死国王，他的小命就没了。路易十四后来服用的催吐药剂由一位来自阿布维尔的医生制作，是由酒和草药混合制成，其中还加入了锑，一种类似于铅的金属。

好消息：国王被救了回来。坏消息：他开始掉头发了。路易十四想知道如何才能保住一头秀发。他雇用伯努瓦·比内（Benoît Binet）终身为王室服务。比内是一个天才发

---

1 斯塔尼斯·佩雷，《路易十四的健康，一部关于太阳王的生物史》，尚瓦隆出版社，赛榭，2007 年。

型师和假发匠人。在十年间，国王戴的比内制假发反响不错。每个人都对路易十四浓密的卷发艳羡不已。

假发狂潮

1665 年，假发匠人被赋予特权，只有他们有权使用收集于比利时和诺曼底的优质头发。在十七世纪七十年代，比内先生的假发被冠以"比内特（Binette）"的名号。一顶假发的发卷重达一至两千克，如果是"王室款/对开本式（In-folio）"[1]，假发顶还会有两簇金字塔形的鬈发尖。每个人都想有一顶出自比内之手的华丽假发，后来人们一直用"比内特（Binette）"来代指假发，这个习惯一直延续了下去。

宫廷对太阳王亦步亦趋。但其实在太阳王还没有戴假发的时候，上流绅士们就已经为了掩盖自己头发的稀疏先一步用上了。而且他们还发现，往假发上撒些粉末能够让头发蓬松，进而在视觉上增厚假发。"粉末通常是最白、最干、最细的淀粉。人们使粉末散发出想要的任何香气，鸢尾花味最受欢迎。"戴上这种沉重的、扑上粉末的、香气袭人的假发，流上一桶汗不是问题。人们还给假发染了色，红色、黄色等等[2]。

在十七世纪六十年代，假发蔚然成风，国王也不必再遮遮掩掩。路易十四一天会换六顶假发，因为假发室就处在寝殿和议事厅之间，所以他每天需要在这两地间多次穿梭往返。虽然国王最爱银灰色，但棕色也是他的心头好。1673 年，路易十四同意将理发师 - 外科医生行会划分为理发师 - 剃须匠（barbier-barbant）、理发师 - 浴场工作者（barbier-étuveur）和理发师 - 假发师（barbier-perruquier）三大类。比内先生就属于第三类。

假发市场进一步专业化和细化。"阿巴西亚尔（abbatiale）"指的是德罗兹先生发明的神职人员专用假发；帕斯卡尔戴着名为"博耐尔（bon air）"的假发；"拉布里加梯也尔（la brigadière）"指的是军人假发；"拉罗班（la Robin）"则是廷臣戴的假发。比内的表弟让·康坦（Jean Quentin）成了国王的假发匠和衣着侍臣。他想推陈出新，将整个流程"产业化"。为此，他改良了假发制作流程，使得这种技术更易于传播和推广——"先给头发刷上起保护作用的油膏，然后放入特殊烤炉中烤制定型；烤制完成后，在分成股的头发的末端打结，使之结成发束；最后，将所有发束缝在一顶轻盈柔韧的发套上。"康坦还研发出了一种假发量产技术并成功申请

左页插图

芳丹姬式假发高度能达 0.6 米。《弹吉他的贵妇》《法国及欧洲喜剧、芭蕾舞、比武、舞蹈和化装舞会里的服装和布景》，尼古拉·博纳尔著于约 1695 年。

1　弗朗索瓦·布鲁什，《盛世辞典》，法亚尔出版社，1990 年，第 1188 页。
2　让 - 巴蒂斯特·梯也尔，《假发史》，巴黎，1690 年，第 396—403 页。

了专利 [1]。但是，签发给康坦的这项专利直接导致了其他普通假发匠无法正常营生，这事闹上了法庭。国王和柯尔贝尔不止一次处理此类事端。八年后，在 1681 年，双方达成协议，假发匠行会向康坦先生缴纳了 30000 里弗尔，以此为交换，行会可以使用本不在其可使用范围内的假发专利。虽然国内有这种古怪情况，但法国仍然在假发制造领域遥遥领先并将假发出口到了外国宫廷。1700 年，假发匠的数量从 200 人增至 6000 人 [2]，全是男性。在法国男人们为假发疯狂时，法国女性尚能幸免于这番狂潮。但是宫廷里的一桩轶事也让女性即将拥抱假发。

四十一岁的太阳王想和他的情妇，同时也是他六个孩子的母亲的蒙特斯潘公爵夫人分手了。取代这位夫人的新欢是年方十七、清新直率的玛丽-安吉莉卡·德·斯科拉耶·德·鲁西尔（Marie-Angélique de Scorailles de Roussille）。路易十四追求她并赐予她芳丹姬公爵夫人的头衔。在公爵夫人某次外出游玩，纵马驰骋之时，引发假发时尚变革的事故发生了——公爵夫人的头发被树枝弄乱了。她匆匆忙忙间拢好头发然后用丝缎袜带固定，这番迷人的姿态竟大悦君心。次日，所有贵妇人都用袜带来固定头发。以后，在这条袜带的基础上，贵妇还将在头发上垒起宏伟的建筑。头发是梳理得当还是保持凌乱全看君主心意，人人都想博路易十四一笑。一场真正的假发热潮已经俘获了所有女人和她们的发型师们。

此前，假发时尚主要与男人的需求紧密相连，而女性则是受男性影响才跟风戴起了假发，所戴的款式其实就是对男款做了点无伤大雅的改动。而到了后来，女人们对假发的痴迷达到了什么程度——她们戴的假发夸张到被卡在门中，上不了马车。数以千计的女人由于日夜头戴这些堪比沉重雕塑的假发而丧生。据说，这些假发需要让锁匠来加工固定，因为头饰的基底是编织在一起的铜丝，它承托着假发和各色花边。

实在是够了！国王后来禁止人们戴这种"芳丹姬式"假发进入凡尔赛宫。最终力压群芳夺得路易十四宠爱的曼特农夫人（Madame de Maintenon）的发型很简单，这让她多少显得有点严肃。宫里人没完没了地谈论国王前情妇、美丽的"芳丹姬安吉莉卡"，曼特农夫人实在有些厌倦了。这位芳丹姬安吉莉卡在不到二十岁时就因难产而香消玉殒 [3]。她发明的女式发型让她的名字和她的悲剧故事一直流传于世。而人们对夸张的假发和发型的迷恋这才刚刚开始。

左页插图

六十三岁的路易十四身着加冕礼服、戴棕色假发的肖像细节图，亚森特·里戈（Hyacinthe Rigaud）绘于 1701 年，现藏于卢浮宫博物馆。

1 法国国家档案馆，"国王之家"，档案编号：O/1/1-O/1/128-O/1/17。
2 奥黛丽·米莱，《制造欲望：从古到今时尚史》中的发饰一章，贝兰出版社，2020 年。
3 《芳丹姬小姐的短暂一生：莫里斯·布韦生前回忆》《医药史评论》，2000 年，第 263 页—267 页。这个历史人物也是电影《安吉莉卡，德安吉侯爵夫人》中的女主角原型。

> 舒兹伯利公爵夫人立刻感觉到妇女所戴的头饰很可笑。这些假发滑稽无比，它们简直就是一座由铜丝、丝带、头发和各种饰品构成的高达两英尺多的建筑物。女人们的脸仿佛居于整个"躯体"的中间……

关于路易十四时期芳丹姬假发的回忆
摘自《圣-西蒙回忆录》，该书写于1691年到1723年间。

右页插图

英国讽刺画《戴假发的贵妇》，发型师正在努力摆弄鸵鸟羽毛，让夫人的发型不和侍女的假发发型一模一样，本画绘于1776年，现由私人收藏。

LES SECRETS DU LUXE

TEMPLES DU LUXE

奢侈品殿堂

为了发展奢侈品产业,柯尔贝尔支持不论出身地聘请最好的工匠。技术的交融碰撞才是推动创新的最快方法。但这必然会与严格的行会规定冲突。他应该打破这些规则吗?

柯尔贝尔孜孜不倦地发展贸易和改革制造业。他计划的第一步是将行会规定宽松化。巴黎是整个法国的标杆,也是他做实验的绝佳场所,他可以在巴黎城中及城郊开辟一些特权区。从 1657 年开始,法国当局便向圣安东区的工匠和商人们签发特许证明让他们不必拘泥于行会的组织管理。

正式成为国务大臣后,柯尔贝尔继续沿用这个老办法并成功打造出了一个充满活力的工匠和商业人才储蓄池[1]。"巴黎被认为是行会组织工作的桥头堡,但同时,它更是自由工作的天堂"[2]。巴黎每个区都有自己的专攻领域:勒伊街多出镜子;商人聚集在圣奥诺雷街区;要织布、染色、定制王室家具那就去戈贝兰周边;圣日耳曼区会举办顶级奢侈商品博览会……这个位于塞纳河左岸的地方在当时成了奢侈品的殿堂,它同时也是今天我们所看见的高端百货商店(比如乐蓬马歇)的前身。奢侈品经销商们汇聚一堂,提供人们欲求的各色产品,他们深谙如何取悦顾客,吸引其注意力。能生产奢侈品固然很好,但也得知道如何包装这些东西并把它们卖出去!

左页插图

巴黎的桥上铺满布料,其中就包括了著名经销商吉尔桑(Gersaint)的产品。《在圣母桥和变革桥之间举行的划船赛》,尼古拉·让·巴蒂斯特·拉格内绘于 1751 年,现藏于卡纳瓦雷博物馆。

1　奥利维耶·沙利纳,《路易十四的统治:两千万法国人和路易十四》第二卷,巴黎,弗拉马里翁出版社,2005 年。
2　让 - 路易·布尔容,《柯尔贝尔之前的柯尔贝尔们》,巴黎,巴黎大学出版社,1973 年。

本页插图

一家奢侈品店的内部。《吉尔桑的招牌》,让-安托万·华托绘于1720年,现藏于夏洛滕堡。

L'ÉTIQUETTE AU SECOURS DES MANUFACTURES

宫廷礼仪挽救制造业

"激励制造业生产出华美的布匹来装扮国王，希望国王真的穿上这些衣服。"在1664年举行的第一届贸易咨议会上，渴望重振国家经济的柯尔贝尔许下这个心愿。他没想到自己的话真会灵验。路易十四对宫廷侍臣的影响力将有助于商业的发展。

"拜倒在时尚脚下的奴隶"，这个表达十分脍炙人口，以至于被载入了1694年法兰西学院出版的第一本词典。法兰西学院的院士认为："疯子创造了时尚而智者选择跟从。""时尚与男人的喜好和教养有关。"智者？教养？不追随太阳王制定的宫廷礼仪（这些礼仪是有史以来最复杂的）的某些人要千万小心了。

让我们回顾一下历史。投石党事件（部分贵族为对抗绝对君主制而造反）给幼时的路易十四留下了心理阴影。当他开始亲政时，他便想把自己臣民中有能力召集军队谋反的那些人牢牢置于自己掌控之下。路易十四之所以将宫廷迁至枫丹白露宫、马尔利城堡和凡尔赛也正是想要让这些有权势者远离容易起事的巴黎。但是，如果廷臣们还是能空出时间筹划造反，那他就算迁了宫也无济于事。作为操控人心的高手，路易十四决定让廷臣们每分每秒都不得空暇。

他在亲政的最初几年就制定了看似无用的严苛规矩。那个年代里没人识破宫廷礼仪的政治底色，这些礼仪好像只是教人如何在一个特定的社会环境中为人处世。为了保住自己的特权以及从国王那儿获得能带给自己好处的宠爱，廷臣中的精英分子们"早就研究透了宫廷中的各类仪式和礼宾次序，并将其中的门道烂熟于心。后来，连乡村里最小型的议会也承袭了这些做法。在路易十四时代那个更加富足、体量更加庞大的法国社会里，一种真正的文明已然诞生。不关心此事的法国人并没有注意到这一点，甚至平静地忽略了其背后的意义"[1]。当国王——有时是通过

左页插图

瑞典王太子古斯塔夫三世（Gustave III）的婚服。应瑞典驻巴黎大使要求，该婚服参照路易十四的衣着款式制作，完成于1766年，现藏于瑞典皇家军械博物馆。

---

1 菲利普·乌尔卡德，《圣-西蒙公爵时代的仪式、礼仪和礼貌：提问与回顾》《圣-西蒙杂志》，2011年。

一个简单的细节——对法国人的风俗习惯、穿衣样式加以改动时,这件事立刻就会传到廷臣那里去,随后,法国两千万居民中的一些消息灵通者也会得知此事。

时尚的奴隶

这事要是放到今天,天底下有哪一家公司不会为拥有了如此大的目标顾客群而感到高兴呢?专横的君主见状十分满意。利用这一点,他成了刚诞生的皇家制造厂的明星模特,拯救了这些濒临破产的工厂。这是一种带有政治和经济目的的宣传。国王在一天中改变装束并勒令贵族效仿自己,实际是他支持法国制造业发展的手段之一。比如,当皇家花边制造工厂运行艰难时,国王就会在自己的领口系上蕾丝领结,在袖口和丝袜边装饰大量花边。

他这样打扮后,一天之内就有几千男女争先恐后订购同款行头。当时的潮流杂志《风流信使》(Le Mercure galant)还将这股王室花边潮流介绍到全国各地,资产阶级也开始追逐这股风潮。花边制造厂也因得到宝贵的喘息之机而松了一口气。

柯尔贝尔使出浑身解数发展法国的花边制造业,为的是能击败一年销售额能达到五六百万里弗尔的来自热那亚、威尼斯和佛兰德斯的同类产品[1]。为了与意大利产的针绣蕾丝(Punto in aria)抗衡,他下令让皇家设计师贝兰(Bérain)[2]创制了被称为"法式蕾丝(Point de France)"的蕾丝花边纹样。按着当年引入穆拉诺制镜人、织匠凡·罗拜和细呢绒的老路子,柯尔贝尔在 1666 年雇用了大量外国工匠并将其派驻到王国各地。珀蒂埃尔夫人(Madame Petitière)[3]是当时制造业督查官群体中唯一的女性,正是由她负责监督花边制造业生产进展,检查规章制度的遵守情况并找出违规者。

法式蕾丝花边非常难以制作,很多花边匠人因此选择继续生产更加简单的普通巴黎款式。使用这种法式蕾丝缝制的衣领价格高达 1500 至 2000 里弗尔[4],一个天文数字;而使用低端蕾丝缝制的衣领的价格每尺仅 3 到 12 里弗尔……所以柯尔贝尔仍然坚持他的主张。

左页插图

宫廷侍臣们的衣着反映了 1670 年代的风俗习惯。当时,凡尔赛宫还是一个享乐场所。《特提斯人造石窟前的路易十四》(细节图),本作绘于 1684 年,现藏于凡尔赛宫和特里亚农宫博物馆。

---

1 普鲁斯珀·布瓦松纳德,《柯尔贝尔在朗格多克的体系和工业(1661—1683)》《南部年鉴》,1902 年。
2 法国国家档案馆,《国王颁布的法案》,1682 年,《国家收容所》。
3 维罗妮卡·杜蒙·卡斯塔涅《十七世纪和十八世纪的南部纺织业》《花边》,"知与识"出版社,2017 年。
4 保罗·M. 邦德瓦,《柯尔贝尔和花边制造业:兰斯和色当的法式蕾丝(未披露档案)》,《社会和经济史学刊》第十三卷,1925 年。

路易十四下令各大城市建立总收容所（Les Hôpitaux Généraux）[1]后，柯尔贝尔让该机构为制造业输送了大量人手。不像普通医院负责收治病人，收容所负责接纳流浪汉、乞丐和弃儿。后来，有十几万的女人和女孩在来自佛兰德斯和意大利的女花边师傅的指导下学习制作花边。这个举措在今天看来简直是天方夜谭，但在当时的全欧洲却得到广泛应用。它让道路上再也不见游手好闲、无所事事之人，治安得到了保障。同时，这也为那些无业者提供了一份具有高附加值的糊口手艺。在收容所待够八年之后，工人们便可以出来自立门户。强制推行这一政策的意图是好的，毕竟每个人都要掌握谋生的一技之长。顾客也根本不关注生产奢侈品的劳动者的工作环境。对于他们而言，最重要的是通过跟风来保住自己的社会地位，能够模仿更高社会地位人群的穿着来使自己显得更加贵气，以及可以及时购入国王"推荐"的产品（其实国王根本不需要开金口推荐）。

穿戴蕾丝花边的确令人愉快，但当路易十四规定衣服必须由色当的迪戎瓦尔工厂[2]的呢绒制成时，事情就没那么愉快了。虽然迪戎瓦尔皇家工厂生产的是精细羊绒衣料，但对于某些人娇贵的皮肤来讲，这种呢绒还是太粗糙了。我们不禁想问，国王此举是不是为了嘲笑那些匍匐在他绝对君权之下的奴隶们。路易十四显然精通驾驭双辔马车，他深知如何一边用高处的缰绳轻轻牵制马匹，一边通过下方的缰绳勒痛马匹以阻碍其行动。贵族中有人穿着冒充色当呢绒的绿布料衣服，而另一些人则因强穿色当呢绒引发不适而坐立不安。也许，贵族这些窘态能让国王心情愉悦。

当时，每位外国驻法使臣的重大任务之一便是在他们的每日简报中记录法国宫廷又弄出了什么新花样。外交官们跟踪那些流连于服饰店、裁缝铺的法国贵族。贵族们前脚刚离开，他们后脚就冲上前去打探贵族刚刚所下的订单。欧洲他国宫廷里的贵族们热衷于请法国匠人使用法国上流绅士们偏爱的布料制作衣物。外交官员的时尚密探[3]任务一直进行到了法国大革命时期。

1683年，凡尔赛宫正式启用，而柯尔贝尔却去世了。"时尚之于法国就好比秘鲁金矿之于西班牙"，遗憾的是柯尔贝尔没能见证"时尚"这艘旗舰未来的离奇轨迹，但他清楚，国王路易十四仍将是时尚领军人物。

---

1 《路易十四时代政事通信》，由乔治·贝尔纳·德平整理，第三卷，《勃艮第督办专员克劳德·布叙致柯尔贝尔》，1851年。
2 皮埃尔·夏尔·弗朗索瓦·杜平，《法国的生产力和商业实力》第一卷，《色当呢绒》，1827年。
3 瑞典王储古斯塔夫三世的婚服，衣服上有金银线缝制的雨滴、刺绣太阳和蓝云纹样。"四十名法国工人日以继夜地制作了三十七天"，《王储与瑞典驻巴黎大使古斯塔夫·菲利普·德·克鲁兹伯爵的通信（1766—1776）》。

INFLUENCEURS DE MODE

潮流大咖

英雄造时尚。那些衣着光鲜，仪容整洁，脚踩高跟的时尚裁判员往往是在位君主的贵族宠儿，他们掀起的衣着新潮流蔓延到了法国外省和异国宫廷，创造出的风尚比他们自己多活了好几十年。这些人堪称十七世纪的灵感缪斯，他们的一切都被旁人观察着、抄袭着。

名垂潮流史的首个三巨头组合是由布朗泰领主（Le seigneur de Brantès）、其兄弟卡德内领主奥诺雷（Le seigneur de Cadenet）和桑克 - 马尔斯侯爵（Le marquis de Cinq-Mars）组成[1]。这三人都是国王路易十三的宠臣，只不过风光时间长短不一。

三者中的第一人——布朗泰领主，他让像亨利三世及其宠臣那样佩戴硕大的梨形珍珠耳坠成为时尚，这一风尚被命名为"布朗泰式"；第二人奥诺雷则梳了一条垂在左颊侧的武士发辫，这种发型被称为"卡德内式"，他还启发了一种流行了两个世纪之久的同名假发样式；桑克 - 马尔斯则在时尚品位方面成了楷模，搭配服装时，他在衣服的材质和刺绣花纹的选择上很是考究，他优雅的着装风格得名"桑克 - 马尔斯式"。这三位时尚大拿的前辈则是元帅让·德·蒙吕克·德·巴拉尼（Jean de Monluc de Balagny）。亨利四世掌权时期，巴拉尼元帅规定军人要将披风固定在一个肩膀上，这种得名"巴拉尼式"的穿衣方式在宫廷中掀起了军队风热潮。

服装用料的质量优劣和所佩戴项链的款式新旧直接反映了该人所处的社会阶层。穿丝绸衣服的人比穿精致羊毛料的人更显高贵，而后者则可以傲视穿哔叽布的人。1614 年，法国"禁止从事耕作者和出身低微之人身着天鹅绒、带花边的丝绸。他们的奴仆则不能穿染色呢绒而只能穿粗呢"。衣着打扮成了社会地位的象征，发布这类闻所未闻的夸张禁令其实是一种将每个人限制在特定阶层的尝试，不过，这种尝试失败了。苏利公爵和红衣主教黎世留分别在 1629 年和 1633 年颁布过此类禁令，他们禁止使用威尼斯花边并且要求人们只穿规定的布料；1644 年，红衣主教马扎然则禁止衣服上出现

---

1 弗朗索瓦·布歇，《时尚的廷臣们》《西方服装史》，巴黎，弗拉马里翁出版社，2008 年，第 219—227 页。

金银丝刺绣。但是，为了彰显自己事业之成功的资产阶级们不懈地在违反命令——1623 年的年鉴上记录着："巴黎人的衣服从没有像现在这么奢侈过。"[1]

凡尔赛风

路易十四的时代里没有时装设计师，只有执行主顾命令的裁缝。潮流只与客人有关，所以是客人们，更确切地说是那些作为穿衣风格桥头堡的最高级贵族们带动了潮流。时尚大咖的圈子里有国王的亲弟——奥尔良公爵菲利普（Philippe d'Orléans）和他的亲信们……当然还有君主自己！太阳王是第一个穿朗葛拉布裙裤（la rhingrave）的人。这种裙裤有大量丝带做装饰，带有过去巴洛克服装的遗风[2]。

随后，国王还开发出了将在现代男性衣柜中占一席之地的一套搭配，即由"究斯特科尔"（齐膝紧身衣）、上衣（穿在究斯特科尔下面的内衣）和贴身短裤（马裤）组成的法式穿搭。从那时开始，所有欧洲宫廷都开始这样打扮。有剪裁精良的衣服还不够，太阳王还会用白色或彩色的丝袜、大量花边、黄金刺绣和宝石纽扣来丰富这身行头。

他的臣民们将这种款式改良发扬，加上了产自巴黎圣殿街的伪"钻石"和其他一些真真假假的珠宝。至于太阳王的胞弟奥尔良公爵，正是他创造了第一双红底高跟鞋。传说那是在一个狂欢节的晚上，他和共饮的宾客们一道去往巴黎。一行人在当时位于屠宰场所在街区内的风月场所度过了一个放荡之夜。时间飞逝，转眼已到黎明时分，奥尔良公爵必须回宫参加国王晨起仪式。

于是他一鼓作气，仅在换一件外套的时间里就从巴黎冲回了国王寝宫。一履行完臣子义务，他就去休息了。几个小时后醒过来时，他发现廷臣中的大人物们都穿上了红底高跟鞋。于是他悄悄询问他们这是不是宫里的新时尚，对方却反问道："大人，今早您本人不就是这样穿的吗？"原来，忙于赶路的公爵根本没注意到，自己的鞋底已经被市场上的牲畜血给浸透了。廷臣们怀疑这是公爵的王兄——国王陛下关于宫廷礼仪的新规定，于是纷纷将自己的鞋底也染成了红色。

这则轶事反映了那个年代里的贵族把保住地位看得有多重要。他们唯路易十四马首是瞻，听从着他在宫中所下的各项复杂指令。衣着外表成了拱卫绝对君主制体系的其中一环。红底高跟鞋融入了集体记忆，成了精英阶层经久不衰的一大象征。

左页插图

高贵者耳畔总坠着一颗气派的硕大珍珠。时尚奴隶们急忙追随新潮流。《亨利三世》，让·德古尔绘于 1581 年，现藏于凡尔赛宫和特里亚农宫博物馆。

1　弗朗索瓦·介朗，《往事年鉴：风俗和世事变迁》，1623 年。
2　布歇，《时尚的廷臣们》《西方服装史》，第 22 页，朗葛拉布裙裤，裤腿各长两古尺。

再来看看路易十四统治时期的女性时尚。发型方面，第一顶怪诞夸张的芳丹姬假发正是诞生于这一时期；服饰方面值得一提的是，蒙特斯潘夫人为了掩盖孕肚特别创制了一种腰身和下摆异常宽大蓬松的长裙（它也被称为"蒙特斯潘裙"）。此外，在周六玛德莱娜·德·斯库德里夫人（Madeleine de Scudéry）举办的沙龙活动里，贵妇们还会玩给模特娃娃"潘多拉"换装的游戏，小的娃娃穿简单的晨起睡衣，大的则穿豪华礼服[1]。这些被出口到欧洲各地的潘多拉娃娃也为传播宫廷时尚出了一份力。玛德莱娜的朋友德·舒瓦西神父（L'abbé de Choisy）对女装话题极有兴趣，他主动扮成女性，并给自己起名"巴雷斯伯爵夫人（La comtesse des Barres）"，而且毫不掩饰自己的同性恋者身份[2]。至于德·舒瓦西神父的恋人[3]，尽管有着同样的倾向，但还是同泼辣的普法尔茨公主（La princesse Palatine）成婚了。

德·舒瓦西本人以对男鞋和女鞋的嗜好而闻名，因为他两者都穿。在《教会史》中，他写道："红鞋在过去只有皇帝才有权穿。"这句话无疑是在打趣他穿红底鞋的密友奥尔良公爵菲利普。德·舒瓦西是一个有着良好教养的勇士，但同时也是一个极其浪荡不羁之人。1685年，路易十四派遣使团冒着千难万险前往暹罗王国，德·舒瓦西神父也是使团成员之一。这次任务堪称一段充满男性魅力的壮阔史诗！但是德·舒瓦西与这种英武气息简直沾不上边：当我们的德·舒瓦西神父化身"巴雷斯伯爵夫人"时，他会"穿一件蓝锦缎睡袍或着一件衬着黑色塔夫绸的中国绸衣，缎带被系紧在腰后，从而勾勒出身形，他的腰下则是一条丝绒裙。他还会在抹了粉的假发上戴一顶黑色塔夫绸帽。诺阿依夫人（Madame de Noailles）对借给他钻石耳坠一事已经习以为常。神父还会戴五六颗菱形钻石或者红宝石，在脸上贴几颗假痣"[4]。这一身是宫廷贵人们最常见的打扮。

这位超前的"酷儿"[5]身上有个细节很是让人好奇，那就是他只穿两层衬裙。当时的女性一般穿三层，这三层分别被称为"端庄""顽皮"和"秘密"。试问，他到底是放弃了哪一层呢？在路易十四年代里，八卦的贵妇人和时尚大咖对这个问题讨论得热火朝天。

---

1 吉欧瓦娜·摩塔和安托内欧·比亚基尼，《历史中的时尚》，由萨曼莎·马鲁泽拉编写的《时装娃娃》一章，第31—40页，剑桥学者出版社，2017年。
2 德·舒瓦西对路易十四时代回忆录，由奥利维神父誊抄，1724年；弗朗索瓦-蒂莫莱翁·德·舒瓦西，《教会史》，1725年，第五卷，第385页。
3 委婉指路易十四的王弟，有同性恋倾向的奥尔良公爵。——译注
4 弗朗索瓦-蒂莫莱翁·德·舒瓦西，《德·舒瓦西神父女装回忆录》，1735年。
5 "Queer"，怪异之意，是西方主流文化对同性恋的称呼。——译注

第72、73页插图

穿红底高跟鞋成为高级贵族的独特标志，引领风尚者是王弟菲利普·德·奥尔良公爵。《六十三岁的路易十四穿着盛大的皇室礼服》（细节图），亚森特·里戈绘制于1702年，现藏于卢浮宫博物馆。

LUXE, JÉSUITES ET DIPLOMATIE

奢侈，耶稣会士和外交

十七世纪初，欧洲船舶的航迹遍布全球各大洋，商人版图扩张到了海洋之上。从美洲到亚洲尽头，人类的可能性突破了地理局限。那是一个属于国际贸易和奢侈品外交的年代。这场全球范围的大冒险刚开始时，路易十四时代的法国人就已经在与黎凡特的"雷赛谢尔"诸城开展贸易了。"雷赛谢尔（Les échelles）"旧时指的是木桩搭建的登陆码头（这种建筑在土耳其语里被称为"iskele"，有"中转港"之意）[1]，后来这个词也被用于称呼黎凡特地区的沿海港口城市。从弗朗索瓦一世时期开始，法国人就已经获得了领事裁判权条约（Les capitulations）以及高门[2]单方面制定的条约的授权，他们可以在地中海盆地的港口建立贸易公司。法国人与黎凡特的交易由强大又自由的法国港口城市马赛负责管理。

1670年，柯尔贝尔在商贸咨议会召见贸易专家、大商人雅克·萨瓦里（Jacques Savary），目的是制定一套规章。毕竟跨国贸易领域还缺乏标准化管理。柯尔贝尔最恨的就是模糊暧昧、不用数字进行量化和缺乏督查，当时的跨国贸易在他眼里就是一团乱麻。他想整肃这个混乱局面。

这位前经销商、现金融家萨瓦里先生参与制订了沿用至1800年的《萨瓦里法典》（Le code Savary），还于1675年写出了《如何成为一位好商人》（le Parfait Négociant）一书。他认为："法国商人的最大问题就是缺乏教养，因此，应该让年轻一代的商人接受教育，这是一个可行的改良方案。我写作此书也是为了说服法国贵族像意大利和英国的贵族那样试着经商。当然，要想在商业领域取得成功，一个人还必须具备多种宝贵的品质，比如友善、尊重他人以及坚韧不拔。"[3]

为了开辟新市场，太阳王知道自己必须赶走法国商人的天敌们。在太阳王的威势下，葡萄牙人退却了，但他们还有势力驻扎在亚洲。尼德兰联省共和国（荷兰）这个海

---

1 布鲁什，《盛世词典》，第518—519页。
2 高门（la Sublime Porte）：指奥斯曼帝国。
3 《〈如何成为一位好商人〉：皮埃里克·普尔夏斯的评论》《布列塔尼和西部地区年鉴》，2014年。

左页插图

身着朝服的中国皇帝,《图片中的现代中国》,法国传教士白晋绘于 1697 年,现藏于法国国家图书馆。

本页插图

镀金的中国银壶,其上装饰有凿刻的叶子、房屋和鸟类浮雕纹样,1686 年由暹罗王国国王帕纳莱派出的大使在凡尔赛宫觐见路易十四时献上,现藏于凡尔赛宫和特里亚农宫博物馆。

LES SECRETS DU LUXE

AVEC CES PEUPLES D'ORIENT, LES CEREMONIES DE LA LETTRE ET DES

La Lettre du Roy de Siam Ecrite au Roy, et Solennellement portée à Versailles.

AUDIENCE AUX AMB... DONNEE ... DE SIAM

盗集结而成的蕞尔小邦，当时已将自己的势力范围扩展到了中国南海。在 1672 到 1678 年间，路易十四尝试过用血腥的战争使其屈服，最后法国也确实赢了——奈梅亨条约的签订为这场法荷战争画上了句号。法荷战争也是一场关乎国家形象的战争，狂喜的法国人民尊称国王为"路易大帝（Louis le Grand）"。他们没意识到的是，法国虽然表面上赢了战争，实际上却输掉了向联省共和国（荷兰）商品强制征收重税的权力。法国还得另外找个办法来将荷兰一军，于是他们决定动用外交手腕。

中国珍宝

为了弄到受国人追捧的亚洲奇珍异宝，法国得寻找些新盟国。暹罗王国就是个理想选择，这个国家面朝中国而且可作为与日本来往的跳板。安德烈·德朗德（André Deslandes）被派遣出使该国的首都阿瑜陀耶府。在那里，他成功说服了三位暹罗使臣在 1681 年乘坐法国东印度公司的旗舰"东方太阳号"前往法国[1]。不幸的是，也许是装有送给路易十四和他的儿子缅因公爵（Louis Auguste de Bourbon, duc du Maine）的两头活象的缘故，这艘船在马达加斯加附近倾覆了。

从 1658 年起定居北京的南怀仁神父是一位博学的耶稣会士、汉学家，同时亦是蒸汽引擎（le moteur à vapeur）的发明者。他提醒自己的欧洲同胞们：中国康熙皇帝的朝廷对所有国度的传教士来者不拒，只要传教士们能帮助他启蒙这个庞大国家的 1.5 亿人口。康熙皇帝是一个科学爱好者，怀着这种热情，他敞开宫廷大门欢迎外国科学家们。为了说服路易十四拨款支持耶稣会士们在中国的活动，1684 年，南怀仁[2] 命传教士柏应理神父与皈依基督教的中国青年沈福宗一同前往法国宫廷拜会路易十四。

耶稣会士们提出了两个极具说服力的理由来让法国国王答应他们的要求：一、官方地讲，支持耶稣会士能促进宗教传播；二、私底下来说，这其实也有助于法中商贸发展。路易十四同意了。于是白晋（Joachim Bouvet）和其他五名耶稣会士（都是些法国人，而且都是数学家）组成了使团，由豪迈的肖蒙骑士以及机智的德·舒瓦西神父（他这次打扮成了男人，没有按习惯穿女装）担任领导。他们于 1685 年 3 月 3 日离开布雷斯特，带着与科学相关的各色礼品来到北京，这些礼物包括了"物理学、天文学、解剖学、植物学等各学科回忆录，卡西尼发明的可以

左页插图

《路易十四于凡尔赛宫接见暹罗王国的使臣》，绘于 1686 年 9 月 4 日，摘自 1687 年的《皇家年鉴》，现藏于凡尔赛宫和特里亚农宫博物馆。

1　《如何成为一位好商人》，雅克·萨瓦里，德罗兹出版社，2011 年。
2　南怀仁神父描述过一个蒸汽驱动的玩具，这是 1668 年前后时他在北京构想出来的。《两个世界》杂志第 554 页的《自动机车和它的发展》一文中有提到这一点，作者为夏尔·诺曼，该文发表于 1924 年 1 月。

LES SECRETS DU LUXE

用于计算经度的木星卫星星历表，以及从皇家图书馆中精心挑选的上乘地图"[1]。

路易十四还派遣了些使臣前往暹罗王国，他们与帕那莱国王派出的三名使臣一起返回法国。这次负责带各位暹罗使臣来法的是一艘六百吨的坚固船只"大鸟号"，船里装载的也全是瓷器，而不再是作为外交献礼的活象。

路易十四将宫廷迁至凡尔赛已经三年。为彰显国王的荣耀而耗费巨资建立起的这处宫殿终于要发挥作用了：那就是引起暹罗使臣的兴趣，给他们留下深刻印象，从而打动他们与这样一位伟大的君主签订协议！太阳王耗费巨资来劝诱这些使者。他在镜厅举行了一个奢华炫目的仪式来吸引他们[2]。凡尔赛宫中，戈贝兰工厂制造的银质家具流光溢彩，我们很难想象外交官们在进入这闪耀无尽光芒的空间时是怎样的反应。当时，镜厅的镜子里映照着的应是这样一番情景：总共一千五百名宫廷侍臣排成七行、分居大厅两侧。离他们七十三米远处，那位衣服上缀满宝石的国王站得比臣子们稍高些，他立于银制雕花王座前……暹罗王国的外交使臣奉上了三千件产自日本的瓷器和漆器。路易十四则回赠了皇家制镜厂产出的五百三十二件镜子，这些镜子堪称法国奢侈品产业的巅峰之作。

这些外国来宾受到了君主的隆重款待，他们被安置在为蒙特斯潘夫人打造的，充满异国风情的小瓷宫特里亚农之中。每个人都喜气洋洋相互道贺，最大的麻烦好像已经解决了。由于输送瓷器的商路已然畅通，路易十四便下令将特里亚农瓷宫夷平。这座"瓷宫"不过就是由上了色的铅器和陶器堆砌起来的罢了，他再也不需要赝品了。另外一万三千件从暹罗王国运来的瓷器也于次年到达法国，更加坐实了两国之间前景大好的结盟[3]。但是，"啪"的一下，暹罗王国的国王被推翻了。法国的赌注下错了地方。好在后来得益于康熙宫廷中的耶稣会士的支持，白晋神父直接与中国皇家展开了合作。1700 年，法国的"安菲特里忒号"完成了从法国到中国的航行任务。出航时，船舱内满载商品和外交礼物，其中包括"大量的镜子、法国名牌产品、宫廷画、钟表和烈酒"[4]；回程时，船舱里则装满了当时最抢手的茶叶、丝绸和多达一百八十一箱的瓷器[5]。它们由法国人直接运输和销售，这回完全没有中间商赚差价！

---

1 凯瑟琳·扎米，《康熙皇帝和科学：对比历史学的反思》，第 17—18 页，《中国研究》第二十五期，2006 年。
2 让·保罗·德罗什，《白晋和安菲特里忒号首航》，1993 年。
3 贝阿特利克斯·索尔，《路易十四治下凡尔赛宫中的权力符号和风俗》《凡尔赛宫研究中心公报》；罗曼·贝尔特朗的《法国世界史》，第 341—345 页，瑟依出版社，2017 年。
4 斯特凡妮·卡斯泰卢乔，《法国东印度公司和路易十四时期的艺术品进口》，第 120 页，2006 年。暹罗王国在 1688 年 9 月带来了 13408 件瓷器。
5 1700 年 10 月 5 日被拍卖的安菲特里忒船运回商品的细节图，海外国家档案馆，C1 列，17 号，第 17—19 页。

BEAUTÉ
FATALE

致命之美

"二十岁的女性找到了让自己变老的秘诀。"1669 年,著名寓言故事作家让·德·拉封丹(Jean de La Fontaine)用这句话来嘲讽那些往脸上抹了过多脂粉的贵族女性[1]。化妆品的滥用使路易十四年代的人们暴露在巨大风险之中。在那个时候,要想变美先得受罪。

十七世纪的化妆品中含有很多现在看来有毒的原料。这些原料有着极可爱的名字,例如"土星粉"(氧化铅)、"水银"(汞)、"硫黄花"(粉状硫黄)、"珍珠白"(固体或汽化的有毒物质铋)。法语中的化妆品(cosmétiuqe)一词来自希腊语单词"cosmos(ornement,意为装饰品)",指的是能掩盖瑕疵、留存美丽、让人焕发年轻光彩的种种产品。

人们涂脂抹粉(se farder),这种行为本质上是在通过为自己的脸增添负担(fardeau)以取得所渴求的外表之美。不像古罗马有药剂师负责把控药物用量,那时的法国没有任何管控化妆品用料的体系和措施[2]。人们全凭经验摸索化妆品配方,相信实践能出真知(也就是我们所说的经验主义)。

美容产品主要是由家里的仆从负责制作。法语里的"toilette"一词原指摆放化妆品的桌上铺开的布。当时这些铺着布的梳妆台通常还配有一些捣臼,以便主人迅速制作口红和胭脂。那个年代里,男女都用红色硫化汞和鳔胶(会导致牙齿掉落和严重口气)来染嘴唇,还会在身体上、头发上疯狂撒粉末来让自己变白。他们使用的增白膏中含有大量的铅白粉(重金属铅)。法国本土化妆品生产得不够,那就用英国和荷兰的进口货来凑,而当时公认最优质的化妆品则来自威尼斯。

化妆品制作过程中会产生有毒粉尘云,工坊里的工人们吸入粉尘后就如苍蝇般一头栽倒暴毙。不断攀升的工人死亡数量引起了人群对化妆品的警惕,香料商皮埃尔·波梅

---

1 让·德·拉封丹,《丘比特和普赛克之恋》,1669 年。
2 柯恩拉德·威尔比翁、克里斯蒂安·拉埃斯,《罗马时期的工作,劳动和职业》,波士顿出版社,2017 年。

(Pierre Pomet)于 1694 年建议:"只要我们大量使用产自威尼斯的、碾制好的铅白粉,就可降低法国工人们在捣料时面临的风险,并使他们免于数种疾病。"[1] 这样,法国的药剂师和香料商们就只管放心卖出蓝纸包装的小块化妆品就可以了,至于威尼斯工人的死活,那与我们法国无关了。

总之,人们依然愿意冒着巨大风险使用威尼斯铅白,仆从们将这种原料加入美白粉末中,然后将其喷洒到主人全身。这样看来,那个世纪的好打扮者尤其需要一副强健的身体。

美丽之谜

如果显微镜再早些发现,化学学科可能就不是现在我们所看见的这样了[2]。十七世纪末,科学革命的先驱们让做化学实验成了时尚。毕业于蒙彼利埃医学院的科学哲学家尼古拉·勒梅里(Nicolas Lémery)就是先驱之一。勒梅里教授的化学课很受时人欢迎,他会在课上为各位化学爱好者进行实操示范。勒梅里撰写的《通用药典》(也有《关于简单药物的通用论述》一名)于 1698 年出版,堪称医学领域的里程碑之作。正是此书让勒梅里进入了法兰西科学院。此外,他也是首位提出血液中含有铁元素的科学家。事实证明,科学家总是求知若渴、乐于探索——在科学研究之外,勒梅里也自己动手制作化妆用的增白粉。据他说,这个副业能让他"满足全宅邸人的开销"[3]。据统计,在勒梅里的药典里,五分之一的美容配方都含有这一成分。美容这件事还真是求人不如求己。

令人吃惊的是,世上首本关于化妆的通俗读物其实是由一个女人写的,可惜,她的声名早已被埋没。这位女士名叫玛丽·莫拉德拉克(Marie Meurdrac),她在 1666 年专门为女性写了本《为女士们所写的简单化学入门》(La Chymie charitable et facile)[4]。与为富有精英阶级和专业人士著书的调香师西蒙·巴布[5]不同,玛丽致力于简化方法、解释成分特性,并使她的一百七十九种配方为尽可能多的人所用,尤其是那些加不起五种以上成分的平民百姓。人人都能不花大钱就变美!

身为化学领域先行者的玛丽同时也是一位女权主义者。在著作

左页插图

一幅描绘了一个理发师正在为一名书记员的假发喷粉末的讽刺画,顾客正用一个锥筒来保护自己的眼睛。《检察官书记员的梳妆》,路易·菲利贝尔·德布库尔制作的版画,摘自《卡尔·韦尔内衣着速写集》(1816),现藏于卡纳瓦莱博物馆。

1 皮埃尔·波梅,《药物通史》,1694 年。
2 伽利略和罗伯特·胡克分别于 1609 年和 1665 年发明显微镜。
3 丰特奈尔为勒梅里所写的赞歌,《皇家科学史》,1715 年,第 75 页。
4 玛丽·莫拉德拉克,《为女士们所写的简单化学入门》(巴黎,首版发行于 1666 年),让·雅克重版,巴黎,法国国家科学研究中心,1999 年。
5 西蒙·巴布,《调香师弗朗索瓦……供贵族消遣,供宗教人士、浴场服务员和假发匠参考》,1693 年。

LES SECRETS DU LUXE

的导言中，她提到，自己之所以提笔"是为了反抗世俗偏见——'女人不能教书''女人应该沉默地倾听和学习，但不能显露她们所习得的知识''女人不配公开发表作品''发表作品获得声名对女人毫无益处，因为男人们瞧不起而且批评女人写的作品'等等。智慧不分性别。既然女人和男人接受了相同的教育，既然我们花同样多的时间和金钱来教导男人和女人，女人当然也能与男人比肩"。不管莫里哀[1]那浓妆艳抹后的嘴会因为不满而噘得有多高，我们都得说，这位"女学究"一点都不可笑，她是真正的先锋女性。玛丽作品的法语版后来再版了五次，德语版再版了六次，意大利语版也再版了一次。

每个时代都有代表的女性形象和经久不衰的讽刺妙语。圣 - 西蒙（Saint-Simon）就曾在回忆录中提及："蒙托邦王妃喜欢炫耀自己那张抹了白粉的脸，那张脸上不仅擦了腮红还点了许多黑天鹅绒假痣，甚至还贴着蓝色细丝线，她用这些东西来突出她的血管和只有贵族才有的通透肌肤。"啊，大名鼎鼎的假痣！不过贴痣好歹不损害肌肤。这些黑得夸张的假痣可以遮去脸上的痘痘并使皮肤更显苍白。而且，不同形状、不同位置的假痣还可以起到传递信息的作用。点在眼边代表热情似火；唇上意味着精于床榻之术；酒窝里的星形、圆形或椭圆形痣表示活泼迷人；如果是长条形那就是在暗送秋波。

制作并贴上这些痣绝非易事。制作假痣一般需要将黑塔夫绸[2]涂上胶，然后再利落地剪裁出形状，最后还要熨烫一下。当时技术最精湛的当属巴黎圣德尼街的一家名为"好痣匠"（la bonne faiseuse de mouches）的店铺[3]。这家店实在是赫赫有名，以至于我们在夏尔·佩罗的童话集中都能看见它：当灰姑娘为将要去参加王子舞会的姐姐们梳妆准备时，她为她们买了些"好痣匠店里的假痣"[4]。

直到十八世纪，科学家们针对化妆品所做的各种实验才开始取得些成果。直到1741年，雅克·萨瓦里·德·布吕斯隆（Jacques Savary des Bruslon）[5]才终于在他编撰的辞典中明确指出铅白粉对人体机能有害，而且也有损人的外表——因为它破坏人们的视力和牙齿，并且会加速衰老、提早让皱纹出现。而早在他为此发声的七十五年前时，玛丽就已经劝说她的读者们不要使用金属衍生物了。

左页插图

贴假痣时要千万留心，假痣的形状和位置无声地传递着确切信息。《假痣或梳妆女子》，弗朗索瓦·布歇绘于1738年，现为私人收藏。

---

1 法国著名剧作家，自己也出演戏剧，《可笑的女才子》（Les Précieuses ridicules）和《女学究》（Les Femmes Savantes）是他的代表作。——译注
2 塔夫绸也可以用来制作假痣。——译注
3 尼古拉·德·布雷尼，《巴黎地址便查手册》，1692年。
4 夏尔·佩罗，《灰姑娘或小水晶鞋》《寓有道德教训的往日故事》，1697年。
5 雅克·萨瓦里·德·布吕斯隆，《商业通典》第二卷，1741年。

LES SECRETS DU LUXE

LA RÉVOLUTION DES PALAIS

味蕾革命

自从柯尔贝尔执掌财政之后，路易十四的腰包鼓了不少。但他不喜欢把钱存到银行里，而是喜欢把财产摆到眼皮子底下。他的家具都是真金白银打造的。为了能给随时可能发生的新战争及时提供财力支持，他拒绝将其熔化制成钱币。

法国人的餐具即将因此迎来变革。

布尔德罗神父（Pierre Michon Bourdelot）曾描述了凡尔赛宫的财力是何等之盛："您想象一下，这豪华的宫殿所放射出的光辉堪比点燃了十万根蜡烛的效果。一切都好像被点燃了一般散发光芒。金银家具的光辉最是耀眼，镀金和琥珀的稍逊一筹。"[1]

1689年11月，当路易十四宣布要熔化他所收藏的银器时，没人敢相信自己的耳朵。路易十四拿出的收藏包括了三百五十公斤重的桌子、四百二十五公斤的镜子、一千公斤的御榻栏杆……这两百件珍品纯银器重达二十吨。它们是戈贝兰金银匠们卓越工艺的结晶，价值远不是用银锭数量可以衡量的。铸币厂只花了六个月就将这些得花上足足二十年才能集齐，全世界无人不眼红的珍品全铸成了银币。这批银器总价值为一千万里弗尔，国王盼着熔化后能铸成六百万的银币，可惜最后的成果只值两百万。

这笔钱与法国和奥格斯堡同盟（欧洲反法联军）[2]的战争开支相比不过是沧海一粟。1683年，接任去世的柯尔贝尔出任财政总监的是克劳德·勒佩勒捷（Claude Le Peletier）。此人对柯尔贝尔留下的遗产加以善用，因此现在的法国哪怕降低了税收仍能年入一亿里弗尔[3]。新官上任的勒佩勒捷和当年的柯尔贝尔处于

左页插图

这张路易十四收藏的静物图展现了他对富丽堂皇的贵金属器具的喜爱之情。《桌上的水果串和昂贵的银餐具》（细节图），杨·戴维茨·德·希姆绘于1640年，现藏于卢浮宫博物馆。

---

1 《1683年狂欢节期间国王宫殿凡尔赛中的聚会往来》，巴黎，P. 科塔尔，1683年。（后被认定为是布尔德罗神父所著）。
2 特里·萨尔芒，《作为人和国王的路易十四》第二十章《奥格斯堡同盟》，巴黎，达朗蒂耶出版社，2014年。
3 热罗姆·让比，《货币的转变，第一次改革，1689—1693》，《钱币学》（以路易十四为主题的一期），2015年。

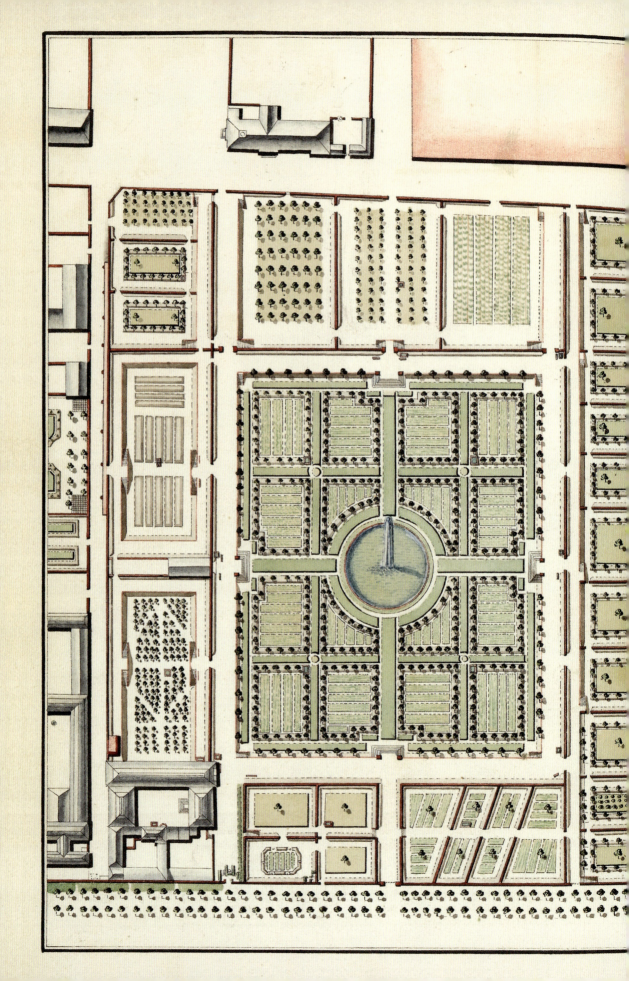

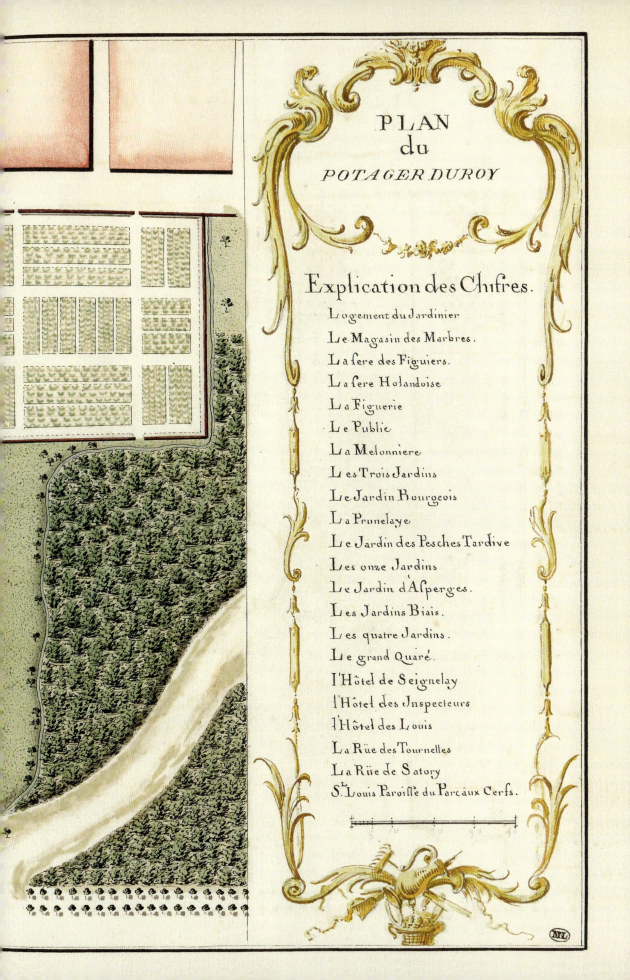

PLAN du POTAGER DU ROY

Explication des Chifres.

Logement du Jardinier
Le Magasin des Marbres.
La Sere des Figuiers.
La Sere Holandoise
La Figuerie
Le Public
La Melonniere
Les Trois Jardins
Le Jardin Bourgeois
La Prunelaye
Le Jardin des Pesches Tardive
Les onze Jardins
Le Jardin d'Asperges.
Les Jardins Biais.
Les quatre Jardins.
Le grand Quaré.
l'Hôtel de Seignelay
l'Hôtel des Inspecteurs
l'Hôtel des Louis
La Rüe des Tournelles
La Rüe de Satory
St Louis Paroisse du Parc aux Cerfs.

相同的困境：要负责为法国无尽的对外战争筹钱。更糟糕的是，1685 年，路易十四撤回了南特敕令 [1]，他当时完全没考虑到这将会导致大量新教徒（其中不乏卓越的商人和企业家）离开法国，这对法国来讲简直是场灾难。

现在还能去哪里搜刮钱呢？ 1689 年 11 月 14 日，专制的太阳王又颁布敕令，要求所有名流和主教上缴他们私藏的银质珍宝。"法兰西的先王们深知抑制奢靡浮华，防止浪费金银有多重要。金银器必须兑换成现金方可有效地滋养商业、使其繁荣。先王们尤其明令禁止任何金器不得超过四盎司重，银餐具则不得超过三或四马克的重量。" [2]

国王列出了详尽的清单，清单上写明了哪些是可能会超过规定重量的银器。违反条例私藏者将会被没收上述银器，并处以一万里弗尔的罚款，罚款的四分之一会被拨给收容所，二分之一被奖给举报人。国王如果犯法也与百姓同罪。

于是那些奢华铺张至极的银盘、银质酒瓶、银烛台、银桶和精雕细琢的华美银腰带全部化为青烟。新铸造的钱币被用于发展商业、扩充军费（这是重点）。银具被收缴后，廷臣贵族们想都没想到要用粗俗的锡具或者陶具用餐：绝对不行，一定要和平民区分开来。而金银器匠人们则绞尽脑汁想做出不超过规定重量的银碗碟。

圣 - 西蒙描述道："所有大件的银器都要在一周内换成陶器，售卖陶器的商店都快被'洗劫一空'了。" [3] 圣 - 西蒙对陶器即将成为时尚这一点深信不疑。遗憾的是，虽然就连国王都已在餐具室里摆上了蓝白色的内韦尔陶碟，易碎的陶器还是很难获得人们的青睐 [4]。熔银事件之后紧接着就是餐具革命。另外，值得一提的是，一场味蕾上的革命在十七世纪中叶时就已经打响。

新口味，新餐具

法语里的"美食"（gastronomie）一词出现于 1623 年，源自阿切斯特亚图（Archestrate）一部已经失传作品的标题。阿切斯特亚图本人是一位执着追求味觉享受的古希腊美食家。

第 88、89 页插图

凡尔赛宫国王菜园平面图，《凡尔赛、特里亚农和兽园的花园、小树林、喷泉、城堡总集》，第 36 页，绘制于 1747 年，现藏于凡尔赛宫和特里亚农宫博物馆。

左页插图

凡尔赛宫银质家具中的华美烛台和水壶。这是根据希腊神话"赫拉克勒斯的十二苦差"创作的系列家具中的一部分，由戈贝兰皇家工厂制作（插图为细节图）。油画作品由梅夫伦·孔代绘制于十七世纪，现藏于凡尔赛宫和特里亚农宫博物馆。

---

1 法国国王亨利四世在十六世纪颁布的一条宗教宽容敕令。这条敕令承认了法国境内新教徒的信仰自由。但是其孙子路易十四却在 1685 年撤回了该敕令并宣布新教信仰非法，导致新教徒出逃。——译注
2 圣 - 西蒙侯爵，《圣 - 西蒙回忆录》1840 年版，四盎司约等于 113 克，4 马克等于 1 千克。
3 同注 2。
4 法比安娜·哈瓦尔，《凡尔赛宫研究中心期刊：十六至十九世纪的欧洲宫廷》，2017 年，在凡尔赛大理石院废墟的挖掘中，人们找到了一些内韦尔陶碟的碎片。

直到十九世纪,"美食"这个词语才进入法国百姓的日常用语中[1]。十七世纪中叶,刚诞生不久的新式菜肴已经改变了大众的口味偏好,中世纪流传下来的甜 - 咸 - 辣组合已经满足不了人们的需求了:丁香和肉桂香味的醋汁已经过时;让领主餐桌熠熠生辉的孔雀肉和天鹅肉则硬得令人生厌。尝试新口味的热潮席卷全法。法国人吃起了黄油,并用摘自自家菜园的细草本植物取代了异国香料。在法国餐桌上,家禽、鱼肉和牛肉与野味同台竞技。

牲畜养殖场也风气一新。人们既养异国珍禽异兽,也养起了用来满足口腹之欲的普通牲畜。当时皇家果园和菜园的主管是让 - 巴蒂斯特·拉昆蒂尼(Jean-Baptiste La Quintinie)。拉昆蒂尼尝试用粪便来为农作物施肥,并将农作物放到玻璃罩里来培育。路易十四能在 3 月吃上草莓可是多亏了他。贵族阶层也兴起了修建私家菜园的风尚,史上第一批生态菜园就此诞生。

在十七世纪末期,如今我们所知的一切食材都已被用来烹调精致的菜肴(番茄除外,因为它的颜色看起来实在太像毒物)。十七世纪下半叶面世的烹饪书数量超过了七十五本,其中包括了由弗朗索瓦·马西亚洛(François Massialot)写作的畅销书——《皇家和平民菜肴》。"人们已经不再往菜里添加大量食材或者加太多气味浓烈的调料了,现在我们更偏向于在保持各食材味道分明的同时让它们和谐交融。在处理某些肉类(鸭肉之类)或某些蔬菜时,很多食谱建议不要把它们煮太熟了。比如,煮芦笋时要注意保留它脆嫩的口感。"[2] 以现在的眼光来看,当年的这些食谱显得十分奇特,因为里面既未列出食材比例也没有写明烹调时间。它们应该是为专业人士准备的,后者可以根据客人数量灵活调整菜谱。

为了体现出新式菜肴的精致,法国人决定改换餐具。刀具开始成为必备品,来宾往往会自带餐刀;尽管路易十四的弟妹普法尔茨公主还是偏爱用手来进餐[3],但她的餐桌上也会配备叉子和勺子;至于盛菜的盘子,贵族们不愿意使用银制的了——毕竟在 1709 年发生了第二次强制熔银事件。

是时候弄一套体面且不大可能会被收缴的餐具了!德国萨克森人已经掌握了制作中式瓷器的秘诀,但是法国还没有。唉,如果制瓷方法当时能传到法国就好了!

---

1 出自布鲁什《盛世词典》中的"美食"词条。
2 斯特凡纳·卡斯特卢西欧,《十七世纪的巴黎美食艺术》,《凡尔赛利亚》("凡尔赛之友协会"所属期刊),2011 年。
3 卢西安·贝利(主编),《路易十四词典》,巴黎,拉封出版社,2015 年。

ALCHIMISTES DE L'OR BLANC

炼制"白色黄金"的术士

掌握中国瓷的制作秘诀其实并非当务之急。因为在欧洲人眼里,这种技术实在过于神秘、遥不可及,所以他们思考的主要是如何才能进口更多的瓷器。

法国人也不着急,因为法国已经开辟了直通中国的海上商路。当时只有萨克森统治者——萨克森选帝侯、波兰国王(1697年起)奥古斯特二世(Auguste II, dit le Fort)——执着于揭开中国瓷器的神秘面纱。被称为"强力王"的奥古斯特身高近两米,他既是一名勇猛的斗士,同时也是精致瓷器的爱好者。这人看起来好像有搜集瓷器的强迫症:他曾用一个由六百名骄傲的龙骑兵组成的军团来换取他的堂兄普鲁士国王收藏的一百五十一件中国瓷器。一件瓷器竟然值四个训练有素的士兵!瓷器的价值被奥古斯特二世抬得太高了。一个愚昧的炼金术士将因此付出惨痛代价。

这个术士名叫约翰·弗里德里希·贝特格(Johann Friedrich Böttger)。当他向奥古斯特二世吹嘘说自己可以点铅为金时,他万万没想到自己最后会沦落狱中。君主下令,只有在发现中国瓷器的制法后贝特格才能获释。据说,贝特格在1708年有了重大发现,他成功使用一种奇特的陶土烧制出了欧洲硬瓷。这种绿色土壤被称为高岭土。以高岭土的发现为契机,贝特格获释并接管了在迈森的新制瓷工厂。为防止盗窃和工业间谍行为,人们用高墙将这座工厂围得严严实实。就这样,才走出监狱的贝特格又被困在了另一座"监狱"里。不过他很快就去世了,死因是在混合各种材料进行测试时吸入了有毒气体……

以上关于萨克森选帝侯对瓷器的热情的记载绝对属实,但是关于"瓷器发明者"贝特格的记载似乎有些虚构的成分。毕竟历史上的贝特格其人"虽然已经习惯在实验室的工作,但这也难掩他缺乏教育、阴险狡诈的特点"[1]。

记载也并非完全不可信,只不过我们需要好好纠正其中一些细节。事实上,在贝特格

---

1 约瑟夫·E. 霍夫曼,《科学传记完整词典》,底特律出版社,查尔斯·吉利斯皮主编,2008年。

之前，一个真正的科学家已经在瓷器领域辛苦耕耘多年。他就是埃伦弗里德·瓦尔特·冯·奇恩豪斯男爵（Ehrenfried Walther von Tschirnhausen），一位数学家、物理学家和光学专家。与奥古斯特二世一样，男爵也是萨克森人。1674年起，奇恩豪斯开始在全欧洲游历，每去往一地便邂逅一些新朋友。男爵常常与他的科学家友人们用书信沟通往来，探讨自己的研究是否合理可行。就这样，他的足迹遍布伦敦、罗马、日内瓦、西里西亚。

二十三岁时，暂居巴黎的他结识了莱布尼茨（Leibniz）、惠更斯（Huygens）和柯尔贝尔。柯尔贝尔让他担任了自己儿子一段时间的家庭教师。后来，男爵离开法国重新启程，而柯尔贝尔也成了他的资助人。奇恩豪斯在1682年还正式成为法兰西科学院的一员。

可是好景不长，柯尔贝尔去世后，奇恩豪斯就失去了资助。虽然已贵为院士，但他实际上得不到任何津贴。他勉强继续进行实验，研究的主要是聚集在物体上或穿过该物体的光线的特性。经过实验，奇恩豪斯发现光线经过凹面镜聚焦后会导致焦点处温度猛增。用木柴生火可无法做到这一点！ 1688年，奇恩豪斯发表了关于燃烧镜实验的初步计算数据[1]。他发掘了太阳能的一种新运用途径。

1696年，奇恩豪斯构思了一种双层燃烧镜，他计划用这种工具来熔化中国瓷器（温度需达到1350摄氏度），从而弄清瓷器内部成分。奇恩豪斯于1699年向法兰西科学院呈交了他的研究计划，但是并没有得到学院的关注。后来人们发现，在学院回忆录中，提到"奇恩豪斯制作的直径为三到四尺的燃烧镜"的内容仅占了二十行。奇恩豪斯的计划没能得到支持[2]。于是，在法国既没拿到专利也领不到补助金的男爵回到了萨克森。

在那里，他受到了礼遇。奥古斯特二世已经等不及了。他为奇恩豪斯提供了最佳条件以便他继续做实验，此外，国王还为他在城堡中开辟了一个实验室，并配备了助手——著名的炼金术士贝特格先生（实际上，这位炼金术士正被当局监视着）。奇恩豪斯在这里成功制作出了一批直径为1.2米的透镜片。一开始，他们使用的是抛光一至两年之久的铜片来制作燃烧镜，但结果令人失望。后来换成了玻璃后竟大获成功。讽刺的是，他们用的玻璃正来自法国圣戈班玻璃厂！

左页插图

"强力王"奥古斯特二世对最精致的瓷器情有独钟。《波兰国王和萨克森选帝侯陛下的肖像》，路易斯·德·西尔韦斯特1718年绘于德累斯顿，现藏于德累斯顿历代大师画廊。

---

1 斯温·杜普雷，《从古代到十八世纪的艺术、炼金术和工艺实验室》，马克斯·普朗克科学史研究所出版社，2016年。
2 后来奇恩豪斯和贝特格制造的首件瓷器成分：产自科蒂兹的陶土，雪花石膏和硫酸钙（来源：上条提到的杜普雷的著作）。

奇恩豪斯开始拿手头一切东西来做实验：玛瑙、白石棉、坩埚土[1]、雪花石膏、黏土。最终，他大致摸清了瓷器的原材料——高岭土、硅石和石灰石。没有人知道其实景德镇使用的瓷石原料里还含有石英。奇恩豪斯不断调试温度让原料在高温下熔化或玻璃化但又不至于烧成灰烬[2]。他的实验一直持续到了奥古斯特二世由于瑞典入侵而退位。唉，这下奇恩豪斯的补贴又没了。但是奇恩豪斯没有放弃，他散尽所有钱财继续进行研究，终于在1708年10月成功烧制出第一件硬瓷器[3]。

本页插图

《瓷器的制作技艺》，安托万·克劳德·布里亚松绘。《关于科学、自由艺术、机械技艺……》（1777），现藏于法国国家图书馆。

---

1 坩埚土：这里指的是用于制造耐高温坩埚的特殊土壤（来自上面提到的杜普雷的著作，同上）。
2 《巴黎皇家科学院备忘录（1699—1734）》第三卷。参见奇恩豪斯先生撰写的《关于一种新镜片》部分，第128—163页。
3 《蒙热、卡西尼、贝尔托隆先生与法兰西科学院所编物理学词典》，1793年。

但在取得成功几天后奇恩豪斯便离世了。据说，他留下的遗言是："我胜利了。"机会主义者贝特格窃取了这一成果，他自称自己是瓷器的发明者并接管了迈森工厂，所以后人常把他与奇恩豪斯弄混[1]。

秘术士时代

制瓷技术终于有了突破。这则消息迅速传遍欧洲大地。整个欧洲羡慕又嫉妒。那么法国呢？法国倒也没太懊丧（虽然她曾离成功只有一步之遥了）……

事实上，路易十四对本国的陶器一直挺满意的。他最喜爱的分别是鲁昂师傅波特拉（Poterat）制作的陶器和圣克劳德一家工厂（由他的王弟奥尔良公爵资助）产出的陶器。1664 年，圣克劳德的这家工厂在柯尔贝尔的支持下建立并获得了皇家特权。后来，工厂被交由一个叫奇卡诺的人打点，再后来又到了他遗孀手上。这位夫人在丈夫死后又嫁给了一位内韦尔陶器匠人。

1689 年的熔银事件产生了一种积极影响——大家纷纷想要换掉用贵金属制作、有被熔风险的碗碟。当时他们就是尽量仿中国瓷器材质来制作餐具。在 1695 年左右，奇卡诺的遗孀和遗产继承人们申请再颁发五十年特许经营权，因为他们找到了制作"真正完美的法国瓷器"[2] 的办法。他们制作出的这种新瓷器十分精致，呈特殊乳白色的瓷身上饰有用皇家蓝色绘制的图案。这种不含高岭土，比它的亚洲表亲更便宜的圣克劳德"软瓷"款款地走上了贵族们的餐桌。一个产业正在成形。虽然这种瓷器在硬度上无法与中国瓷器媲美，但这个小瑕疵没人在意——它质地尚可，能保存人们绘制的美丽图案，这不就足够了吗？！（其实还真不够。技术创新和外观的美丽应该被放到同样重要的位置，它们都是奢侈的核心要素之一。）

"白色黄金"热潮正在席卷整个欧洲，在德国尤甚。属于秘术士（arcaniste）的时代已然到来。"点石成金""贤者之石"的传说已经过时了。"秘术士"这个曾用来指称掌握着秘法的炼金术士的名字，从现在起只属于那些通晓制瓷技术的人。现在哪怕是靠伪造的制瓷配方招摇撞骗，也能获得远超期望的巨额报酬。奇恩豪斯的发明虽然没有为他本人赚到一分钱，却会在未来很长一段时间内让这些伪化学家们钱包鼓鼓。在法国寻找高岭土来制瓷的狂潮也持续了将近六十年。

---

1 沙瓦尼亚克伯爵，格罗利尔侯爵，《法国瓷器制造史》，巴黎，皮卡尔父子出版社，1906 年。在本书中，贝特格被视为硬瓷器发明者。
2 巴布·古德莱（皮埃尔·奇卡诺遗孀）、让·奇卡诺、让 - 巴蒂斯特·奇卡诺、皮埃尔·奇卡诺、日内维芙·奇卡诺（奇卡诺家族的兄弟姊妹），《为了制造真正完美的法国瓷——向国王陛下提交的申请》。

成

LA JEUNESSE
1716—1789

长

引言
奢侈品，必要的不必要

路易十四死于 1715 年 9 月 1 日，有人认为真正的法式奢侈也死于这一天。路易十四的时代过去后，柯尔贝尔的继承人们虽然一直试图延续这位大臣的战略，却屡尝败绩。他们新建的五十多家皇家工厂散布在法兰西各地，但最后只有两三家没有以倒闭收场。

体制上的缺陷影响着法国人经办制造厂的意愿。大臣们一开始的想法是通过给予国家特权、利益和补贴来鼓励办厂，条件成熟后，再由私人方面的积极投资接替国家方面的支持。但是这一设想中的转变并没有发生。更糟糕的是，大量商业人才在 1685 年南特敕令被撤回后就逃离了法国。法国这下损失了大量尽心尽力资助科学和经济发展的新教徒。而在瑞士、英国与荷兰（法国的主要竞争对手）国内，情况却恰恰相反。柯尔贝尔曾花费大功夫让自由创业的精神在法国扎根，现在法国制造业却沦落到这番局面，如果他泉下有知，恐怕也是难以瞑目。如果国库充盈，国家当然可以继续充当工业发展的拐杖，但是永无止境的战争和路易十四的铺张浪费已经导致国库入不敷出、江河日下。一方面，法式奢侈的典范——凡尔赛宫的落成已经让法国赢得了极好的形象，全欧洲都争相效仿凡尔赛宫传来的法国风尚。而另一方面，法国的制造业却已陷入窘境。

法国制造业的组织构架其实是完备的：法兰西科学院、制造业督查局、品牌、道路保养、接纳流浪者为其提供工作的收容所、保证道路治安的城市照明系统、激发制造业艺术活力的免费美术学校。没错，整个框架是有的，但它就像一艘既没有航行路线图也无风来助它扬帆的大船，在漫无目的地漂泊着。钱是经济战的动脉，而现在的法国很缺钱。

法国刚降生的奢侈品产业本该就此夭折，但是法国第一家皇家银行的创立又让奢侈品产业重获生机。

初创时，银行像是法国救星，但它最后却引发了一场浩劫。1718 年到 1720 年间是法国银行超高速增长时期。虽然最后金融泡沫破裂，无数股东破产，但这其实也给国家带来了两大利好：国家所欠的债这下被一笔勾销了，一切可以从头来过；金融投机的

INTRODUCTION
LE LUXE, CE SUPERFLU SI NÉCESSAIRE

源头——法国海上贸易公司最终拥有了强大的舰队,法国也凭此一跃成为海上强国之一。

法国政府比以往任何时候都坚信应该重视奢侈品产业,并希望通过不断创新来推动其发展。在启蒙时代里,科学成为全社会关注的焦点。当时,基础研究和应用研究之间尚未变得泾渭分明。涉猎广泛的科学家们将他们在机械、化学和物理领域的新发现用于改良产品生产,科学实验的结果立即转化为了产业实践。为了与他人探讨观点、获得智识层面的满足,科学家们更是高高兴兴地开始他们的跨国游历。

就在这样的背景下,间谍活动也猖獗起来。由特吕代纳父子(les Trudaine)领导的法国商务局设置了一套专门用于保护法国发明者的措施,除此之外,他们还部署了一批随时向当局报告外国科学发展进度的密探。

皇家工厂重焕生机,国家直接委派科学家来参与对这些工厂的管理。在柯尔贝尔的定义中集优良品质、先进技术和优美外表为一体的奢侈品如今遍地开花。

与此同时,哲学家们开始争论了:有些道学家反对这些多余的奢侈品——要知道,在一些人追捧奢侈的同时,社会上还有许多人连生活必需品都缺;而其他人(包括伏尔泰)则认为奢侈品是社会进步的结果——奢侈品不只对精英阶层有利,奢侈品在生产过程中也为平民提供了一份收入稳定的工作,从而改善了他们的生活状况……

时间推移,当制造业因为法国大革命而完全停摆之后,论战也停息了,毕竟,大革命期间的法国还有更重要的任务要完成。

第 98 页插图

《幽灵(fantôme)》,医学扫描摄影作品,Luxinside 系列作品之一,摄影题材是船形瓷瓶,这艘帆船名为"玛丽·安托瓦内特号(de Marie-Antoinette)"。1760 年制作于塞夫尔工厂。摄影作品于 2020 年由劳伦斯·皮科和贝洛塔影业共同制作。

LE JOUEUR QUI PARIAIT SUR LE LUXE

把赌注压在奢侈品上的赌徒

柯尔贝尔在九泉之下怨气难平。他都死了三十年了，名流显贵还是一成不变，只敢投资地产和国家债券。工厂和贸易公司仍然缺乏资金支持。看来只有出件大事才能唤醒法国人对工商业的兴趣。路易十四去世后，国家已经债台高筑、濒临破产。三分之二的国家收入都被用来偿还债务产生的利息了。此时的法国需要一个奇迹。

这个奇迹来了，他名叫约翰·劳·德·洛里斯东（John Law de Lauriston）。约翰·劳是一个信奉新教的浪荡公子、网球运动员、超凡的数学和赌博天才，同时也是一名通缉犯[1]。在当时，人们把那些"不一定有漂亮脸蛋，但十分讲究的人"[2]称为"花花公子（les Beaux）"，劳显然也是这个团体的一分子。这些人也被叫作"贾斯明（Jassamine）"，因为他们喜欢用茉莉花油（l'huile de jasmin）涂抹靴子[3]。

1694年4月9日清晨，当时年仅二十二岁的约翰·劳和另一个"花花公子"——二十六岁的爱德华·威尔逊（Edward Wilson）进行了生死决斗。二人仅过了一招，威尔逊就死于约翰·劳剑下。根据一部分史学家的研究，决斗与一个女人有关；另一部分人则认为，威尔逊与一位英国贵族男性的私情酿成了丑闻，而我们的"贾斯明约翰·劳"其实是被别人雇来除掉威尔逊的杀手。这场悲剧的后续让第二个版本的传言[4]显得非常可信：被捕入狱的约翰·劳在某个高官的护航之下成功越狱；他在通缉令上的肖像也过于离谱以至于根本没有人能够认出他的身份。顺利出逃后，约翰·劳浪迹欧洲，走过了法国、意大利的威尼斯、荷兰的阿姆斯特丹，靠赌博谋生。由于在计算概率方面天赋惊人，他在当时流行的名为"法老（pharaon）"的纸牌赌博游戏中往往扮演庄家[5]。骨子里是个数学家的他饶有兴味地观察着所到国家的金融体系。

左页插图

《约翰·劳·德·洛里斯东（John Law de Lauriston）肖像画》，由卡西米尔·巴尔塔扎绘制于1843年，现藏于法国东印度公司博物馆。

---

1 《苏格兰考古》，1792年，第一卷。
2 埃德加·富尔，《约翰·劳的破产》，伽利玛出版社，1977年。
3 安托·E. 墨菲，《约翰·劳和密西西比公司金融泡沫》《经济选择》，2010年。
4 同注3。
5 同注3。这是一个纸牌游戏。参加者被分为下注的"玩家"（对庄家下注的人）和"庄家"，后者负责赚"玩家"的钱，是劳最擅长的角色。

约翰·劳认为："金钱之于国家就好比血液之于人体。人没了血液无法活命，没了钱则无法行动。而流通性对金钱和血液而言都很重要。"[1] 他想在赌博外的领域大展拳脚。深思熟虑之后，约翰·劳制定了一项革命性的计划——"得用纸币和银行信贷取代金银。在他设想的经济体系里，市面上流通的贵金属货币数量要比当时更少。这不就是我们当今世界的货币体系！"[2] 约翰·劳用两部经济学著作勾勒出了一个前所未有的金融体系，他打算把这个点子卖给某个国家[3]。

苏格兰对他的计划嗤之以鼻，英格兰也不屑一顾。于是他转向了法国。这个苏格兰人请求觐见路易十四。但是专横的君主并不愿意采纳这个被他称为"胡格诺派冒险家"的人的提议。1715年，路易十四死后，他的侄子、奥尔良公爵菲利普二世成了摄政王。此人和自己的父亲生活作风如出一辙，是一个臭名昭著的浪荡子，而他的朋友们也都名声糟糕。所以，公爵和他的亲信们也被称为"该受车轮刑者（les roués）"[4]。约翰·劳成功向这位奥尔良公爵呈交了他号称能弥补财政巨大亏空的计划。计划第一步是由银行推行纸币。

这个计划能否奏效取决于人民是否信任国家，也取决于承诺偿付人们所持纸币票面价值者的信誉的好坏。这些纸币就像是纸牌游戏里的筹码。印钞机也在这一时期问世，这标志着自由贸易迈出了第一步。

繁荣与没落

1718年成立的法国国家银行成为皇家银行。摄政王坐着马车将一箱箱金银换成了印刷的纸币。此事被口口相传，公众对纸币渐渐有了信心。

约翰·劳的目标有两个，一是发行纸币，二是创造财富。

那接下来该怎么赚钱呢？约翰·劳寄希望于奢侈品国际贸易。虽然当时法国国际贸易的状况相当凄惨，但是每个人都深信进

左页插图

《安菲特里忒号》，1780年法国护卫舰宁芙号（La Nymphe）与英国军舰阿戈尔号（L'Argo）战斗画面（细节图），皮埃尔·朱利安·吉尔贝绘于1783年，现藏凡尔赛宫和特里亚农宫博物馆。

---

1 "货币之于国家就好比血液之于人体，少了一个我们都活不下去，商业中的信誉就如同血液中的精华。"《约翰·劳银行回忆录》，法国国家图书馆，克莱朗博手抄版本，第430卷，第529页。
2 安托·E. 墨菲，《约翰·劳和密西西比公司金融泡沫》《经济选择》，2010年。
3 约翰·劳，《关于地产银行的论述》，1704年；《关于货币和贸易的思考》，1705年。
4 《圣-西蒙公爵回忆录》第四卷，"他（摄政王）结党营社的对象大部分是些无赖流氓，他完全无惧于公开称自己的朋友为'该受车轮刑者'，这个团体为害摄政王不浅。"

口异国奢侈品可以带来巨大收益。1701 年,安菲特里忒号载回的奢侈品就被卖出了高价,此事令人印象深刻。如果船舶能带着货物安稳返回,那货物售价可就不是翻一倍那么简单了——价格会翻上百倍、千倍。

1719 年 5 月,约翰·劳说服了奥尔良公爵合并所有的法国海上贸易公司(西方公司、中国公司、塞内加尔公司和东印度公司)为一家——法国永久印度公司。这家公司在交易所上市后,首发了五万股,筹集了两千五百万里弗尔。公司用这笔钱租用了一支贸易舰队,它就如柯尔贝尔当年所梦想的那般恢弘。约翰·劳晋升为财政总监,负责

本页插图

约翰·劳破产后,数不尽的讽刺漫画新鲜出炉,旁图是其中之一。摘自《疯人之镜》讽刺漫画集(1720),现藏于法国国家图书馆。

购买或建造船舶,翻修已有的船只(著名的安菲特里忒号)。他对洛里昂、勒阿弗尔和阿克塞尔等港口进行了现代化改建,挖来了荷兰木匠,还重新雇用了几千水手。颇具才能的亨利·苏利(Henry Sully)也在约翰·劳的支持下发明了航海计时器,并在凡尔赛创办了工厂。这种计时器能准确计算经度,从而为海上航行节约时间。约翰·劳还派遣了二十四艘商船起航前往世界各地,它们将在一两年后载货返回。

要建立约翰·劳构想的经济体系需要长期的投入。为了确保公司享有源源不断的收入,

LES SECRETS DU LUXE

约翰·劳旗下的印度公司还将烟草税和包税所一并纳入了自己的管理范围[1]。这下，公司不仅垄断了法国的国际贸易还承包了国家税收。人们纷纷向银行借钱以购买印度公司的股票，各个阶层的人都可以参与商业投资之中，这也实属历史首次。

随着密西西比公司（西方公司的昵称）正式被约翰·劳收入囊中，路易斯安那（法国的海外殖民地之一，不过在当时鲜为人知）的贸易运作也成为约翰·劳的财富体系的一部分。形势大好，总公司又发售了数千新股。法国人都成了疯狂的投机者，几天内，一股的价格从 150 里弗尔飙升至 12000 里弗尔[2]。根本没有人意识到股票实际价格应当受限于货物的预期价格。这头，金融泡沫急速膨胀，逐渐失控，而那头的摄政王还在不停开动印钞机。

整个体系即将迎来崩溃。在 1720 年 3 月，一个大股东想要把他的纸币资产全兑换成金子，然后来了第二个人，第三个人……一群失去理智的人争相要求兑换。而银行根本无力支付，最终走向破产。

银行的破产导致每个股东都跟着破产，当然，那些消息灵通的人除外，他们反而还借此捞了一笔。被法国驱逐的约翰·劳迫不得已逃去了威尼斯。讽刺的是，本来对他的体系不屑一顾的英国人其实也将他的计划付诸实践了——他们成立了英国南海公司[3]。英国的金融泡沫最终也于 1720 年破裂。作为英法两家贸易公司的股东，荷兰人也加入了破产大军。

1721 年 8 月，法国的坚挺号、神宠贞女号和安菲特里忒号在洛里昂靠岸。它们载回六百吨总价达六百万里弗尔[4]的胡椒、丝绸、香料和印花布。其他船只随后也满载着奢侈品归来。而呈现在它们面前的，是一个面目全非的凋敝法国。一切都太晚了。

约翰·劳曾感叹："我唯一低估的风险因素，就是人心。"[5] 但是，这次金融大冒险中的最重要的发明——纸币——却流传至今。后来还出了个叫本杰明·富兰克林（Benjamin Franklin）的人，他坚持为纸币正名，并成了在美洲印制发行纸币的第一人。不过，这就是另一个故事了。

1　皮奥森骑士，《路易十五年幼时奥尔良公爵摄政回忆录》第一卷，1736 年。
2　《约翰·劳金融系统史》（尼古拉·杜托此前未公开的手稿），由安托万·E. 墨菲编辑并撰写引言，第 11 页，国家人口研究所出版，2000 年。
3　瓦伦丁·图坦·埃奇利耶，《金钱魔鬼和疯狂——1720 年间金融讽刺的利害》，巴黎学术研讨会，国立艺术史研究所，2015 年。三次金融投机泡沫共同导致了大范围破产：英国的被称为南海泡沫，与英国南海公司有关；法国泡沫的根源在于密西西比公司；荷兰泡沫则是由前两国泡沫引起的。
4　菲利普·豪德雷尔，《十八世纪的法国印度公司（1719—1795）》，印度书店出版，1989 年。
5　孟德斯鸠之友、约翰·劳手下前高级官吏曾在威尼斯与流亡的劳相见。

LES ROUES
DE LA FORTUNE
财富之轮

1533 年，美第奇家族的凯瑟琳嫁入法国王室，这位王后也把豪华马车带来了法国。

豪华马车的主人总是希望借马车上的装饰为自己打造出一个理想形象。这些能移动的时尚品还为新事物、新风尚的传播提供了便利。比如，路易十四在世时就爱选用圣戈班的玻璃来制作自己马车的窗户。

通过将权力实体化，马车还凸显了主人的社会阶级。1719 年，约翰·劳"美妙的"金融冒险如火如荼之时，不少法国人参与其中并一夜暴富。该拿这些意外之财做些什么好呢？当时的人回忆道："上星期还见一个马车夫在为某家人打工，下星期就见他得意洋洋地坐在马车里了，活像个贵族老爷一样。"这种事情在投机年代里屡见不鲜，1719 年一年内，在巴黎街头就新增了一百二十辆豪华马车。它们的出现扰乱了旧制度下原本森严的阶级体系。虽然金融泡沫最终破裂，小市民们也被打回了原形，但是后来的社会新贵们将这种习俗保留了下来，他们也开始用购买豪华马车来彰显自己社会阶层的跃升。

这些被两匹、四匹或者六匹马拖着的马车主要分为三类：三窗的城市街道用马车、七窗的大型女士用马车和车门上挂有皮质行李箱和斧头钩子（用于紧急维修）的乡野马车[1]。

掌握制作马车的复杂工艺的鞍具和马车制造商都住在巴黎的圣安东区。所有铁匠、车匠、锁匠、细木匠、织毯工、漆匠、镀金匠人、铸工、画家和玻璃匠都在为生产出最美丽、性能最优良的马车努力奋斗[2]。而这两大品质，在没有科技进步的条件下，其实是很难凑齐的。

---

1 布鲁什，《盛世辞典》，第 518—519 页。
2 让-路易·里布雷尔，《马车类型学和技术词汇》，遗产出版社，2016 年。

从 1650 年起，人们开始用皮绳或铁链来吊挂车厢以减少车厢颠簸感，提升舒适度，这些新式"轻摇马车"很受乘客青睐。但在当时，乘马车从巴黎到里昂需要六天的时间，就算从巴黎快马加鞭赶到凡尔赛也需要两小时，对于乘客来讲，太长时间坐这种马车仍是一种煎熬。据科学家惠更斯描述，从 1662 年起，国王的小马车就用上了匈牙利钢片制作的叠片弹簧来减震[1]。技术的确很新，但就是这种弹簧太容易损坏了。

法兰西科学院院士、热爱实验的安德烈·达莱姆（André Dalesme）在 1720 年前后发明了一种新弹簧，并以自己的名字为其命名。这种垂直固定在车厢下四角使用的达莱姆弹簧能起到很好的减震作用。但是，能定制这种弹簧的锁匠师傅要价 450 里弗尔，一个和这种弹簧重量一样高得离谱的数字[2]。不可思议的价格和弹簧本身过大的重量让一批顾客打了退堂鼓，因为重量增大不仅意味着需要更多的马匹来拉，同时也代表着马车翻车或者被卡在街角的风险会变大。马车被困后，"乘客不得不下车，除非他们想在进退两难的马车里等上好几小时"[3]。

驾驶马车吧！

在十七世纪末，马车前面配有被称为"天鹅颈"的拱形铁，以及能让车九十度转弯的小车轮。这些发明已经足以应付城市道路上的马车出行需求了。此外，工匠们还开发出了"精简款马车"，这是一种车身更短的轻质马车，安装的车轮也更低矮。

尽管有了这些改良措施，马车事故仍然频繁发生。因为有些马车夫驾起车来横冲直撞，和十九世纪的冒失司机风格差不多。德国人内米茨曾写作一份巴黎旅行指南，他在书中告诫他的德国同胞们："巴黎有数不清的马车，它们从白天行驶到深夜，而且跑得飞快（尤其是在拉车的是匹好马的情况下）。"[4] 英国人布莱基的话也证实了这一点，他警告道："碰到马车就赶快跑，这是为了你的生命安全着想。"在当时的巴黎，马车乘客没什么可担忧的，但是所有行人出门时都要冒着生命危险。

一种新发明将降低马车侧翻的概率——人们在"贝尔林纳（Berline）"新式马车的车厢两侧各安上了一根直木车辕以取代传统马车的单一中轴。同时，新式马车在舒适度上也有了提升。马车上增设了便于上车的拉出式踏板、可滑动伸缩的窗玻璃、遮挡

左页插图

典礼马车微缩模型细节图，这一模型由国王的珠宝匠人肖贝尔所制作，木材质地，上有镀金。用于路易十五的加冕仪式上的马车正是根据这个模型所制。模型完成于 1722 年 10 月 25 日，现藏于凡尔赛宫和特里亚农宫博物馆。

---

1 马克斯·特里耶耶，《马车弹簧的发明》，《科学史杂志》第三十九卷，1986 年。
2 在某些国家，购买德尔姆弹簧要缴纳奢侈品税。
3 安尼克·巴尔达雷 - 加拉布朗，《十七世纪至十八世纪巴黎人的城市出行》《历史、经济和社会》，1983 年第 2 期。
4 J.C. 内米茨，《富裕旅行者在巴黎逗留指南》，1727 年。

阳光的塔夫绸百叶窗、地窖（供旅客享用的饮料、食物都被放在车厢底部的小箱子里，可通过地板上的暗门打开）、车门上用于置物的空袋、可以放置手臂的织物扶手、车厢内部照明设备以及挂在后窗外的灯笼等等。"马车既是一件机械，也是一件艺术品。马车营造师既要有机械师的知识又得具备艺术家的审美。"[1]

马车装饰也紧跟社会时尚：路易十四时期的马车上有繁复至极的黄金装饰和浮雕；而

---

[1] 艾莲娜·德拉雷，《豪华马车停车场》《凡尔赛手册》，2016 年。

本页插图

沙特尔公爵拥有的十五辆马车之一，一架贝尔林纳马车。本图绘于 1752 年，来自沙特尔公爵交通工具专辑，现藏于巴黎艺术与工艺博物馆。

在路易十五时期，马车上可见不对称的洛可可风图案。在车厢内部，地面上铺着锦缎，座椅面覆盖着天鹅绒，车厢外部涂有马尔丹清漆并展示有主人的肖像图片……简直穷奢极欲！

不过还是有人坚决不坐马车，他们更喜欢坐由轿夫抬的轿子。这种轿子在太阳王时期便流行起来。因为体积较小，轿子能快捷地穿梭于人群之中，灵活地避开障碍物，而且还能避免在两趟约会之间弄脏鞋子。一个人从轿厢中下来时"干净得像是从一个魔

法师的盒子钻出来的一样"[1]。轿厢使用轻便的帆布或皮制作，三面开窗，乘客可以通过正前方的门进入座位。一辆豪华马车该有的所有装备在豪华轿厢里都能找到，包括用来悬架厢体的弹簧。出行时，轿夫们会用两根三米长的棍子把厢体抬起来。抬轿夫这个职业也有了一种专属于它的表达：在抬棍上讨生活。

十七、十八世纪之交有位内穆尔公爵夫人。不爱乘坐马车的她每年都是坐轿子从巴黎前去她的封地纳沙特尔。她的轿子后面跟着一辆载有四十名轿夫的马车。没错，四十名轿夫会轮流上阵抬夫人的轿子。从巴黎到封地有六十五公里路，坐在全靠人力的轿子上得摇摇晃晃地走上十二天，这速度远不及一小时就可以走完七公里的马车[2]……不过夫人自己满意就好。

抛开特殊的内穆尔夫人不谈，高端交通工具还是因其更快的行驶速度而更受人们青睐。而且它们的行驶速度还在继续提升：一开始，国王的礼车每小时只能走上三公里，而等启蒙时代结束时，四轮马车已经能以每小时十二公里的速度行驶。如此显著的提速主要归功于新发明的 C 形弹簧、马匹品种的优化和车厢的轻便化。而到了十九世纪，伴随着螺旋状弹簧的问世和道路进一步修缮，马车速度更是稳步提升。

法国马车的名声远播国外。"巴黎造的马车在伦敦大受追捧，英国马车营造匠都按法国马车模型来造车。"[3] 最令人吃惊的是，就在豪华马车成为"精致"和"高性能"的代名词的同时，现代机动车的前身、奢侈车辆产业的未来——第一批蒸汽机车也问世了。看来，财富的车轮还将长久地转动下去。

左页插图

轿子，《凡尔赛宫礼拜堂院风景》（细节图），雅克·里戈绘于十八世纪，现藏于凡尔赛宫和特里亚农宫博物馆。

---

1 夏尔·索雷尔，《优雅行事之道》第八章，奥古斯特·奥布里，巴黎，1644 年。
2 《会话和阅读词典》第十二卷，贝兰 - 曼达尔，1834 年，第 321 页。
3 《世界评论——十九世纪世界的上流社会人士和政治家》第二卷，1834 年，第 149 页。

FAUTE DE LAQUE, LA FRANCE A LE VERNIS MARTIN

没有亚洲漆，那就用马尔丹清漆

亚洲漆器令欧洲人爱不释手，但是欧洲人无法复制出这些价格不菲的珍品。为了提升家具的价格，巴黎奢侈品经销商埃贝尔（Hébert）灵机一动，把从日本进口的漆器屏风拆成碎块，再将其镶嵌在好几件家具上。这种"修补法（raccommodage）"受到装饰业的追捧。启蒙时代最流行的奢侈品——五斗柜的抽屉镶板上常出现亚洲风格的精致装饰，其实镶板上的亚洲漆画就是使用修补法仿制出的。

用这种修补法制作的家具给人带来它使用了亚洲漆的错觉。在今天看来这其实就是一个障眼法。然而，由于当时中国产漆器的质量已经大不如前，日本漆器则因为数量过于稀少而价格高昂，连最富裕的人也嫌价格过于昂贵。所以，有钱买家往往愿意出高价购入这些仿制品。

亚洲漆器已经有五千年历史了，但尚未有欧洲人通晓其制作的秘诀。于西方工匠而言，漆器就和瓷器一样神秘，他们一直努力尝试制作，但都未能如愿。

鲜有人知的是，从亚洲特有的树种中提取的制漆原材料其实是有毒的。十世纪以来，日本佛教徒们奉行着严苛的禁欲主义，他们的食谱中包括了饮用由日本漆树的汁液制作的饮料[1]。其目的是防止死后尸身被生物侵蚀，让身体"木乃伊化"，这样一来就能献祭肉身、让精神永存。

因此，漆器在日本也是完美的象征。亚洲的漆器工匠们深信制造过程中绝不能有任何破绽。如果木器基底打磨得很粗糙或者有细小灰尘颗粒粘附其中，涂抹十八层漆的工序只会使这些缺陷更加明显。为了让干燥效果达到最佳，涂两层漆之间需要间隔三个月时间。这些严格工序赋予了日本漆器出色的硬度、稳

左页插图

马车门上的漆绘（细节图），纪尧姆或艾蒂安-西蒙·马尔丹绘制于1745年前后，现藏于德国漆器艺术博物馆。

---

[1] 安藤更生，《日本木乃伊及其崇拜》，《人类》第八卷，第2期，第5—18页，1968年。

本页插图

一家专门售卖进口于中国的瓷器、漆器、丝绸的商店内部图,本图绘制于1680—1700年间,现藏于维多利亚和阿尔伯特博物馆。

定性和光泽度，但也使制作时间大大延长。

漆器名匠马尔丹兄弟

西方工匠们在十三世纪就开始使用克里特岛本尼莱克地区（这个名字成了后来"Vernis"一词[1]的词源[2]）产的树脂。但后来，由于东印度公司的船只已经能徜徉于全球任何海域，人们又发现了来自印度尼西亚和非洲的柯巴脂、摩洛哥的阿拉伯树胶和朝鲜的山达脂[3]。

以上这些材料是天然的固体，在运输过程中不易损坏。不过在用它们制漆时需搭配一些溶剂，比如酒精、松节油。马尔丹兄弟（La fratrie Martin）从1728年开始成为漆器领域的领头羊。马尔丹家族最初居住在圣安东街区，在那里，他们与其他所有的装饰匠人——普通木匠、高级细木匠、漆匠、铸工和马鞍工——并肩工作。这是他们身为工匠的义务。虽然行会约束已经宽松化，但匠人们仍只能使用专供给他们行业的材料。马尔丹兄弟的专长是制作大多呈红、黑或金色的中国或日本风漆器。

马尔丹漆纸盒的发明让这家人名声大噪。这种纸盒是由混凝纸浆制成，覆盖有四十三层法国仿制亚洲漆。质量极轻，这代表它品质优良，再加上还完美地包裹着一层"亚洲漆"，因此这种纸盒在奢侈品市场上大受追捧，价格堪比珠宝。

奢侈品经销商为漆器的风靡推波助澜。他们向顾客兜售经法国清漆涂抹过的男女通用鼻烟壶和让女士爱不释手的专用洗漱品。法国清漆工匠研制出了多种配方以适用于越来越多样的商品需求。但其中最出彩的还得属他们仿制的亚洲漆具，匠人们越来越精于此道。

模仿工艺到达一个高度之后，创新即将发生。马尔丹兄弟最终摆脱了被奉为标准的亚洲风的枷锁，通过改良漆器颜色创造出了自家独有的风格。来自亚洲的漆器通常是红色和黑色，这并不是亚洲人的偏好使然，而是出于技术层面的原因：亚洲漆的原料是漆树汁液。就算经过最高程度的提纯处理，这种汁液呈现出的颜色仍然发红，不能与其他颜料相容。而马尔丹家族的清漆是几乎透明的，可以加入其他各色颜料。马尔丹兄弟用淡黄水仙色、丁香紫色、绿色、蓝色或白色装点家具，并绘制出复古风、自然主义风和甜美精致风格的纹样。他们完全摆脱了"中国风"的影响。

---

1 法国人用"Vernis"这个专有名词来命名法国仿制漆。亚洲漆（laque）是阴性名词，而法国漆(vernis)是阳性名词。
2 让-巴蒂斯特·安托万·马利塞特，《投机者的指南针》，奥布雷出版社，1803年。
3 让·弗朗索瓦·德·巴斯蒂德，《小宅》，路易·塞洛出版社，巴黎，1763年。

LES SECRETS DU LUXE

在让 - 弗朗索瓦·巴斯蒂德 (Jean-Francois Bastide) 写下的风流故事中，女主角梅丽特走进了特雷米库尔侯爵的精致住宅，这里有镶镜卧室、浴室……"我喜欢看人运用雄厚的财力打造出这样一方天地。这里不再只是一个普通小房子了，它堪称才华和品位的至高圣殿。在我旁边有一个盥洗室，它的墙面是由于埃 (Jean-Baptiste Huet) 绘制的，上面的水果、花卉和异国鸟类栩栩如生。此外，墙上还点缀了些花环纹饰和出自布歇之手的单彩风流人物图像，门镶板上也装点成同样风格。同样令人难忘的还有宅子里那由热尔曼打造的银梳妆台、绘有自然花卉的镶金蓝瓷碗。铺上了同色布料的镀金家具都由马尔丹清漆涂过。这些家具让这住宅熠熠生辉，连仙女也会流连忘返。"[1]

文中提及的画家于埃和布歇、金匠热尔曼、镀金师兼清漆匠马尔丹兄弟都是十八世纪装饰业的耀眼明星。纪尧姆是马尔丹四兄弟中的老大，他于 1735 年被任命为皇家御用工匠。沾了这位兄长的光，三个弟弟将工坊搬到了圣马丁区和圣德尼区以扩大店面。已经不再满足于为箱盒、镜子和五斗柜上漆的他们开始装饰橱柜、写字台、精密仪器、羽管键琴、纺纱机和绣花机、钟表、四轮马车、雪橇和室内细木制件。

1763 年，利奥波德·莫扎特（Léopold Mozart）带着他一双儿女——沃尔夫冈和南内尔[2] 进入路易十五的宫廷。虽然不喜巴黎的奢华，但利奥波德却由衷赞美了精美无比的漆器："这些马尔丹漆鼻烟盒是世上最漂亮的，你之前绝对没有见过。马车也都是按着同样的方法上漆绘制的。我们在这里看到的所有装饰品都应该在最好的画廊里展出，大多数钢琴也是同样美不胜收。"[3] 看来这些漆器也同样吸引了这两个音乐神童的父亲。1789 年，对法国清漆的称呼从"马尔丹家族产清漆"正式演变成了"马尔丹清漆"，一个总称术语，这反映了清漆匠人们所取得的名气之大。不过后来，法国大革命为这股漆器热画上了休止符。只有到了第二帝国时期，清漆热潮才会重新兴起。第二帝国后再过几十年，随着日本漆艺大师菅原最终定居巴黎，已拥有数千年历史的亚洲漆艺制作秘诀也被带至法国。

---

1 弗朗索瓦·罗齐耶等人，《物理、化学、自然历史和艺术杂志》，巴黎，1772 年。
2 即人们现在所熟知的伟大作曲家莫扎特和他的姐姐玛利亚（昵称南内尔）。——译注
3 1763 年 11 月 18 日，利奥波德·莫扎特给其萨尔茨堡的房东洛伦兹·哈格诺的信。

VOLTAIRE
BUSINESS MAN

商人伏尔泰

柯尔贝尔使奢侈不再只代表一种生活方式。奢侈品从此还代表了物件的创新性和它背后的工艺，以及，一个新兴的市场。经历了路易十四的去世和约翰·劳的破产，人们开始从道德上重新审视奢侈品，或赞赏不已或加以批判。哲学家伏尔泰坚持为奢侈品摇旗呐喊。

"我喜欢奢侈品，这不必要之物其实非常必要。"[1] 原名弗朗索瓦-马利·阿鲁埃（Francois-Marie Arouet）的伏尔泰因其著作而声名远播。鲜为人知的是，其实他也创办、经营过一些奢侈品加工厂。伏尔泰算不上一个无可指摘的圣人，实际上，他有些贪婪和尖酸，但他在一生中从不避讳自己这些缺点。生性不羁、崇尚思想自由且追求享乐的伏尔泰在舞文弄墨方面很有天赋，而且他也善于运用这种天赋来帮助自己实现种种愿望——其中一个就是变成富人，过上安逸的生活。

这位年轻的弗朗索瓦-马利先生的心底其实有一道伤疤：他是阿鲁埃先生三个孩子中唯一被剥夺了继承权的，是一个不配获得父亲恩宠的孩子。伏尔泰一直拒绝走上家人为他规划好的人生道路，他想成为诗人，而家里人希望他成为一个公证人或律师。在著名的耶稣会中学——路易大帝中学待了七年后（他在那里凭借着出众的才华结识了许多终身好友），伏尔泰不愿意再继续研究法律了。他十二岁的时候，他的教父夏特奥内夫神父（L'abbé de Châteauneuf）带他加入了圣殿自由主义社团（La société libertine du Temple）。也许正是受了这个社团的影响，这个少年渴望过上自己选择的生活。十六岁时，伏尔泰还参加了法兰西学院的竞赛，不过没有取得好名次。报纸连篇累牍地报道优胜者，愤怒的父亲决定教训这个不务正业的儿子，于是把他送到了海牙去担任他教父的兄弟、法国驻海牙大使的秘书。结果伏尔泰后来又被押送回国——他教唆漂亮的新教徒奥兰普·迪努瓦耶（伏尔泰亲昵地称她为"潘佩特"）改变信仰，并企图和她私奔。在他家人眼里，这个叛逆男孩实在是冥顽不灵。

---

1 伏尔泰，《俗世之人》，1736 年。

LES SECRETS DU LUXE

1718 年，弗朗索瓦 - 马利开始使用笔名伏尔泰 (Voltaire)。后来，厌恶这个儿子的父亲在剥夺其十五万财产继承权的遗嘱上也是这样称呼他的。1721 年，在这位一家之主去世之际，逆子写作的戏剧《俄狄浦斯》刚好大获成功，它讲述的正是一个弑父故事。值得一提的是，伏尔泰还篡改了自己的出生日期，将其从 1694 年 11 月改为了 2 月，这就让他的身世显得更加扑朔迷离了。有人怀疑伏尔泰的生父可能是火枪手罗克布伦，因为有传言说此人是其早逝生母的情人。

伏尔泰全速创作着。他一生写作了近两万四千封信件，留下的各类作品数量极其庞大，其中包括了诗歌、颂歌、讽刺作品、戏剧、童话、小册子、历史著作、科学书籍和风流故事集。伏尔泰在四十岁时靠着近乎作弊的手段真发了财。当时，他和数学家朋友拉孔达米纳（La Condamine）一同发现了巴黎彩票中的一个漏洞：如果你把所有彩票都买下那就必然会赚到钱。二人一拍即合。为了提高中奖率，他们和其他人成立了一个专门合买彩票的组织，然后果不其然赢得了五十万里弗尔的大奖。在 1729 年和 1730 年之间，他们这样故伎重施了许多次，并获得了几百万的收入，从此再也不愁吃喝了[1]。

伏尔泰出版过一本廉价的便携本《哲学辞典》。他深信书是启蒙人思想的最好工具。"二十卷对开本的书掀起不了什么革命；人们该害怕的是那些只卖三十苏的便携小本。如果古代的福音书卖一千两百赛斯特斯一本，那我们就看不见后来的基督教了。"[2] 在《哲学辞典》里，伏尔泰是这样定义奢侈品的："虽然奢侈品等于一切不必要的东西，但没人能否认它是人类进化的自然产物；由此我们可以推理出，每一个憎恨奢侈品的人都必然支持卢梭[3]的观点——幸福又有美德的人不是被神救赎后的人，而是大猩猩状态的原始人。"[4]

费尔奈，伏尔泰的工业小镇

伏尔泰作品风趣幽默，但同时言辞犀利、一针见血。这位作家的人生剧本中总重复着这样的情节：成为贵胄名流的座上宾，然后由于面临着被监禁或是驱逐的危险不得不马上逃亡。

左页插图

《青年伏尔泰肖像》，尼古拉·德·拉吉利叶赫绘于 1718 年，现藏于凡尔赛宫和特里亚农宫博物馆。

1　雅克·伯奇托尔德，米歇尔·波雷特，《在伏尔泰世纪如何致富》，日内瓦研讨会记录，1994 年 6 月 18 日至 19 日，德罗兹出版社，1996 年。
2　《伏尔泰全集》第十二卷，第 2 部分，加尔尼埃出版社，1883 年；第 1113—1114 页，《致达朗贝尔的信》，1765 年 4 月 16 日。
3　卢梭主张自然状态下的人是美好的，他认为是社会导致了人品德败坏，因此崇尚回归自然。——译注
4　伏尔泰，《哲学辞典》的"奢侈品"词条，1764 年，第 254 页。

LES SECRETS DU LUXE

伏尔泰先后被迫逃到英国以及腓特烈二世统治下的普鲁士。他本来蔑视天主教徒,但是在日内瓦避难时,他发现新教徒也没他想象的那么宽容。伏尔泰在为信件落款时会习惯留下"Ecr. L'Inf"字样,意为"消灭败类"(Écrasons l'infâme),这位作家用"败类"一词指称所有和他作对的人。

1759 年,伏尔泰终于在一个叫热克斯的边陲地区找到了属于他的人间天堂。这个地方既不算在法国境内也不属于日内瓦,总

本页插图

在他的"殖民地"里,伏尔泰发展农业和奢侈品制造业,图为伏尔泰和费尔奈的农民。让·于贝尔绘制于十八世纪下半叶。现藏于南特艺术博物馆。

之非常自由。六十五岁的伏尔泰在这里成了一名企业家。在柯尔贝尔精神的指引下，伏尔泰开始在这片土地上发展农业和奢侈品贸易。

居住着四十九名居民的费尔奈村在他手上发展壮大，变为"一座有一千二百位有用之人的富裕城镇"。由于这里的气候条件严酷，农业并没有如愿发展起来，但是工业发展却势头良好。考虑到费尔奈小镇上住着许多逃离日内瓦的"当地人（les natifs）"[1]，他们都从事钟表匠工作，伏尔泰便为他们建造房屋并出资创办了一个钟表制造厂；居民们不爱去镇上的剧院也无妨，伏尔泰把它改造成了一个养蚕场，专门生产丝袜；居民的妻子们颇有手工天赋，伏尔泰就让她们织造薄花边和精细的蕾丝花边……伏尔泰把这个村落戏称为他的"殖民地"。

商人伏尔泰通过与有钱人、时尚人士和政客们打交道来打开财路。善于写作的他曾致信俄罗斯的叶卡捷琳娜二世："尊贵的女皇陛下，我请求您庇佑我的领地，它能为您的帝国奉上钟表，为您宫廷里的夫人们献上花边头饰。我如同二十岁年轻人那样充满激情，同时又如年近八十的老人般满脑子遐思，我愿匍匐于您脚下称臣。"信很有效，女皇向他订购了价值39000里弗尔的商品。伏尔泰又给大臣达尔让塔尔（Charles-Augustin de Ferriol d'Argental）写了信："如果德普拉兰公爵能给阿尔及尔总督和驻守在那里的军人们捎去我们产的钟表，我将感激不尽。"当然，信末也不忘附上一张"钟表制造商迪富尔、塞雷和希的广告宣传单"[2]。他还向所有法国驻外大使发出信函，并在里面夸他手下的工匠"堪称日内瓦最棒的艺术家，他们生产各种商品而且售价比世上任何工坊都低"[3]。

1778年，伏尔泰在巴黎逝世。就在离世前不久，他还在为壮大费尔奈的奢侈品制造厂而勤奋工作。百科全书作家雅克·珀谢（Jacques Peuchet）曾感叹："如果在伏尔泰声誉滋养下蓬勃发展的小镇产业能获得足够的资金以及商业和制造业行会的支持，这个地方想必将会布满工坊。"[4] 可惜，制造厂的大老板伏尔泰已经先一步去面见世上最大的钟表匠——上帝去了。

---

1 法布里斯·布朗德利，《日内瓦共和国和法国：十八世纪不对称外交与政治文化》，《现代与当代历史评论》第61期，2014年，第65—93页。此处所指的当地人（natif）是一个特定的社会阶级，是指居住在日内瓦的外国人的子嗣。十七世纪，日内瓦共和国居民被分为"les citoyens""les bourgeois""les habitants"（居住在日内瓦的外国人）和"les natifs"四个阶级。当时这些人（les natifs）无权成为资产阶级（Les bourgeois），他们没有政治权利，某些经济权利也受到限制（这些权利是为资产阶级保留的）；1770年，他们占日内瓦男性人口的三分之一以上。

2 贝肖特，《伏尔泰全集》第六十六卷，第427页，《致达尔让塔尔的信》，1770年9月26日；第1295页，《致所有大使的信》。

3 古斯塔夫·德斯诺伊斯特雷斯，《伏尔泰与十八世纪法国社会》第七卷，巴黎，迪迪埃出版社，1867年，第307页。

4 博歇，《商业地理通用词典》引言，巴黎，布朗雄出版社，1799年。

MADAME POMPON NEWTON
蓬蓬·牛顿夫人

沙特莱家的艾米丽是一个自由不羁、热爱赌博的数学家。她的出现有力地驳斥了"弱质女流成不了科学家"这一世俗偏见。艾米丽与拉瓦锡夫人是仅有的两名名垂启蒙运动科学史的女性，而且艾米丽还是唯一一位曾为奢侈品著书的女性。"她喜爱一切，同时也有着能玩转一切的极高天赋：书籍、珠宝、圆规、绒球；诗歌、钻石、赌博[1]、光学；代数、夜宵、拉丁文、衬裙；歌剧、诉讼、舞会、物理学。"[2]

1733年，加布里埃尔·艾米丽·勒托内利埃·德·布雷图尔（Gabrielle Émilie Le Tonnelier de Breteuil）——我们的沙特莱侯爵夫人——邂逅了伏尔泰。由于智识和性格都无比般配，这两个伟大的自由灵魂一见钟情了。她的爱人伏尔泰给她起了个绰号，叫"蓬蓬·牛顿夫人（Madame Pompon Newton）"，以暗指她的风流多情和她了不起的数学天赋。艾米丽身上有着各种相悖的特性，她在被人钦佩爱戴的同时也逃不过嫉妒诋毁。

夫人的父亲路易·尼古拉·德·布雷图尔（Louis Nicolas de Breteuil）有着显赫的地位，曾在凡尔赛宫担任安排外国大使觐见的外交官。路易既是一位穿袍贵族[3]，同时也是一名启蒙思想家。身为父亲的他像培养儿子一样培养自己的女儿，教授她英语、意大利语、希腊语、拉丁语和各种科学。当然，小女孩艾米丽也学习每个贵族千金应该学习的刺绣、羽键琴和唱歌。

在艾米丽出生的时代里，尽管世界正在发生巨变，但世俗陈规仍未完全退出舞台。艾

左页插图

《书桌前的沙特莱侯爵夫人肖像》，莫里斯·康坦·德拉图尔绘于十八世纪，现为私人收藏。

1　艾米丽喜欢玩的这种赌博游戏在十七世纪从意大利传入，意大利语为"le biribisso"。
2　《伏尔泰全集》第二卷，《各种诗歌》，第782页，1835年。1733年7月3日，伏尔泰写信给他的朋友西德维尔："昨天，在乡下，我脑子里既没想悲剧也没想歌剧，在一伙好朋友打牌时，我开始构思一封写给一位非常可爱却遭到诽谤攻击的女人的信。"
3　为跻身贵族行列，一些富有的资产阶级选择用钱购买册封诏书和贵族爵位，他们被称为"穿袍贵族"。与之相对的是"佩剑贵族"，指的是拥有家族渊源的正统贵族。——译注

LES SECRETS DU LUXE

米丽乖乖遵守着这些规矩。在十九岁时,通过嫁给沙特莱侯爵(一位佩剑贵族),她获得了更高的社会地位。结婚后,艾米丽也为丈夫生育了他想要的继承人。待身为妻子的职责一完成,这位夫人立即和她通情达理的丈夫达成了一项协议,过回了自由人的生活。

这也解释了为什么她与伏尔泰在后来能有一段情缘。沙特莱家族在巴黎租下的酒店中有一层专门供这位哲学家居住。而伏尔

本页插图

对十八世纪闺房的描绘,与艾米丽的房间很是相像。《梳妆》,弗朗索瓦·布歇(François Boucher)绘于1742年,现藏于提森博内米萨博物馆。

泰则出钱修缮了沙特莱家族在西雷的一处庄园。这对地下爱侣在那里长住了15年。伏尔泰还为庄园城堡加建了一方侧翼，并在这里为艾米丽开辟了她的专属套房和一个"木制的、涂有淡黄清漆的回廊"。夫人的卧房有一张铺着蓝色云纹锦缎的床，"木制墙壁漆成淡黄色，凸起装饰部分是蓝色的。墙上可见一个用同色调印度纸装饰的壁龛。包括养狗的篮子在内，房里的一切都分外和谐。"这间闺房就像布歇的画作《梳妆》里的那间小室一般完美。这对情侣居住的城堡阁楼上还设有一个小型剧院，底楼书柜边挨着一个放满最优质物理学仪器的陈列室[1]。

女启蒙思想家

艾米丽品位不俗，这点从她挑选的家具、古玩、萨克森瓷器和尚缇伊瓷器上能看出来（后者是她从最著名的奢侈品经销商那里购得的）。此外，她还收集了大量的亚洲小瓷像以及价值26000里弗尔的珠宝，这些东西都被盛放在一个中国产的漆盒里。身为一个消停不下来的活泼女主人，艾米丽喜欢和客人们玩一些益智游戏，邀请他们参加排演阁楼剧院将在晚间演出的戏剧，总之就是把客人们搞得精疲力尽。而在每天晨间，艾米莉则全身心扑在学习上，漫游在科学实验和文学作品的海洋里。

1735年，艾米丽翻译了当时为奢侈品辩护的首部作品。她的这本译著让奢侈品问题进入了法国哲学家们的视野，同时也让他们分化成了两个阵营。这本书便是英荷混血作家伯纳德·曼德维尔（Bernard Mandeville）的《蜜蜂的寓言》（*La Fable des abeilles*）[2]。该书出版于1705年，一问世就在英国引发哗然一片。1729年，曼德维尔还亲自为这部作品撰写了评论。

该作论述了个人恶习为何能对社会有益。曼德维尔在书中写道："别抱怨了，你们这些必有一死的庸人。你们徒劳地想用个人的廉洁打造一个伟大的国家。只有疯子才会因恪守世间习俗、因在战争中扬名、因生活安逸同时美德傍身而自夸。放弃这些海市蜃楼吧，只有让欺诈、奢侈和虚荣在世间永存，我们才能饱餐其结出的甘甜果实。"这个愤世嫉俗至极的曼德维尔因此也被人起了个"人魔（Man devil）"的绰号[3]。他认为教化小市民根本没用，因为让他们接受教育就会让社会失去乐意做脏活累活的人。曼德维尔提倡私人教育，而且教师们的工资要开得足够高，只有这样才能养活那些教授一小撮学生知识的最优秀的老师们。何必普及教育呢？毕竟社会中要求高素质人才的工作

---

1 贝尔特朗·隆多，《她那个时代女人的品位》《启蒙思想家沙特莱夫人》，伊丽莎白·巴丹泰和丹妮尔·穆泽雷尔主编，法国国家图书馆，2006年，第55—67页。
2 伯纳德·曼德维尔，《蜜蜂的寓言，或骗子变成老实人——我们将论述个人的恶习如何有利于社会》，1714年。
3 "人魔"是根据曼德维尔的名字编的双关语。在曼德维尔所处的英格兰，名人越来越多地从事慈善活动、他们资助的公立和免费学校向尽可能多的人提供教育。

岗位本来也就没多少。他的主张与三个世纪以后许多国家的教育精神遥相呼应。

当我们看到伏尔泰是如何发家致富的，知道了大量的科学家，比如艾米丽，只能用自己的钱来做实验搞研究后，我们就明白了在那个年代出版的《蜜蜂的寓言》可以说是生逢其时，它启发了人们对奢侈的反思。在当时的沙龙里，艾米丽翻译的这本书成了人们津津乐道的话题。德芳侯爵夫人（La Marquise du Deffand）组织的沙龙无疑是最有名气的。这位夫人不能忍受一个女人除了成为男人的缪斯之外还能起到其他作用。她用尖酸的笔调嘲笑艾米丽："想象一下，各位眼前有这样一个身材高大的干巴女人，她前不凸后不翘、四肢粗肥、有双大脚。这女子脑袋小小，脸尖鼻子也尖，有两只海绿色的小眼睛，皮肤又黑又红且长着斑，嘴巴瘪平之外还满口稀疏坏牙。这就是我们漂亮的艾米丽，她对自己的外形十分满意，用各种东西来衬托自己的相貌：卷发、蓬球、宝石、玻璃饰品，多多益善。她本来姿色平平天已注定，但她就想变得可人，她想多花些钱让自己看起来美艳些，但又经常不穿丝袜和衬衫，也不带手帕和其他必需的物件，这显示她缺乏教养。"[1] 在出版了一本将牛顿物理学与莱布尼茨的形而上学融会贯通的著作后[2]，沙特莱侯爵夫人于1746年成为博洛尼亚科学院的院士。得知此事，奸诈善妒的德芳夫人更是放开膀子大肆攻击艾米丽："资质平庸、记忆力糟透、缺乏品位、全无想象力的艾米丽，她只能把自己包装成一个几何学家以标榜自己优于其他女性，因为显得特别，总给人优越感。"[3]

不过艾米丽完全没把这些恶毒攻讦放在眼里，她专心向一个难题发起了挑战：翻译、验证并点评牛顿定理[4]。就在她死于难产的前几天里，她完成了这项了不起的工作。如果伏尔泰没有在1759年发表她的这份著作，艾米丽的伟大功绩还将继续不为人所知，今天的学生们也就不会有机会研究她的作品了。

让我们把本章最后几句留给这位了不起的女性："有两位神明创造了人间 / 是他们让我们学会欢喜和相爱 / 这两位神明叫作爱与慧 / 他们很少聚在一起 / 兴趣不同让他们分道扬镳，从此各住在各的宫邸 / 能叫他们聚在一起的人颇有福气 / 因二神不和而降生的不完美作品数不胜数 / 但总会有那么一天，他们能友好相处 / 他们唯一的相聚就发生在那一天里 / 那一天永垂不朽，因为正是它赐予了我们艾米丽。"[5]

---

[1]《德芳夫人描绘的沙特莱夫人》，1747年，阿森纳图书馆，第4846号手稿，第259—261页。
[2]《沙特莱侯爵夫人评自然哲学的数学原理》，伏尔泰作序，1759年。"自然哲学"指物理学。
[3]《德芳夫人描绘的沙特莱夫人》，同前。
[4] 沙特莱夫人，《物理的机制》，1740年。这是沙特莱夫人为长子编写的教材，用于向他解释莱布尼茨和牛顿的研究。
[5]《伏尔泰全集》，同前，第1012页。

LE SHOW-MAN
DE LA SCIENCE

科学表演家

物理实验成为最受追捧的娱乐活动，如今的我们很难想象这景象。而这一幕就发生在启蒙时代。启蒙时代这个名字起得很好，因为它标志着永不满足的求知欲。诺莱神父（l'abbé Nollet）可以被称为物理实验热潮的掀起者。沙特莱侯爵夫人艾米丽就曾写道："在神父家门口总停着公爵夫人们、重臣们和漂亮女人们的马车，他凭着学识生财。"[1]

三十五岁的诺莱神父会在家中为各位达官贵人奉上刺激无比的表演。他精心设计了实验物理课，通过游戏将自己和其他伟大科学家们的最新研究成果展示给观众们。

比如，为了解释光的某些特性，诺莱神父会带观众使用被某些英国人称之为"偷窥镜（peepshow）"[2]的佐格拉镜（zograscope）。名字有些恶俗，但是别误会，这件设备本身的用途很正经。诺莱神父会向观众们展示一个大木箱，人们能从箱壁上的小孔望入箱内；箱外的镜子会将光线反射到箱内四十五度角倾斜的凸面玻璃上，然后观者便能从洞中望见玻璃上呈现的图像了。待观众们观赏完，诺莱神父还将解释原理、绘制图示，着迷的观众们啪啪鼓掌赞不绝口，购买诺莱神父光学仪器的订单也纷至沓来。

诺莱神父发明这些仪器其实是为了更方便地做科学演示。他的仪器都是由黄铜和玻璃等昂贵材料制成，它们被安装在精妙绝伦的涂着黑、红和金色马尔丹漆的器物上（马尔丹漆，又是一个响当当的名牌！）。这些仪器堪比奢侈品，制作起来需要耗费大量钱财。

那个年代里的欧洲人争相购买这种有着"中国风"外表的科学仪器。有些人在家中置办一个物理学器具陈列室是为了附庸风雅，另一些人则是真的为了使用。伏尔泰和他的科学家爱侣在西雷城堡建了一个物理学实验室，他们就属于上面所说的第二种情况。有人曾感叹道："诺莱神父快让我破产了。他是一个智者，也是一个有真正美好品格的

---

1 《阿尔加罗蒂伯爵作品集》，沙特莱夫人写给阿尔加罗蒂伯爵的未出版信件，1794 年 5 月 20 日，第十六卷，第 16 页。
2 克劳德·兰博利，《西洋镜——沙龙娱乐、街头表演和儿童玩具》，蒙彼利埃科学与文学院，2018 年。

人。只有他能为我定制一个物理器具陈列室。和找到这样一个合适的人相比，弄到钱可简单多了。"[1]

许多绅士都抢着置办一个时尚的器具陈列室。如果想了解科学如何成为生活中必不可少的一环，想了解真正的奢侈品，我们只需走近瞧瞧约瑟夫·博尼耶·德·拉莫松男爵的珍品室就可以了。他私人宅邸的第一层被用来收藏珍品和做实验。在这里有七个相邻的房间，间间都摆放着荷兰产的橡木制储物架，但每间房间风格各异。它们被分为实验室、药剂室、储药室、机械室、画廊、图书馆和自然史陈列室。男爵严格遵循了多邦东（Daubenton）先生的建议（1735 年，这位多邦东先生被布封任命为王家植物园城堡的自然史陈列室保管员和讲解员），将物件分类有序放置，珍品室被他打理得井井有条。

身为金融家的男爵乐于在科学研究上花钱。为了寻找珍品曾两次前往荷兰的他搜罗了各领域知名工匠制作的实验器具，拥有机械匠人巴特菲尔德（Butterfield）、朗格洛瓦（Langlois）、巴斯芒（Passement）、迪莫捷（Dumothiez）、伍迪耶神父（l'abbé Outhier）以及诺莱神父的作品。这些人可都是启蒙时代里巴黎响当当的大人物，他们的名字在当时就像现在的迪奥或爱马仕一样让人如雷贯耳，他们的工作室更是成了科学圣地，当时在欧洲游学之士必会前去拜访。

很有意思的是，博尼耶·德·拉莫松男爵非常乐于将自己的器具陈列室向外界开放，他自己也亲自带人参观。他甚至要求画家图尔多诺将自己的陈列室精细地描绘出来，以为后人留作纪念。拉莫松一直认为自己的珍品室还有待完善，但是可惜的是，在他四十二岁时死神就降临了……因其生前不计成本的购买和借贷，男爵的巨额家财已经耗尽。在债权人催逼之下，男爵遗孀只得将亡夫的藏品通通变卖。她委托知名画家华托的朋友、著名奢侈品经销商吉尔桑负责售卖陈列室里的藏品。这位先生为陈列室里的收藏起草了整整一百三十页的销售目录，而且还改造了他的店面以容纳数量庞大的藏品。这些保存完好的文件成为珍贵的历史档案，这上面的标价很有研究价值。读了之后你就能发现，科学器具的价格可比绘画或雕塑作品要高得多！

被搬上舞台的电学

男爵的去世让诺莱神父损失了一位优质客户。然而，没什么能

左页插图

《约瑟夫·博尼耶·德·拉莫松男爵的珍藏品陈列室》，由雅克·德拉茹绘制于 1734 年，现藏于塔尔菲瑞斯古宅。

---

[1] 让-安托万·诺莱，《实验物理课》，1743 年。"诺莱神父多次成功地用实验取代了数学证明；通过这种方式，真理更加通俗易懂，从某种程度上，也让更多人能从感官上直观地认识真理。"《格朗让·德·富希为诺莱神父所写赞歌》，《科学院史》第 3568 卷，第 127 页。

LES SECRETS DU LUXE

阻止这个农家出身、受知识和科学熏陶长大的人在科学上继续精进。他对电学产生了兴趣，并进行了一些令人印象深刻的实验——比如静电实验。在摩擦身穿棉制衣服的志愿者的身体后，诺莱神父用绝缘绳索把志愿者悬吊起来以让带电的人体与大地相隔绝。这时，神奇的一幕出现了：人体开始吸引一些小物件，比如纸张、小金叶子。

诺莱神父的课堂来者不拒，不论男女，不论家境。他会在课堂

本页插图

在搓揉摩擦了穿棉质衣物的志愿者的身体后，诺莱神父（右下）用绝缘绳索把他吊起来，然后让这位带电的志愿者与一个站在小台子上与地面隔绝的女孩接触。神奇的一幕出现了，女孩能把金叶等小东西吸引过来。《电学实验》，让-雅克·弗里巴尔创作于1748年的版画，现藏于法国国家图书馆。

上解释世界运作的原理。在讲解过程中，擅长普及科学知识的他并不会使用拉丁语这种精英语言，而是使用通俗的法语。因此，每位听众都能轻松地理解课堂内容。"在这之前的物理学家们只重意会，唯有诺莱神父找到了让物理真切地展现在眼前的诀窍。"[1] 诺莱神父不仅在巴黎人尽皆知，他还名扬外省、外国甚至他国皇室。他编写的《实验物理学课程》一书在市面上十分抢手。后来，神父也进入了法兰西科学院，并成了路易十五子嗣的家庭教师。

诺莱神父曾在凡尔赛宫组织了一场"连锁放电"的演示。1746年6月，"在凡尔赛大厅，诺莱神父首先邀请了六十四个人参加实验，然后人数扩大到一百四十个人。我们手拉手站在地板上，保证衣服不相接触即可"[2]。然后，人链末端的人与莱顿瓶（一个装满水、内外包裹着带电金属的玻璃瓶）相接触，人链就同时放电。让·安托万·诺莱知道：世界上存在有两种电流，正电流和负电流，他知道电既可以像闪电那样，也可以是静态的，可以有益也可以有害；物体可以是绝缘体也可以是良导体。他曾在公开场合电死了一只麻雀，然后又在将另一只麻雀溺到奄奄一息后，再同样施以电击使其复活。诺莱神父之后，一个叫雅拉贝尔（Jean Jallabert）的人想通过沸水来加强电击效果。这回他选择的实验"小白鼠"是一个活人，结果，这位可怜人被电给直接击昏了[3]。

可惜的是，率先找到电的应用途径的并不是法国人。本杰明·富兰克林曾拜读过诺莱关于电的文章[4]；在一次访问巴黎时，他还参加诺莱组织的演示活动。受诺莱启发，富兰克林研究了闪电现象并发明了避雷针。1752年，富兰克林还向国王展示了自己的成果。这个美国人最后名垂青史，而我们的法国神父诺莱，虽然提出了种种新发现，但在今天却几近湮没无音。

---

1 《吕内公爵回忆录》，1749年6月14日，巴黎，迪多出版社，1830年。
2 《科学与艺术史回忆录》，1738年10月于特雷沃印刷，第2228—2236页。
3 让·雅拉贝尔，《电学实验，以及对其效应的一些猜测》，巴黎，杜朗-比索出版社，1768年，第114页。
4 让-安托万·诺莱，《关于身体电流的论文》，巴黎，介朗兄弟出版社，1746年。

"
在这之前的物理学家们只重意会,唯有诺莱神父找到了让物理真切地展现在眼前的诀窍。
"

《科学史和美术史回忆录》(又名:《特雷武回忆录》),写于 1738 年。

右页插图

《神父诺莱在工作室授课》,此图是诺莱神父的著作《实验物理学课程》中的一幅版画,本书于 1745 年出版,现藏于法国国家图书馆。

DES ANDROÏDES À LA SOIE

从人形机器人到丝绸

十八世纪的自动机器由于外形酷似人类因而比以往的机械产品显得更富魅力。每个人都渴望着能拥有一台自动机器，实在买不起的话，至少也要亲眼看到它运作才满足。为自动机器陷入疯狂的人们尚未料到，这些时髦玩意儿将彻底改变奢侈布料的生产方式。

当时，家境富裕的妇女孩童都爱玩一种被称为"小金丝雀（serinette）"的八音琴。这种乐器能模仿鸟鸣，可以用来教鸟儿唱歌。而那些最富有的人的家中都挂着一笼机械鸟，甚至还有人在家中客厅里放些可以表演短剧的小机器人偶。一有机械匠举行自动机械演出，大家都争先恐后赶去凑热闹。

机械工匠沃康松制作的"人形机器人"在当时家喻户晓。是的，"人形机器人"这个词 1751 年就已经存在了。狄德罗（Denis Diderot）和达朗贝尔（Jean Le Rond d'Alembert）在《百科全书》中将其描述为一个"拥有类人外表、能模仿人类举动的自动机械"[1]。雅克·沃康松（Jacques Vaucanson）在他二十三岁时做成了一只人造鸭子。它能吞下食物，模拟真实鸭子用胃液消化食物、然后将废物排出体外的全过程。这只时髦的机械鸭子也从侧面展示了解剖学和生命活动研究的最新成果。但是，斯特拉斯堡大教堂的机械报时公鸡早就做到每到中午便打鸣、移动鸟嘴并拍打翅膀了，这只机械公鸡可已经运行了好几个世纪。由于大家对机械鸟已经司空见惯，沃康松先进的机械鸭子没能激发人们太多热情。

沃康松靠着观众入场观看机械表演的门票费勉强过活。后来，他成功制作出了"一个在基座上站得笔直、打扮成跳舞牧羊人的机械鼓手。它能演奏二十多首曲子，包括小步舞曲、里戈东舞曲和对舞曲"。1738 年，沃康松又推出了一个长笛手机器人。"这个机器人坐在一块岩石之上，整个机械高大约五尺半，被放在一个方形基座上。"

左页插图

自动机械和机器人。《鸭子、长笛手与鼓手》，本图摘自《长笛手的运作机制——由沃康松先生（这台机器的制作者）向皇家科学院的先生们介绍》（1738）的扉页，现藏于法国国家图书馆。

---

[1] 德尼·迪德罗和让·勒隆·达朗贝尔，《百科全书或科学、艺术和手工艺词典》，1751—1777 年，第一卷。

LES SECRETS DU LUXE

本页插图

富人家的孩子正在演奏八音琴来教鸟儿唱歌。图中人物为国王御用药剂师的小儿子乔治和他的三个姐妹。《格雷厄姆的孩子们》,威廉·霍加斯绘于1742年,现藏于英国国家美术馆。

"长笛手"与真人大小相仿,机械内部是滑轮、弹簧、钟锤、轴心、九个风箱和置于胸腔中的与风箱以管道相连的三个小空盒。"三个小盒紧密相连构成一个整体。在自动机械的咽喉空间扩张之后,小盒组可以上升至口腔部位;口腔中安装有舌状可移动簧片,操控簧片的移动可以放出或者阻滞气流,而受气流驱使的嘴唇则紧贴笛孔上。"在宫廷中表演时,沃康松便让这位演奏家的手、舌、风箱组成的肺和嘴唇联动起来演奏出了九支曲子。这是一个真正的机器人!

长期生活在债主围追堵截之下的沃康松最终意识到:他的才华不足以让他生存下去。他必须找到大人物来资助他。这就是当时的世道。一个人要讨生活,那就必须在对的时间、对的地点和对的保护人——也就是我们今天所说的"靠山"——站在一起。否则,我们人生这台机器的内部齿轮就会卡壳,那可就危险了。

沃康松决定全力一搏。他写了一本关于长笛手的制作回忆录,并将其提交给法兰西科学院。他深谙如何在夸耀自己的同时顺便赞颂他人的功绩——"各位淡泊名利、宽仁豁达的院士先生们将会从我的作品中看到你们带给我的启发和教益。"[1] 科学院的人真被打动了。沃康松的才能最终得到了这些科学界最高权威的认可,他成为各贵族名流、大臣、金融家、科学家甚至国王的座上宾。1741年,他的生活发生了重大转折:商务局任命其为法国丝织业督查官。那么,晋升如此高位之后,这位聪明的机械师又提出了什么新点子?

自动织机

由于人类工匠的生产水准难以保持稳定,沃康松希望"使用统一的机械装置。他想制造出一种织布机器,它织出的布匹将比人类工匠的作品更完美"。[2] 当时,法国历史悠久的奢侈品产业——丝绸织造业的重镇是里昂城和图尔城(不过,这两地产的丝绸也受到了皮埃蒙特丝绸的挑战)。法国其他地方建立的工厂无法生产出优质丝绸。

在国内展开走访、摸清底细之后,沃康松提议打造一种能完善人工的辅助机器,并修建一座能实现分工合理化的模范工厂。他画了一个理想工厂的原型样稿。在他设想的工厂中,工人必须主动适应这些"工具",而不是机器去迎合人的需求。受自己

左页插图

雅克·沃康松的带葡萄藤和鸟花纹的塔夫绸睡袍,这种衣服也被称为"邦扬(banyan)"(一种带波斯风情的叫法)。睡袍制作于1770—1780年,现藏于织物博物馆。

1 《长笛手的运作机制——由沃康松先生(这台机器的制作者)向皇家科学院的先生们介绍》,1738年,国家图书馆。
2 弗朗索瓦·卡隆,《创新、技术变革和社会变革(十六至二十世纪)》,伽利玛出版社,2010年,第64页。

LES SECRETS DU LUXE

发明的机器人的启发,他还想推出能自动工作的复拈丝机[1]和提花织机[2]。有了这些设备加持,他相信法国丝织业将所向披靡。

1744年8月5日,里昂丝绸厂工人发生暴动。现在流传的说法其实大谬不然——根本不是沃康松的自动织机引发了工人不满,因为当时压根还没这东西呢!

事实上,暴动的起因是沃康松漠视工人的诉求。他当时正忙着说服富商投资自己打造理想工厂的计划。作为对赞助者的回报,沃康松制定了相关条例,增加投资者的权限,但这是有损工人利益的。于是,一万五千名工人愤而反抗。想到沃康松的自动机械声名斐然,他们便谱了一首沃康松之歌,歌中这样唱道:"沃康松叫鸭子拉屎,富商们忙着向他塞钱行贿。"

沃康松制定的条例被暂时废除了,工人们的暴动最后因一场血腥镇压而结束[3]。1752年,路易十五授权沃康松在欧巴涅地区建立皇家丝绸厂,厂里使用的正是"沃康松缫丝机"[4],工厂是严格按照沃康松的图纸所建造的,而且地理位置优越——它们靠近亨利四世当年下令种植桑树的地方,沿河有许多牲畜养殖场。沃康松的自动织机还将在法国所有的织布厂中投入使用。

沃康松织机带有几分未来主义色彩。它们和那些体积巨大,足以占满整个房间的早期计算机有点像。这些织机不仅庞大,而且构造复杂。你要用织机?那你首先得叫它的发明者本人来组装它。而且织机在功能方面还存在很多问题。所以已经从科学家变成科学院院士的沃康松总是说:"还要继续努力。"他知道,要完善这项新技术必然还需要克服许多难题。可惜,直到十八世纪末,沃康松仍未完全取得胜利。再后来,某个叫雅卡尔(Jacquard)的人将沃康松和其他发明家的研究成果相结合,最终研制出了以自己名字命名的雅卡尔自动织机。

沃康松因为在机器人研制方面的贡献而被人们铭记。他构想的制造厂、自动机器和工厂制度改革虽然无益于工人,却给企业家带来了很大启发。可以说,沃康松的工厂运营思想勾勒出了资本主义商业组织的雏形,而法国最古老的奢侈品产业则为这一雏形的创生提供了试验田。

---

[1] 拈丝:对丝线进行加工,纺制成经纱。经纱由几股拈制后的丝线组成。(布耶,《历史和地理通用词典》)。
[2] 提花织物:使用特制纬纱或经纱纺成的带有花纹的织物。如果在纺织时加上金线或银线,就能织成锦缎。
[3] 尚塔尔·斯皮勒马克尔(主编),《沃康松与人造人:从自动装置到机器人》,格勒诺布尔大学出版社,2010年,第47—48页。
[4] 1752年9月5日,国务委员会颁布敕令,"接受迪迪埃先生提出的利用沃康松先生的机械建立丝绸厂的提议"。

LES REINES DU NETWORKING

社交女王

在亨利四世时期，受不了粗野的男性，不想自己被视为装饰品的贵族妇女们行动起来了。她们开始举办招待会，邀上流绅士们来会上玩些益智游戏。在这种招待会上，男人们也有机会结识更多志同道合的强大盟友。作为社交工具的沙龙就此诞生。十八世纪，谈笑沙龙、品酒沙龙、文学沙龙等各式沙龙遍地开花。

参与沙龙的人（绝大部分出身名门）会围绕着某些名人或某个主题（有时主题很荒诞不经）来交流互动。一些风流浪荡子组了个名字直白的"畅谈会（Les Francs-Péteurs）"，该沙龙在巴黎和各省不乏仿效者。当然，也有名字和目的浪漫些的，比如想造福人类的"极乐沙龙（L'Ordre de Félicité）"。这个沙龙风气开放、鱼龙混杂，成员会使用一种借鉴自海军术语的黑话进行沟通："戴上镣铐"等于"坠入爱河"；"式样"或"小艇"代表"标致的女子"。女权主义者们则组成了"女才子学术院（L'Académie des Femmes Savantes）"，她们还出版了一本小书，扉页画着六个女子，脚边是被打倒的各色清洁用具[1]。在政治领域有一个沙龙名为"夹层（Entresol）"，它以沙龙主持人阿拉里神父（L'abbé Alary）位于旺多姆广场的住所所在的楼层命名。神父会与男客们谈论些大胆的政治主张[2]。

圣戈班夫人

"朗杜尔埃鲁沙龙（L'Ordre des Lanturelus）"的主人是拉费尔泰-安博侯爵夫人（la marquise de La Ferté-Imbault）。在这个沙龙里，人们嬉笑打闹、以嘲弄哲学家为乐，风气与侯爵夫人之母——若弗兰夫人（Madame Geoffrin）所办的沙龙迥异。这可绝非巧合。事实上，这对母女关系复杂。母亲富有德行，是一个追求进步的资产阶级，而女儿则是一位虽受过良好教育，但总是巧妙掩饰才学和锋芒（这一作风让她在宫廷里很吃得开）的贵族夫人。她俩最大的分歧就在于对百科全书派思想家的立场不同。母

---

1 《女才子学术院主席佩雷特·德·拉巴比耶女士的讲话》，里昂，1736年。
2 阿蒂尔·迪诺，《玩闹沙龙、饮酒沙龙、文学沙龙与歌唱沙龙》，巴黎，巴舍兰·德夫洛伦出版社，1867年。

亲曾说:"每次一想到我女儿,我都震惊地觉得自己像是一只下了鸭蛋的母鸡。"母女俩只有一个共同话题,那就是圣戈班工厂。两位夫人都在制镜厂的最大股东之列,她们的社会人脉网对圣戈班大有好处。

当时最受瞩目的文学沙龙都是由女性举办的。她们"在舆论界翻手为云覆手为雨,通过让男性艺术家和思想家臣服从而支配整个世界"[1]。十八世纪初,缅因公爵夫人的沙龙不设束缚,开放自由;朗贝尔夫人(Madame de Lambert)的沙龙则教人养成良好品味和规则,推行一种和浪荡主义(Libertinage)截然相反的"朗贝尔主义(Lambertinage)";而摄政王的情妇、绰号"还俗修女"[2]的坦辛夫人(Madame de Tencin)则奉行随心所欲的生活之道。她把自己与骑士德图什的爱情结晶遗弃在了圣让勒隆教堂的台阶上(这个私生子就是未来的思想家达朗贝尔)。在这位夫人的宅邸里,人们畅谈政治和哲学……

随着时间推移,一些新沙龙也崛起了。其中一个沙龙的女主人就是大名鼎鼎的德芳侯爵夫人,她的沙龙来宾都是些著名作家、金融家、大臣和暂住法国的外国人。值得一提的是夫人的助手,她侄女朱莉·德·莱斯皮纳斯(Julie de Lespinasse)[3]因为比女主人更受客人们喜爱而常遭夫人责骂。可怜的朱莉最后被姑姑扫地出门,她的朋友和她的一些情人为她买了宅邸(后来朱莉的好友达朗贝尔也寄住于此),朱莉将在此举办自己的沙龙。

若弗兰夫人也向朱莉施以了援手。为了帮朱莉筹到足够的钱来开办沙龙,若弗兰夫人卖给俄国女皇三幅名画家范洛的油画。帮助朱莉对于若弗兰夫人而言既是一桩善举,同时也是一种和德芳夫人较劲的手段。若弗兰夫人太想挫一挫德芳夫人的锐气了。

那么若弗兰夫人自己的沙龙又是如何发展起来的呢?夫人在当年也费了一番功夫。1730年,坦辛夫人被投入巴士底狱然后被流放(不过很快就回来了),若弗兰借这个空隙打入了上层女性的小圈子,然后乘虚而入拉拢了坦辛夫人沙龙里的重要人物,比如后来成为她女儿家庭教师的丰特奈尔和孟德斯鸠。最终,她把坦辛夫人沙龙里的"七贤"都拉到了自己这边,如果不是他们,若弗兰夫人自己办的"智慧沙龙(Bureau de l'esprit)"也不会有任何名气和后来的影响力。所谓七贤,除了丰特奈尔和孟德斯鸠以外,还要加上迈兰、马里沃、米拉波、阿斯特吕克和杜克洛,他们都是法兰西学院的院士。

左页插图

《若弗兰夫人肖像》,由当时的名画家让·马克·那捷绘于1738年,现藏于东京富士美术馆。

---

1 奥诺雷·德·巴尔扎克,《妇女再研究》,《人间喜剧》第三卷,伽利玛出版社,1966年。
2 伊芙琳·列弗,《诸王的黄昏(1757—1789)》,巴黎,法亚尔出版社,2013年。
3 朱莉是德芳夫人兄弟的私生女。

LES SECRETS DU LUXE

学术院！"所有以思考为业的人都渴望进入这间汇集了国家精英和世间真知的圣殿，他们相信这里将是实现他们雄心的第一个舞台。"[1] 从 1751 年起，若弗兰夫人的沙龙便被人们誉为"王国"，进入这个沙龙是想戴上院士帽者的必经之路。每个人都知道，这沙龙的女主人很有手腕，能为她的门客们进入法兰西学院铺路。若弗兰夫人确实掌握着强大的人际关系网，她是唯一一个每周花两天时间接待来宾的沙龙主人（周一是艺术家，周三是达朗贝尔和他的文人近交）。她的竞争对手被逼得只能在每周剩下的三天里错峰办沙龙，比如德芳夫人就在周二办[2]。

---

1 伊丽莎白·巴丹泰，《智慧的激情》第一卷，巴黎，法亚尔出版社，2018 年。
2 莫里斯·阿蒙，《若弗兰夫人：启蒙时代里有影响力的女人和女商人》，巴黎，法亚尔出版社，2010 年，第 179—225 页。

本页插图

《1755 年若弗兰夫人的沙龙》，该画受约瑟芬·博阿尔奈委托绘制于 1814 年，以纪念永垂不朽的启蒙精神。绘画描绘了幻想中的沙龙场景，若弗兰夫人身边环绕着伏尔泰、孟德斯鸠等启蒙时代著名思想家。阿尼塞·莱莫尼耶绘制，现藏于马尔梅松堡国家博物馆。

和她的对手们一样,若弗兰夫人懂得如何让各种性格的人和谐相处,每当友好交流发展成吵架谩骂之后,她总能适当地维持秩序、挽救难堪局面。和她那些虽然出身名门但没几个钱的竞争对手不同,若弗兰夫人既有钱也懂得如何慷慨地笼络亲信(夫人的女儿——拉费尔泰-安博侯爵夫人讽刺这些门客是"贪婪的寄生虫")。既能获得夫人的财力支持,还能利用夫人穿针引线、从中斡旋来达成自己的各种目的……想到这些好处,客人们都为能受邀参加若弗兰夫人的沙龙而欢欣鼓舞。"晚饭后,沙龙里会进行商业会面,而夫人则充当为双方牵线搭桥的人……"[1] 若弗兰夫人也在圣奥诺雷街做生意,不过很是低调。当时,圣戈班制镜厂董事会的"参谋部"就设在这条街上。虽然夫人不会亲自出席会议,但正是她一手促成了皮埃尔·德劳内-德朗德(Pierre Delaunay-Deslande)的董事任命。这位新董事很有能力,他完善了圣戈班工厂的制造工艺、提升了产品质量。正是这位先生改进了苏打配方,使得圣戈班玻璃的质地更加明净清澈。

1757年,制镜厂特权快到期时,夫人邀请了一位她周一沙龙的常客参观圣戈班。这位常客就是国王的建筑和制造业大臣马里尼侯爵。由于现在的法国商务局反对授予特权,圣戈班情况十分危急。这边的若弗兰夫人负责做马里尼侯爵的工作,"而她的女儿拉费尔泰-安博侯爵夫人则在凡尔赛宫疏通了一番,她先后觐见了皇太子、蓬帕杜夫人和身为国家重臣,但同时也是她童年玩伴的红衣主教贝尔尼(le cardinal de Bernis)。侯爵夫人对于制造业总监在授权方面表现出的犹豫十分恼火,于是直接去了他在凡尔赛宫的办公室。她对总监的拜访给后者留下了终生难忘的回忆……总监不得不颁发了新特权"[2]。最终,她们获得的新特权有效期长达30年。

在入股法国首个现代奢侈品企业——皇家制镜厂的二十七年里,若弗兰夫人所持的股份为她带来了超过一百五十万里弗尔的收入。而她的女儿则赚了两百六十万里弗尔。在所有的沙龙女主人中,若弗兰夫人堪称唯一的女商业家。

---

1 格莱申男爵,《回忆录》第八卷,巴黎,特歇内出版社,1868年,第398页。
2 莫里斯·阿蒙,《若弗兰夫人:启蒙时代的女商人》,拉尔马丹出版社,《法国经济史》第6期,2016年,第12—25页。

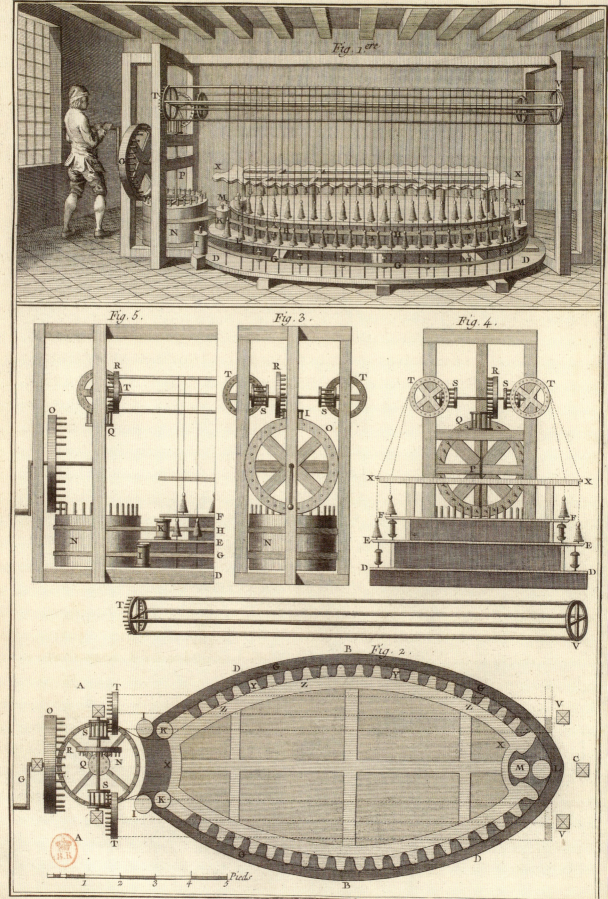

BIENVENUE AUX JOHN(S) !

英国约翰们，欢迎光临法国！

1722 年，商务局正式成立。该局的领导人特吕代纳父子颇有当年柯尔贝尔的风范[1]。这对父子也发动了一场经济战，运用的主要手段是经营间谍网络、引入外国发明家。这些举措将让法国的奢侈品行业受益匪浅。

奢侈品迷人的外表之下其实是毫不迷人的技术，而这些技术则往往诞生在一些人们不太了解的工匠手中。1747 年，兰开夏郡的工匠约翰·凯（John Kay）刚从一群暴徒手中逃过一劫。一幅壁画[2]记述了他这次不体面的躲藏：当一群愤怒的工人砸碎他工坊的窗户时，他躲到了布匹下，而孩子们惊恐地注视着这一场景。

你要问他到底对工人们干了什么好事？——他发明了据说可以让生产速度提高四倍的飞梭。飞梭的出现将使织布工人数量减半。是呀，历史告诉我们，当现代化的变革来临时，小人物们一般都会拼命反抗阻挠……但事实和传说完全两样！其实凯只是为了钱才逃跑到法国的。

飞梭发明前，织物宽幅完全取决于织工手臂的长短。为了让梭子能不受阻碍地从织机的一边穿行到另一边，约翰·凯对梭子进行了改良。他发明的带小轮的梭子可以在两侧拉板的驱使下在轨道上快速滑行，两块木板仅需一人通过手柄操纵即可。"工作速度快到难以想象，动起来的梭子就像纺机上的一朵迅速消失的云彩。"[3]

当时，相当多的织工都认为是自己发明的飞梭。1733 年，凯索性花了 100 先令（相当于 2400 里弗尔）申请了飞梭的专利。英国法律规定：专利持有人有权对使用专利者收费、确认他人是否侵权并提起诉讼。凯要求每位申请使用飞梭专利的织布师傅缴纳 15 先令。

左页插图

《约翰·霍尔克工厂内棉纱拈线机的运作机制图解》，本图出自罗兰·德·普拉特里耶尔写于 1780 年的《平绒制造商的经营之道》（前附一篇关于讲解原材料特性、介绍如何挑选和准备原材料的文章，后附有一篇论述如何染制和印花的文章），该书现藏法国国家图书馆。

1　弗朗索瓦丝·莫塞，《十八世纪的财政管理者：勒菲弗·德奥梅森和"税收部"（1715—1777）》，德罗兹出版社，1978 年。
2　1879—1893 年，曼彻斯特市政厅，福特·马多克斯·布朗的作品。
3　罗兰·德拉佩蒂埃，《方法百科全书》，1685 年。

本页插图

飞梭发明者约翰·凯正在躲避愤怒的民众,《飞梭发明者约翰·凯》,由福特·马多克斯·布朗绘制的纪念壁画,绘于1878—1893年间,现存于曼彻斯特市政厅。

本页插图

在这张水彩版画的左下方能看见塞纳河边的霍尔克工厂。《鲁昂和霍尔克工厂》,绘于十九世纪中叶,现藏于勒阿弗尔艺术和历史博物馆。

但糟糕的是，后来，织匠行会竟将所有涉嫌侵权人聚集在一起，要求削减应该赔偿给凯的诉讼费用。对方实在人多势众，在长达十四年的拉锯战之后，约翰·凯终于筋疲力尽，他脑子里只剩一个念头：赶紧跑路。

只有法国和它受国家保障的特权制度能救他于水火之中。凯投奔了巴黎商务局（如今工业部的前身）。当时的商务局正在着手完善制度以保护和鼓励发明人。法国商务局给了凯 240000 里弗尔换得在国家纺织厂中使用飞梭的授权。丹尼尔·夏尔·特吕代纳（Daniel Charles Trudaine）每年还给凯拨发 2500 里弗尔，委托他培训织匠使用飞梭。

"这个英国人希望有正规机构来保护自己的权益。满足他的愿望后，法国政府要求他成为一名为法国经济发展出力的专员，并要求他帮着发展纺织业。毕竟，这个产业对法国十分重要，公益和私利在这个领域微妙地纠缠在一起。"[1]

往后，在沃康松的机械织机上和里昂著名丝绸织造商菲利普·拉萨尔（Philippe Lasalle）的织机上，我们都可以看到飞梭。使用飞梭后，拉萨尔开始生产更宽幅、更规整的丝织物，一片新的广阔市场就此打开——用于室内装潢的丝绸。飞梭织出的丝绸将盖满路易十六在圣克劳德房间的墙壁，玛丽-安托瓦内特在枫丹白露和凡尔赛宫的套房里也是同样一番景象。

霍尔克父子

与此同时，第二个英国约翰——天主教徒、詹姆斯二世党人约翰·霍尔克（John Holker）也来到了法国。

霍尔克谎称自己于 1745 年的暴动后就逃出了英国[2]。在结识了法国制造业督查官马克·莫雷尔（Marc Morel）后，他向后者泄露了英国棉纺业的情报。经莫雷尔推荐，特吕代纳开始雇用霍尔克进行商业间谍活动，让他返回英国秘密招募愿为法国效劳的人。商务局局长特吕代纳打算利用大量督查官（比如莫雷尔）和专员开展一项工业间谍计划。他的目标是挖英国墙脚，吸引优秀英国工匠入法，窃取新式机器、保密工艺以及外国竞争对手的化学药剂配方。

---

1 莉莉安娜·希拉尔·佩雷，《十八世纪英国与法国之间的技术交流：工业革命》。此文被收录于皮埃尔·伊夫·波尔佩雷和皮耶里克·普尔夏斯主编的《欧洲的国际循环：1680—1780 年》（雷恩大学出版社，2010 年，第 200 页）；莉莉安娜·希拉尔·佩雷，《约翰·凯，创新产业战略》《评论》，艺术和工艺博物馆，1998 年，第 33—40 页。
2 皮埃尔·瓦西埃，《十八世纪的朗格多克的工业革命先驱：约翰·霍尔克》，《南方年鉴：法国南部考古、历史和文献学》第七十九卷，1967 年，第 269—286 页。

执行任务的间谍们被提拔为外籍制造业督察官，霍尔克当然也成了其中一分子。而且他还是少数几个被授权在公职之外开办自己产业的督察官之一，获得的优待让许多同僚眼红。1751 年，霍尔克在鲁昂的圣瑟韦街建立了自己的第一家天鹅绒和棉布织造厂，然后在桑斯建了第二个，他的工厂一开始只拥有十七架织机，后来增加到两百多架，并且雇用了三百五十名员工。霍尔克还自创了一套"有利于让成品织物呈现最佳状态的准备工序：这道工序需在漂白和染色前进行，先通过剪毛消除纱线上的大块结节；再梳理纱线使织物具有理想的厚度且变得不易松散；然后用印花滚筒对织物进行轧光，使其表面光滑发亮、呈现波状花纹；最后是上浆，也就是添加可以使织物增厚增硬的药剂"[1]。

身为制造业督察官的霍尔克参观了法国的各纺织企业并向他们传授了相关经验，在他的授勋信中，商务局高层详细列举了他为法国经济所做的贡献。

霍尔克是一名成功的商人、发明家、制造业专家和机会主义者，经他言传身教，他的儿子小约翰（John Jr.Holker）也走上了同样的发家致富之路。这位小约翰就是我们的第三个英国约翰。特吕代纳·德·蒙蒂尼（Trudaine de Montigny）接替其父老特吕代纳成为法国商务局的领导者后，小约翰成了他手下的间谍。事实证明，这两位接班人都没有辜负他们父亲的苦心，为自家门楣增了光。1770 年，奉命前去英国打探最新工业机密的小约翰弄回了一台珍妮纺纱机。这台机器的发明者哈格里夫斯以自己女儿的名字给机器命名[2]。凯的飞梭让织布速度提高了四倍，这固然很好，但还得准备足够的棉线才行。而这种拥有上百个线轴的珍妮纺纱机解决了这一后顾之忧。之后，小约翰还增设了一个生产浓硫酸的工厂（浓硫酸是深度染色必备的媒染剂），该厂也成了鲁昂的第一家化学工厂。

高端面料与普通面料的不同之处就在于，前者织造更为规律整齐，收尾精加工做得会更完美。飞梭、染制前的准备工序和酸剂对于制作高端布料来讲是必不可少的。我们可以说，如果没有这些英国约翰们，法国纺织业能否在十八世纪兴旺发达还真是个未知数。

1　皮埃尔·瓦西埃，《十八世纪的朗格多克的工业革命先驱：约翰·霍尔克》，《南方年鉴：法国南部考古、历史和文献学》第七十九卷，1967 年。。
2　菲利普·米纳尔，《柯尔贝尔主义的财富，启蒙运动时期的国家和工业》，巴黎，法亚尔出版社，1998 年，第 215 页和 439 页的注 13。

LA POMPADOUR À LA CAISSE

蓬帕杜夫人的生意

在自己撰写的个人回忆录中，路易十四警告他的后人们：不要沉迷皮囊之美，这种美丽会以优雅的方式激发见不得光的恋情[1]。继任者路易十五完全没有听进去。他一直与蓬帕杜侯爵夫人保持情人关系。作为国王的宠姬，蓬帕杜夫人因其高雅的品位而闻名，而她对于商业的敏锐洞察力却很少有人提及。

这位蓬帕杜侯爵夫人，也就是让娜-安托瓦内特·普瓦松（Jeanne-Antoinette Poisson），不仅经营着一家酒瓶制造厂，还善于利用自己的房产、地产和葡萄园为自己带来巨大的收益，后来她还一度主宰了塞夫尔皇家瓷器厂的命运。夫人的经商素养无疑是她忠实的私人医生——弗朗索瓦·魁奈（François Quesnay）熏陶出来的。这位魁奈医生不仅医术了得而且很有经济头脑——正是他首创了"重农主义"理论，将农业视为财富循环的中心。有则轶事可以证明这位医生对侯爵夫人和她的国王情人的巨大影响：为了讨路易十五欢心，蓬帕杜夫人让人往她凡尔赛宫的套房里送来了一台微型印刷机，"这个印刷机的印版和字母印模都是金子做的，压版用的也是名贵木料"。国王本来可以随便印首诗，但他最后选择一字一字敲打下的却是魁奈的《经济表》[2]。虽然魁奈及其拥护者提倡重农，但蓬帕杜夫人也许是出于她自己的需要，更支持伏尔泰及其同道者的观点，即重视奢侈品商贸。

成为蓬帕杜夫人之前的让娜·安托瓦内特在母亲路易丝-玛德莱娜·德·拉莫特（Louise-Madeleine de La Motte）的精心呵护下长大。这位母亲一直盼着她女儿长大后为她雪耻——那个年代的人们虽然对通奸睁一只眼闭一只眼，但对水性杨花的女人还是难免指指点点。当时没人知道她女儿让娜的生父是谁，审视过十几位与路易丝有过暧昧的风流公子之后，舆论倾向于认为让娜是包税人勒诺尔芒·德·图尔纳姆（Le

---

1 布鲁什，《盛世辞典》。1667年，路易十四对太子（他的儿子，将在路易十四之前去世）说："王子应该永远是美德的典范，他绝对不会受人类普遍弱点的影响。统治者的决心、情人的温柔之间应该界限分明。"
2 弗朗索瓦·魁奈，《经济表》，1758年。1763年，杜邦·德·内穆尔出版了《农村哲学或普通经济与农业政治》。根据医学家、经济学家魁奈的说法，神圣的"自然秩序"将国家公民划为三类：身为农业生产者的"生产阶级"、拥有土地的"地主阶级"和从事的工作与农业无关的"贫瘠阶级"。

Normand de Tournehem）的孩子。路易丝的丈夫雅克·普瓦松（Jacques Poisson）欣然把让娜视为己出。由于孩子的生父是金融家圈子里的一员，有了大人物的暗中相助，这个马车夫最终跃升成了地位稳固的资产阶级。但这是有代价的：在约翰·劳引发的破产危机和可怕的饥荒接踵而至时，人民要求惩罚那些发了国难财的富人们。雅克·普瓦松不得不当了替罪羊，并被流放德国十年之久。

丈夫被流放后，路易丝-玛德莱娜·普瓦松一生中最可怕动荡的时期开始了。没有收入的她和两个孩子被赶出住所，只能接受好心人的施舍。这一漂泊经历给让娜·安托瓦内特和她的弟弟阿贝尔留下了永久的阴影，强烈的不安全感在他们心中扎根。后来，一家人遇见了一位"女巫"，她预言九岁的安托瓦内特将在未来成为王国的女主人[1]。身为母亲的路易丝立刻做起了美梦。时间流逝，这个标致可爱的女孩渐渐成了全家的希望所在。母亲的长期情人，图尔纳姆"叔叔"把安托瓦内特许配给了深深恋慕着她的英俊男子——他的侄子，时年二十四岁的埃蒂奥尔侯爵（Le marquis d'Etiolles）。

这位侯爵的房产紧挨着路易十五在塞纳尔森林的狩猎场。于是，母亲和"叔叔"有了一个大胆的想法。他们百般设计，想在爱好狩猎的国王与安托瓦内特（他们放出的诱饵）之间制造一场浪漫邂逅，好让安托瓦内特以美貌俘获国王的心。1748年，这个计划奏效了。从小接受的教育让安托瓦内特无比崇拜路易十五，再加上母亲和"叔叔"的精心操控……一切水到渠成，让娜·安托瓦内特在一次假面舞会上顺利向国王献身。当时她装扮成了牧羊女，而国王扮作了紫杉。得知此事后，身为丈夫的侯爵怒不可遏，而他的妻子却固执地觉得此事非常神圣。

不满于"一条鱼"[2]勾走了国王陛下的心，廷臣们为安托瓦内特的入宫之路设置了重重阻碍。但是，让娜·安托瓦内特最后还是获封蓬帕杜侯爵夫人，而且她圣宠不衰，在接下来的十九年中一直是君主的挚爱。

但是夫人深知：再美的容颜也有老去的一天，一旦不能再激起国王的欲望，她就只能眼睁睁看着花朵般鲜妍的国王新欢们把自己挤走。虽然已贵为侯爵夫人，但她的命运其实仍掌握在国王手上。如果失宠了，她可能会被废黜或者被关进修道院。为了避免母亲的悲惨经历在自己身上重演，蓬帕杜夫人必须不停地进行房地产交易来保证自己财务上的自由。要放在今天，她的这些生意恐怕会引发大丑闻。

左页插图

《居于贝尔维城堡花园灌木丛中的蓬帕杜侯爵夫人的肖像画》，夫人身旁是皮加勒的雕塑《恋情与友情》。该画作由弗朗索瓦·布歇绘于1759年，现藏于华莱士珍藏馆。

---

1 丹妮尔·加莱，《蓬帕杜夫人或女性权力》，巴黎，法亚尔出版社，1985年，第204页。
2 姓氏"普瓦松（Poisson）"在法语里有"鱼"之意。——译注

LES SECRETS DU LUXE

不走寻常路的女商人

因为国王会为高昂的家具购置费和装修费用买单，蓬帕杜夫人便将国王送她的房产大肆翻修改建。妙的是，正是她的家人们在负责核验账单：图尔纳姆"叔叔"是皇家建筑总监；1751年"叔叔"去世后，夫人的弟弟马里尼侯爵阿贝尔·普瓦松接任了总监职位。总之，夫人从不必为报销发愁。

国王送了夫人十几处地产[1]，默东山上的贝尔维尤城堡就是其中之一，它也见证了夫人惊人的商业天赋。当时，夫人为了满足自己的享乐需求，就让国王花钱为她修了这座城堡。1753年，贝尔维尤城堡完工后，她又看上了拉居依阿尔（La Guyard）地区的一处地产，于是用自己的钱借假名"凡尔登先生"将其买下。该地就在贝尔维尤不远处。

接着，她劝说国王相信拉居依阿尔是修建皇家瓷器厂的理想选址。此前皇家瓷器厂一直在文森讷森林，但是原址已经不足以容纳现在的瓷器厂了。然后可想而知，她成功将自己位于此处的地产出手卖给了国王。出售合同秘密签署于1757年6月22日，成交价格为325000里弗尔。

但故事还没有结束。虽然关于此事的原版档案在1935年不慎散失，但我们知道，1727年，在拉居依阿尔还成立了一家玻璃制造厂，而厂主正是侯爵夫人。为了给瓷器厂腾地方，她专门把该厂移到了下默东地区[2]。各种辞典中还提到，蓬帕杜夫人"拥有十九世纪塞纳河畔一家有名的酒瓶厂"[3]，该厂制造的酒瓶堪称完美，生产的酒瓶以桶为计量单位批发出售给位于首都的酒厂。还用说吗，蓬帕杜夫人的酒瓶厂肯定享有皇家特权，而颁发给她授权的正是皇家建筑总监——她的亲弟马里尼。

侯爵夫人名下还有好几个葡萄庄园，其中包括卢瓦尔河谷穆尔桑地区的葡萄园[4]。此处

左页插图

这个花瓶名叫《帆船》，曾是埃夫勒公馆（现在的爱丽舍宫）内蓬帕杜夫人卧室壁炉上的装饰品，它显示了夫人对粉红底色的偏好。1757年塞夫尔瓷器厂研制了这种粉色瓷，并将其称为"蓬帕杜玫瑰色"以向这位宠姬致敬。花瓶制作于1760年左右，现藏于卢浮宫博物馆。

---

1. 加莱，《蓬帕杜夫人或女性权力》，第267页。勒本夫人将从蓬帕杜夫人那里获得600里弗尔的酬金，因为她"在夫人九岁时就告诉她，她终有一天会成为路易十五的情妇"。
2. 同上，第229页。《蓬帕杜夫人，布雷特、圣赛尔拉罗什和利穆赞河、奥维利尔、诺齐厄、梅纳斯 - 拉维尔、梅纳斯 - 勒沙图、卢瓦尔河畔庭院、圣克劳德、维勒本、维勒克山东、穆尔桑、奥尔奈、贝格诺、蒙特库托、拉莫特、庞特奥·索因、赫比利、维勒罗涅克斯、沃夫斯、苏弗和梅夫斯、圣乌恩和其他地方》
3. 夏尔·乌迪特，《巴黎及其周边地区地形词典》，巴黎，尚松出版社，1817年，第610页；《银行、商业和制造业通用词典（集体编纂）》，巴黎，1841年，第263页。
4. 加莱，《蓬帕杜夫人或女性权力》，第230页。在1753年获赠的埃夫勒公馆（现为爱丽舍宫）的地窖里，蓬帕杜夫人储藏了一些香贝坦葡萄酒、夜丘葡萄酒、夏布利葡萄酒、阿伊香槟和其他"夫人所有的葡萄园"出产的穆尔桑葡萄酒。

LES SECRETS DU LUXE

本页插图

最好的葡萄酒瓶都是由黑色玻璃制成的,蓬帕杜夫人位于塞夫尔的玻璃酒瓶厂生产的酒瓶正是如此。《牡蛎晚餐》(细节图),让·弗朗索瓦·德·特鲁亚绘于 1735 年,现藏于孔代博物馆。

生产的酒会用夫人自己旗下厂家生产的酒瓶装瓶，然后储存在她位于老塞夫尔的酒窖里。一些她自己喝，另一些留着作为礼物送人或者出售。塞夫尔一共设有两家皇家制造厂，一家生产奢侈品，另一家生产奢侈品的包装品，但两家制造厂实际都由这位国王宠姬在赞助，因此收益在私底下也进了夫人的腰包。历史通常只告诉我们蓬帕杜夫人喜爱瓷器且自己藏有两千件瓷器，不过还需要注意的是，夫人本人也是塞夫尔瓷器厂的缪斯女神。凡尔赛宫每年都会进行圣诞节瓷器展销活动，这个传统正是由蓬帕杜夫人在 1758 年首创（在现场，你甚至能看到亲自拿着订单簿的夫人）。那些不买夫人瓷器的廷臣可得小心了！

因此，真实的侯爵夫人远不止有国王宠姬这一面。这个复杂的女人在四十二岁时去世，其实极度富有的她一生都活在对爱和安全感的渴求之中。在她香消玉殒后，那些表面上归官方，但实际上归她的皇家工厂们还将长存于世，而那首她写的童谣[1]也将继续流传——"我们不会再去到森林里，那儿的月桂已被砍去……"

---

1 她为自己克雷西宅邸附近居住的孩子们所作。

LES SECRETS DU LUXE

LE GOÛT
DU NOUVEAU MONDE

新大陆之味

可可豆一被征服者们发现就成了让无数人上瘾的市场宠儿。在新大陆上，贵妇们甚至在宗教仪式的间隙喝巧克力[1]，这让场面一度陷入混乱。主教唐·萨拉萨尔（L'évéque Don Salazar）威胁要把这些喝巧克力的女人全都逐出教会。结果他本人先一命呜呼了，死因是喝了一杯被根本不信教的女"信徒"下过毒的热巧克力[2]。

一个世纪后，在蓬帕杜夫人的食谱里也有喝"加三倍香草和焦糖的巧克力饮料"这一项。夫人的密友布朗卡公爵夫人为她的健康感到忧心忡忡。而路易十五的宠姬本人则向她诉苦："我害怕因为自己不再甜蜜可人而失去国王的爱。男人们对有些东西看得很重，而不幸的是，我却在这方面性情冷淡。希望这种让人暖和有生气的食谱能弥补我的这一缺陷。这种魔法药水对我很有好处。"[3]

在被奉为催情药剂之前，巧克力首先是种昂贵的稀有药品。人们给它贴上了具有各种神奇疗效的标签。医生们用它来治疗胸腔疼、胃痛、发烧、"神经衰弱"、胆囊积液、感冒、痢疾和霍乱[4]，当然，还包括治疗花柳病。

"接生和性病治疗专家"、后来成了路易十六王弟专属医师的纪尧姆·勒内·勒费比尔（Guillaume René Lefébure）发明了加氯化汞的巧克力药剂。在他1770年出版的著作中，勒费比尔声称这种每瓶定价仅二十四里弗尔的独门药剂可以治愈梅毒。他讲解了这种药剂的优势所在："我们根本尝不出里面加入的氯化汞，药剂味道与一般巧克力无异。丈夫可以在妻子面前饮用此药，后者完全不会起疑；妻子误喝下时也不会察觉到

左页插图

《博物学家前往中美洲考察的情景》（想象图），《南美植物标本》第一卷的扉页插图，安赫洛·多纳蒂绘于约1780年，现藏于里斯本国立自然史及科学博物馆。

---

1 阿兰·雷伊，《法语历史词典》，巧克力（chocolat, chocolate）来自墨西哥的纳瓦语"cacahuatl"，指用可可豆制成的饮料。
2 托马斯·盖奇，《西印度群岛的新调查》，伦敦，1655年。
3 妮可·杜豪塞，《蓬帕杜夫人的侍女——杜豪塞夫人的回忆录》，巴黎，博杜安出版社，1824年，第92—93页。
4 斯特凡妮·帕泰诺特，皮埃尔·拉布吕德，《十七世纪至十九世纪法国药学和医学著作中的巧克力（人们对它的好坏影响进行了推定和证明）》，《医药学史评论》338期，2003年，第197—210页。

自己在喝治疗性病的药剂。这种药剂纯洁无害,可以通过此法来维护家庭脆弱的和谐与安宁。"[1] 这个显得颇有些无耻的宣传战略非常管用,饮用"巧克力"在上流社会成为一种常见习惯。

1615 年,奥地利的安妮与路易十三成婚,这位西班牙公主抵达法国后也将饮用巧克力的风尚带给了法国贵族。但在当时,只有富有的精英阶层才能饮用巧克力。后来法国中下层人民能喝上巧克力多亏了犹太人。尽管犹太人已经被迫改宗,但宗教裁判所还是决定将他们驱逐出西班牙和葡萄牙。在逃到法国城市巴约讷避难的犹太移民中,有人掌握着用美洲进口的可可豆制作巧克力的配方。于是他们被允许在某些达官贵人家中制作巧克力,但不允许自行开店。正是这些犹太人将制作巧克力的秘诀带到了法国。

可可豆多种多样:白可可豆、红色豆荚的克里奥罗(criollo)可可豆、产自亚马孙河流域的黄色豆荚阿里巴(arriba)紫可可豆……犹太人知道如何根据要调配的口味来选择相应种类的可可豆,他们改良了五千三百年以来由阿兹特克人、玛雅人和马约-钦奇佩人传承下来的制作手法[2]。

要制作巧克力,先得将可可豆去壳,在石头上碾压成满含油脂的糊状,然后制成片状保存。印第安人会将可可片用水溶解然后加入蜂蜜、味道辛辣的花瓣碎、带藏红花味道的胭脂果粉末、香草籽或者辣椒粉;为了让饮料产生泡沫,中美洲人还会从一人高处将巧克力倒入放在地面的容器里。而欧洲人觉得这种倒法甚是不雅。欧洲发明的新式巧克力壶有着纯银或镀金银材质的壶盖,盖上安装有木制的"搅拌器",欧洲人就用它来搅拌巧克力。而西班牙人则喜欢用玉茶碟托着中国瓷杯来饮用巧克力[3]。

皇室美食

巧克力能起到兴奋剂和催情剂的作用,路易十五因此颇为中意这种饮料。国王甚至还有自己的巧克力制作配方。"需要往壶中放几小杯水,然后加入适量的巧克力片,小火煮至微微沸腾。出锅上桌前,再加入一个完整蛋黄(四人份巧克力的量),保持

第 166、167 页插图

《1768 年的庞蒂耶夫尔公爵一家》,本画又名《一杯热巧克力》,让-巴蒂斯特·沙尔庞捷(Jean-Baptiste Charpentier)绘于 1768 年,现藏于凡尔赛宫和特里亚农宫博物馆。

左页插图

为庆祝王太子的诞生,路易十五赠送给王后玛丽·蕾捷斯卡的礼物——一套用于装茶、巧克力和咖啡的镀金银茶具。1724 年由巴黎金银匠大师亨利-尼古拉·库西内制作,现藏于卢浮宫博物馆。

---

1 圣伊德丰男爵(威廉·勒费布尔),《自我治疗或简单易行的性病疗法(用壮阳巧克力的配方调制,既有效又可口)》巴黎,朗贝尔出版社,1775 年。
2 根据 2018 年的一项考古研究,厄瓜多尔地区人民在五千三百年前就在食用可可了。
3 奥努瓦夫人,《西班牙之旅纪行》,1691 年,巴黎,克林克西克出版社,1926 年。

LES SECRETS DU LUXE

小火，用棍子搅拌均匀，切忌煮沸。"[1] 餐客们正在慢慢驯化自己的味蕾以便欣赏这苦涩药饮的美味之处。他们为了让巧克力口感变得更柔和，通常会加入香草、肉桂、豆蔻以及大量糖。人们为了适应苦味做出了种种努力。这也为西方精英挚爱的饮料——茶和咖啡——在未来风靡打下了基础。

欧洲食客对异国美食的热情高涨，也为香料市场和东印度种植园奴隶产业的发展出了一把力。商人们希望能在欧洲引入可可树以降低种植该树的人力成本。于是，一棵被当成珍奇玩物，同时也是科学研究对象的可可树被引种到了特里亚农宫温室中。从此，凡尔赛的贵人们有了新习惯：一周要喝三次巧克力。这可能算是国王抚慰臣子心灵的妙招？

巧克力与医学、美食和餐桌用具联系密切，瓷器工匠们（尤其是塞夫尔制瓷厂里的那批）埋头研发起能够赶上这股潮流的新餐具。更高更宽的"里桶杯（litron）"就此诞生，它被用来盛这种带泡沫的珍贵饮品。

虽然喝巧克力的人越来越多，但巧克力制作仍然没能成为一种奢侈品"产业"。西班牙人从阿兹特克人那里传承了跪着磨豆的技法。但到了1732年之后，可可豆的磨制不再是跪着完成的了。法国人杜比松（Monsieur du Buisson）发明了一种底下生火的工作台，工匠可以站在台前，将豆子在热石上碾碎成油糊，工作效率因而得到显著提高[2]；1778年，多雷先生（Doret）研发出了液压研磨机，这项发明获得医学院认证，进一步提高了可可片产出的效率。

尽管北美洲与可可豆产地毗邻，但北美人民却没能近水楼台先得月，他们直到很久以后才接受了巧克力。托马斯·杰斐逊（Thomas Jefferson）曾经预言："巧克力的保健功能和风味很快会使它像茶和咖啡一样在美洲获得人气，就像它在西班牙那样。"[3] 当时，这片年轻的殖民地还没有倾倒一船被英国不当征税的茶叶并宣布独立。与此同时，在法国，苏比士·黛堡（Sulpice Debauve）正为王后玛丽·安托瓦内特奉上点心——制作成西班牙金币"皮斯托尔（pistole）"形状的即食巧克力[4]。在未来，还有不少企业家将像黛堡一样靠制作奢侈巧克力发家致富。其实阿兹特克人和玛雅人就曾直接把可可豆当作货币使用，想到这里，我们不得不感慨一句：人类历史真是一个奇怪循环啊！

---

1 《宫廷晚餐或制作各种食物的艺术——如何根据特定季节制作最好的美食》，梅农，1755年，第四卷，第332页。
2 《方法百科全书——机械艺术和工艺》，巴黎，潘库克出版社，1782年，第750页。
3 尼基塔·哈威克，《巧克力历史》，其中《托马斯·杰斐逊给约翰·亚当斯的信——1785年11月27日》部分，巴黎，德琼奎雷斯出版社，2008年。
4 皮斯托尔：十六世纪和十七世纪在西班牙和意大利使用的金币。

LA PREMIÈRE STYLISTE

女时装设计师第一人

1675 年,由于路易十四认为让男人为女人和孩童制作全套衣物十分不体面,女裁缝行会才终于得以建立。虽然有了行会,但那时女裁缝的地位仍然比男裁缝低得多。不过别着急,在女服装商的带领下,女性将逐步问鼎时尚产业之巅。

1769 年,法兰西科学院出版了一本运用几何知识指导服装制作的手册。腰身、剪裁、鲸骨裙撑……衣物吸引了科学家们的注意。这本带有插图的手册解释了计算尺寸的方法和可以参照的模板。作者在手册里还不情不愿地提到了女服装商们:"没有任何行会承认她们的服装商身份。只有当她们的丈夫是加入行会的经销商时,她们才被许可做这个活计。她们的工作内容不过就是拼接和装饰发饰、长袍、衬裙罢了。"[1]

的确,当时形容服饰经销商有一句格言——"什么都能卖,但什么都无权生产",而女性服装商们的处境往往比她们的男性同行更加艰难。

在这样的时代背景下,一个十六岁的女孩从家乡阿布维尔启程来到了首都巴黎。这个叫玛丽-让娜·贝尔坦(Marie-Jeanne Bertin)的女孩儿在一家时装店开始了她的跑腿生涯,她的工作就是走遍污水横流的巴黎街道为客户送去订单。

因为玛丽不够漂亮,所以她无法成为那些在橱窗后四处走动、吸引顾客眼光的女销售员之一。"你可以透过玻璃窗看到这些售货员。她们在柜台后坐成一排,整理着绒球和流行饰品,这些讨女子欢心的小玩意儿都是时尚的产物,花样也随潮流而变。你就这样自由地打量着售货员们,而她们也同样在打量着你。"[2] 在这些销售员中,有一个大胆奔放、魅力四射的女孩叫让娜·贝屈(Jeanne Bécu),她后来离开了柜台躺上了路易十五的床。比国王小三十一岁的贝屈被封为杜巴里夫人(Madame du Barry)。另一个比起销售员来讲更像是交际花的女子妮科尔·勒盖(Nicole Leguay)也在历史上留

---

[1] 加尔索,《裁缝的艺术》《皇家科学院院士们对工艺的论述》,1769 年。
[2] 塞巴斯蒂安·梅西尔,《巴黎绘画》,福什出版社,讷沙泰勒/阿姆斯特丹,1782—1788 年,第 180 页。

下了"浓墨重彩"的一笔:因为妮科尔与王后玛丽·安托瓦内特长得相似,1784年,德拉莫特夫人雇用她来引诱红衣主教罗昂(Le cardinal de Rohan)。妮科尔假扮王后向主教提出借钱买一条钻石项链的要求,导致主教被骗走了一百六十万里弗尔。这笔钱足够买下三座被五百亩土地围绕的城堡了!钻石项链事件造成了极其恶劣的后果,王室和无辜的王后玛丽·安托瓦内特名誉扫地。

1768年,贝尔坦小姐正在时装商帕杰尔小姐(Mademoiselle Pagelle)的商店"风流仕女"中努力工作着。由于她在帮贵族女士们搭配重要配饰方面——挑选配假发的帽子——颇具天赋,她从跑腿女孩迅速升为了设计师。沙特尔公爵夫人是第一个注意到她的才华的人,随后,越来越多的大人物为了她光顾店铺。为了留住这个人才,帕杰尔小姐让她成了店铺合伙人。很明显,这位贝尔坦小姐不仅有天赋而且有雄心,同时还善于招揽客户。

"时尚大臣"

贝尔坦小姐只是众多女服饰商中的一个。人们之所以记住了她,部分原因是她遗留下来的发票总金额高得吓人。这些保存完好的发票讲述了许多有趣细节:比如在1785年,皇后的私人发型师在贝尔坦小姐的店里消费了1574里弗尔;再比如贝尔坦女士设计的所有衣物总售价达到了87597里弗尔(已经接近1774年到1789年皇家购置衣物总开支的一半了)[1]。当约瑟夫二世(Joseph II)来到凡尔赛看望玛丽·安托瓦内特时,他注意到自家妹妹的一身行头贵得不可思议。"这没什么,"王后回答,"法国好些家庭是靠我买的这些衣服养活的。如果我选择简单朴素的衣裙,可能明天就得有两百家店关门大吉了。"这就是时尚奢侈品,一种必要的不必要……此时许多廷臣感到愤愤不平:一个普通商人竟然能赚这么多钱,而且能时常获得王后接见——连他们这些贵族想见王后一面都得等上好几个月。于是贝尔坦小姐获得了一个"时尚大臣"的绰号,这可以看成是对"一介草民"贝尔坦的公开讽刺。

贵族们已经不再是新潮流的引领者了,那个年代里,服饰上的重大创新几乎都来自贝尔坦小姐的店铺"莫卧儿"。贝尔坦小姐提出了种种服装构想,考虑到贝尔坦过人的天赋和超高的媒体曝光度,世界第一女时装设计师的名号她当之无愧:1779年7月7日,路易十六和玛丽·安托瓦内特乘坐马车经过她的店铺时,国王陛下甚至给她打了个招呼……老派贵族们恨不得把她生吞活剥了。这个十八世纪的可可·香奈儿打破了许多陈规陋习。

左页插图

《萝丝·贝尔坦》(Rose Bertin),玛丽·安托瓦内特王后私人设计师,让-弗朗索瓦·雅尼内根据让-奥诺雷·弗拉戈纳尔绘制的肖像制作的铜版画,现藏于大都会艺术博物馆。

---

[1] 法国国家档案馆,"王后之家",奥森伯爵夫人的账户资料。

裁缝们和织布工匠（他们的成果质量决定了一件衣服算不算奢侈品）变成了这位时尚服饰商的供货商，他们按这位女士的要求来研制图案和花色。一个女人，而且是一个独身的女人，最终成为女性穿搭行业的领军人物。

贝尔坦也引领了发饰时尚。连假发匠们都抛弃骄矜向她"臣服"，追随起了她掀起的时尚潮流。贝尔坦喜欢往顾客们层层叠叠的扑粉假卷发上搭配风格夸张的头饰。女性们的发型风格既可以与本人相关——表达个人喜好的"情感发型（Le pouf aux sentiments）"（用子女肖像来装饰或者按照自己最喜爱的花园风景来布置）——也可以紧跟时事，比如在1774年推出的庆祝国王接种天花疫苗的"接种发型（Le pouf à l'inoculation）"[1]，又比如在法国护卫舰援助美国独立战争后立刻风靡的与护卫舰同名的"贝勒普乐发型（Le pouf à la Belle-Poule）"[2]。

值得一提的是，当时法国出口到世界各地的时装娃娃（Les Pandore）正是由贝尔坦来负责搭配衣物、设计发饰，这也是她时尚权威地位的一大象征。虽然此时的法国积弊众多，但一位名叫德利勒的神父 (L'abbé Delille) 还能安慰自己说："不管怎样，法国仍然称霸时尚世界，时装娃娃甚至把我们的喜好带到了北方深处，全世界都在这些时装娃娃的魅力之下俯首称臣。"这些娃娃甚至有自己的护照，在战争时期，它们是唯一可以自由跨越国界、为敌国妇女带去巴黎时尚之风的"人"。就些都是萝丝·贝尔坦的杰作，它们和贝尔坦设计的服装一样风靡世界。

另外，为什么我们叫她萝丝，而不叫她原名玛丽-让娜呢？"萝丝"其实是十九世纪致敬贝尔坦的一部小说的女主人公之名，它已经成为集体记忆的一部分了。但说实话，除了听起来更好之外，这名字好像也没什么别的优势了，到底为什么选择了它呢？这又是另一个时尚之谜了……

左页插图

"贝勒普乐发型"也被称为"独立发型"或"自由凯旋发型"，是为庆祝同名法国护卫舰在1778年大败英国军舰所设计的。这场战斗是法国军事介入独立战争后的首战，画作现藏于布雷朗库城堡法美博物馆。

1　法国国家档案馆，"接种发型中装饰有一条缠绕在一根挂着果实的橄榄树枝上的蛇，还挂着一轮朝阳光轮。这个发型象征着科学战胜了疾病"。
2　"贝勒普乐"发型上方往往装饰有一艘护卫舰模型。这艘护卫舰是1778年被英国军舰阿雷图萨袭击的法国护卫舰的缩小版。讽刺漫画家常拿这个发型做文章。

LES SECRETS DU LUXE

LA BALLONMANIA

气球狂热

从达·芬奇的机器翅膀到耶稣会士拉纳·特尔西（Lana Terzi）被气球牵引的帆船，渴望飞行的人类虽然搞出了许多疯狂的发明，但始终未能如愿。直到1783年，当人类将丝绸、彩色壁纸（当时一种新的奢侈品）与物理学知识相结合时，航空梦才第一次照进现实。

"考虑到人群会因浮空器的突然出现或落下感到惊奇甚至恐慌，我们认为有必要准备好应对措施。针对那些不售卖本报的郊区和乡村地区，我们将特别印刷几千份交给当地的牧师们进行分发。如果这种预防措施能够奏效，我们将会为此感到高兴……毕竟强烈的恐惧和震惊可能会要了人的命。"[1] 对民众发出警告的确很有必要，毕竟1782年以前的天空除了云、鸟和闪电之外再没出现过别的东西。

12月14日，在里昂阿诺内，"一个充满不明气体的、体积超过22000立方英尺的塔夫绸材质的球状物[2] 冉冉升空，到达了比出发点高出大约半里处"[3]。受蒙哥尔费兄弟(Les frères Montgolfier)组织的几次气球升空实验的启发，法兰西科学院向国王路易十六提议，在凡尔赛也组织一次升空展示。为了此次活动，两兄弟用特殊的强化纸重新打造了一款飞天气球。

1783年9月19日下午一点，一只绵羊、一只鸡和一只鸭子被放进气球下的柳条筐中，然后在国王、王后、朝臣和十二万名观众的注目礼下飞远。包括科学家皮拉特尔·德·罗齐耶（Pilâtre de Rozier）在内的一些人则骑着马跟踪它们的飞行轨迹，并见证了气球在八分钟后顺利着陆。作为首个飞上蓝天的哺乳动物，这只搭乘了热气球的绵羊就相当于一只会咩咩叫的活纪念品。后来它幸运地被收入皇家饲养场，得以在此安度晚年。

左页插图

1784年3月3日，无畏的"航空人"让-皮埃尔·布朗夏尔（Jean-Pierre Blanchard）从战神广场起飞，本画作现藏于法国航空博物馆。他的妻子索菲将成为史上第一个女飞人。

1　查尔斯·伊尔绍尔,《凡尔赛的首批热气球升空试验》《巴黎日报》,1783年9月13日,国家图书馆。
2　22000立方英尺=622立方米。
3　《巴黎日报》,1783年6月5日,法国国家图书馆。

LES SECRETS DU LUXE

本页插图

默东航天气球生产基地，置于保护帐之下的军用航天器，尼古拉·雅克·孔代绘于 1794—1795 年，现藏于装饰艺术博物馆。

新闻界争相报道法国征服自然界的壮举,大量艺术版画在全国发行。这是一次成功的宣传活动。带皇室纹样的气球飞在空中,背景则是引人瞩目的法国王宫——画着这种图片的宣传海报到处都是!此后,这一飞天壮举的始末在全法称得上无人不知无人不晓。

就在凡尔赛试飞前几日,各国大使和代表团抵法签署了《巴黎和约》(标志着美国反抗英国的独立战争结束),所以他们也顺便出席了这次起飞展示。当时这只飞天的气球被起名为"勒马夏尔(Le Martial:好战的,强悍的)",这等同于在告诉各邻国,科技如此发达的法国必然也拥有强大的军事潜力。不消说,各

本页插图

产自塞夫尔的硬瓷茶壶上有热气球的图案。艾蒂安 - 夏尔·勒盖绘,现藏于卡纳瓦莱博物馆。

国代表对热气球产生了莫大的兴趣。尽管当时热气球还处于初创阶段，他们却已经盘算着把这项技术投入军事了。

凡尔赛试飞结束后，出现破损的气球已在巴黎墙纸制造商雷韦永（Réveillon）的工坊中得到了修复（该气球也是在这个工坊中制作的）。首飞成功两个月后的 11 月 21 日，勇敢的皮拉特尔·德·罗齐耶和达尔朗德侯爵（Le marquis d'Arlande）决定亲自冒险搭乘气球升空。

他们准备起飞了，当时在场观看的妇女们颤抖不已。男人们，包括曾经断言人类飞行绝无可能的天文学家拉朗德（Lalande）也都为他们捏了把汗。篮子开始移动了，人们的尖叫还卡在嗓子眼里没发出来，他们的眼睛先要脱眶而出……他们成功飞起来了！最后，浮空器安全返回了地面，人群一片欢欣鼓舞。

气球狂热

1783 年，人类实现首飞；1969 年，人类在月球上迈出第一步。这两个事件的意义可谓同样重大。商人们摩拳擦掌，开始售卖这一登天史里程碑事件的周边商品。富人买飞天主题瓷盘，穷人就买同主题陶盘，此外还有同主题的雕花靠背椅、折扇、杯子、药匣、钟表、头饰、吊灯、裙子、纽扣……每个人都在以自己的方式庆祝人类历史上第一批"飞人"的诞生。气球狂热正在袭来。

在谈起人类历史上的首批"航天员"时，有几个名字是绕不过去的，比如蒙哥尔费兄弟和德·罗齐耶。但很少有人会记起同样积极参与了飞天技术研发的让-巴蒂斯特·雷韦永（Jean-Baptiste Réveillon）——正是此人负责缝制了拥有高气密性的气囊并为它添上了装饰。同样罕为人知的是英国人卡文迪许（Cavendish）[1] 和法国物理学家拉瓦锡（Lavoisier）立下的功劳，前者发现了空气中含有一种特殊成分，而后者在大量实验后为该成分取名为"氢气"。他们的发现立刻被应用到了飞行实验中，氢气球飞得比普通气球更高更快。

空中军队

法国大革命并没有为人类的飞天壮举画上休止符。有一个人为航空气球的制造做出了巨大的贡献，这个人就是尼古拉·雅克·孔代（Nicolas-Jacques Conté）。

1　卡文迪许在 1766 年发表的《论人工空气》中描述了"易燃空气"。

其实，这位孔代在另一个领域更为人所知。1794 年，受到硬瓷制作方法的启发，这位才华横溢的肖像画家将高岭土和石墨混在一起然后上炉烤制，制作出了铅笔芯。他还想出了将矿物原料放在蜡中浸泡的方法，这样就可以根据画师的需要制作出不同硬度的铅笔了！他后来还对人工颜料的制法进行了改进。

孔代之所以能有这么多新发明，主要是被逼的——有些材料实在短缺[1]。二百多年过去了，如今没有一个绘图员不知道孔代铅笔，同名铅笔制造厂也成立于 1796 年。但是没人知道孔代还参与了军用热气球的研发。

军用航空器开辟了一个不同于以往的新市场。孔代自小就热爱科学。他的授业恩师正是发明了第一个氢气球的法国物理学家夏尔[2]。长大后，孔代的才能更是受到了法兰西科学院院士们的赏识。

孔代在默东的研究基地工作，他与夏尔的另一个学生共同研发了大规模制氢的办法。由于当时必须使用硫酸来分解水并提取氢气，实验期间发生的爆炸还致使孔代瞎了一只眼。两年后，他们辛苦研发的技术被证明是有价值的，制作出的氢气球顺利被投入到了军事作战中去。

所有军用航天技术后来都服务于以休闲娱乐为目的的飞行。比如，索菲·布朗夏尔夫人（Sophie Blanchard）就自己制作出了飞天气球，并以在气球上表演为业。作为跳伞表演者的她敢从吊篮中跳下；身为航天表演员的她曾乘气球飞越了阿尔卑斯山，气球一直爬升到了三千六百米的高度。索菲的表演变得越来越大胆。飞越兴奋观众的头顶时（其中还包括了她的赞助人拿破仑），她以前抛鲜花，后来改成了放烟花。不幸的是，当氢气、火花和阵风相遇，事情就不太妙了。1819 年 7 月 6 日，气球着火了，这位女飞行员摔死在巴黎蒂沃利花园里。但是，人类对天空的征服之路并不会就此终结。

1　例如，当时法国正与英国交战，英国停止向法国供应"金雀花笔（capucine）"——也就是木杆石墨芯的铅笔。这种铅笔的石墨芯来自英国博罗代尔，该地拥有当时唯一的优质石墨矿床。
2　帕特里斯·布雷，《国立工艺学院的教授们——人物传记辞典（1794—1955）》中的《尼古拉·雅克·孔代》一节，第一卷，巴黎国家教育研究机构 / 国立工艺学院。

TIME IS MONEY

"时间就是金钱"

出于战略需求，法国在奥尔良公爵摄政时期建立起了第一座钟表厂。该厂享有皇家特权。虽然很多英国制表匠为这座钟表厂贡献了力量，但钟表厂的成绩并不尽如人意。巴黎的钟表师都是在后来靠单打独斗成名的。

毫无疑问，约翰·劳的计划破产是因为运气不佳。金融系统崩溃导致的负面影响掩盖了他在其他方面的创举。其实，这位曾在摄政时期担任财政总监的苏格兰人曾为法国贸易和制造业发展做出了贡献。为了能提高法国制造业水平，他动用在英国的人脉网络成功挖走了一百五十个英国工匠[1]。如此多的熟练工匠同时被挖角，实乃史上首次。然而，这位大臣的成就并没有被历史记录下来。

这些"跳槽"的英国工匠中有八十名钟表匠，他们后来都进入了1718年在凡尔赛建立的皇家钟表厂。"他们耗费巨资，把英国钟表制造业各分支中最优秀的英国工匠送到了法国，并将他们安顿在了凡尔赛……约翰·劳先生还荣幸地向陛下呈交了第一只在工厂完成的钟表，并向他引荐了工厂总负责人苏利先生。"[2]

除了挂钟和怀表之外，亨利·苏利（Henry Sully）也制作航海钟。贸易公司的船长能用这种钟来计算经度。1726年，被放逐到国外已久的约翰·劳没能看到苏利向科学院呈交"航海钟"制作报告的场景。可惜，由于精度易受海面风浪的影响，苏利的这款航海钟并未能翻出什么水花。1759年，英国人约翰·哈里森（John Harrison）在奋斗二十四年之后研制出了更精准的航海计时器，英国人仍然主导着钟表制造业。"每年英国都向法国出口大量的昂贵钟表，这是不争的事实。"[3] 这也阻止了英国黄金外流。

费迪南·贝尔图（Ferdinand Berthoud）是法国最著名的制表匠之一。他出生于瑞士，在那里当过制表学徒。来到巴黎后，他的才华得以显现。在这里，他不断精进制表技艺，

---

1 阿诺·奥兰，《神奇的政治：约翰·劳体系的另一个故事（1695—1795）》，法亚尔出版社，2018年。
2 《新水星报》，1719年1月17日，第141—145页。
3 同上。

并对制表行业有了更深刻的理解。在狄德罗和达朗贝尔组织编写的《百科全书》中，许多关于制表行业的文章都出自他手。贝尔图认为，齿轮的发明是"制造机械的第一步，这是上天的恩赐，是一切科技进步的阶梯"[1]。

人类历史上最早对齿轮的记载可以追溯到维特鲁威（Vitruve）对水磨坊的描述[2]。当时，制造研磨机器的师傅，也就是早期的机械师们（英语中的"millwright"）可都是些抢手人物。人们追捧、收买他们，只求听他们传授机械制作技巧。虽然机械师们后来也参与研发用于奢侈品加工的机械（比如织布机），但实际上，他们和钟表制造业直接关系不大。直到某一天，他们中的一些人兼顾了技术和美感，这才打造出了自己的钟表作品。

和研磨机不同，驱动钟表的不再是水而是弹簧和钟锤。随着可使用的材料日益丰富，人们的科学知识不断积累，钟表零件的尺寸不断被缩小，但同时它们能提供的驱动力却增大了，钟表被赋予了许多新功能，指针行走的时间也更长。将制表技术与沃康松的自动机械技术结合起来后，钟表匠们开拓出了新奢侈领域——机械工艺奢侈品。懂行的人可以在钟表匠们的作品内部找到微缩的计时器，这个小零件代表了那个年代里应用科学的最高结晶。

"启蒙时代"名副其实。当时，每个好奇的人都迫切想要拥有钟表，这个浓缩了人类知识精华的仪器。

法式钟表匠

直到十八世纪初，法国表都还在跟风英国表。但是慢慢的，法国钟表匠将显露他们的才华和无与伦比的创造力。

十八世纪下半叶见证了各领域诸新星的冉冉升起。比如皮埃尔·奥古斯丁·卡龙（Pierre Augustin Caron），在今天，他的笔名博马舍（Beaumarchais）已是无人不知。

博马舍出身名表匠之家，后来进入了钟表行业。他曾在1753年参加法兰西科学院的大奖赛，参赛作品是一个新的钟表擒纵结

左页插图

当时，连村妇们也在追逐腰间佩戴两只表的时尚，左图里的女人便是这样打扮的。图片摘自《英法时尚一览——内容清楚简略，附有彩色铜板插图》，出版于1786年，现藏于法国国家图书馆。

1 费尔迪南·贝尔图，《时间测量的历史》第一卷，巴黎，共和国印刷社，1802年。玛丽·阿涅斯·德基特在《启蒙时代的钟表匠：十八世纪巴黎的时间与社会》（巴黎，历史和科学研究委员会出版社，2014年）的第22页中引用了相关内容。
2 菲利普·富勒里，《关于维特鲁威的机械——罗马人工程记载、考古学和重构》中《水磨的发明》一文，卡昂大学出版社，2015年，第97—112页。维特鲁威，《建筑十书》，公元前25年。

LES SECRETS DU LUXE

构。院士们指出："这个结构是目前大家见过最完美、最有效的,但同时也是最难制作的。"[1]

有感于院士们的这番诚恳评价,三十年后的博马舍让自己笔下的费加罗说了这样一句话——"如果批评不自由,则赞美无意义。"[2] 意识到自己在钟表制作领域并没有想象中的那么有天赋,于是他离开了钟表行业,转头成为一名商业间谍。当然,后来还成为一名著名作家。

启蒙时代里也不乏许多万众瞩目的明星制表匠:比如发明家兼钟表专家贝尔图;在博马舍的父亲门下做过学徒,后来也成了博马舍姐夫的让·安托万·莱皮纳（Jean Antoine Lépine）;亚伯拉罕-路易·宝玑（Abraham-Louis Breguet）的门徒朱利安·勒鲁瓦（Julien Le Roy）。勒鲁瓦是其中最出名的一个,他太懂怎么让顾客对他的奢侈钟表产生兴趣了[3]。

这一代法式钟表匠里人才辈出,巴黎也因此成为世界制表业最发达的三大城市之一,与伦敦和"瑞士"并称[4]。这些制表匠在接下来的几十年里各自打拼,声名鹊起。后来甚至有了这样的说法:外包代加工看瑞士,大众手表看英国,奢华手表看法国。

外包看瑞士,这是因为瑞士的制表工艺成本相当低。这其中有法律的原因。瑞士法律规定的金表黄金含量（黄金在钟表合金中的百分比）是十八克拉（75%）。而在法国和英国,这一比例分别是二十克拉（83.3%）和二十二克拉（91.6%）。由此可见,瑞士人制作的金表比他们的竞争对手制作的更加便宜,他们自然成为法国和英国的钟表供应商。而伦敦人则擅长广撒网,他们瞄准的是最大部分群众的需求。英国人制作的钟表大都外在十分华丽但是机械构造过于简单……好吧,有时甚至不存在机械构造。也就是说,英国常生产有指针但没齿轮的装饰表。

这种表被称作"假表",对于时尚的奴隶们来讲是出街必备单品。为了傲立时尚潮头,他们往往还浮夸地在腰带上挂两枚。虽然很多人随身带着表,但这些表根本不能显示时间或者经常走不准。因此,1786 年,巴黎皇宫前架设起了一门小炮,每天中午

左页插图

宝玑出品的小型触摸怀表,表壳为珐琅质地,镶有钻石。1800 年 2 月 18 日,这块表被献给了约瑟芬·波拿巴（未来的约瑟芬皇后）。宝玑发明了通过触摸即可读取时间的技术。该表现为宝玑品牌收藏品。

---

1 《皇家科学院史》第二卷,皇家印刷厂,1759 年,第 139 页。
2 皮埃尔·卡龙·德·博马舍,《费加罗的婚礼》,第五幕,第三场,费加罗的独白,1784 年。
3 埃马努埃尔·宝玑,《始于 1775 的钟表匠世家宝玑:亚伯拉罕-路易·宝玑的生活和他的后代》,古尔屈夫出版社,2017 年。
4 为了方便起见,我们此处所指的瑞士包括日内瓦和讷沙泰勒（该地在 1815 年前一直属于普鲁士）。

LES SECRETS DU LUXE

会鸣一次炮,"以便大家调表"[1]。

但是,我们的法国钟表匠们仍在锲而不舍地生产货真价实的好表。就像我们今天见到的高定时装一样,这些表被大量抄袭。虽然在那个时代里,创造者们都认为被抄袭是一种成功的象征。但是有时候,他们也难以接受一些过分的抄袭现象。

宝玑看到自己的各种作品和新技术(自动上链表和超薄表)被模仿时其实并不生气,但当他看到自己的名字也被山寨货刻在表壳上时,他愤怒了:宝玑的工坊一年下来制作的表也就一百

本页插图

购买新款表成了一种时尚。1725—1750 年间一家钟表店的内部,画作现藏于时间博物馆。

---

1 皇家宫殿的大炮仍然可以在花园里看到,但它从 1911 年起就停止鸣响了。

来件,但现在市面上的"宝玑表"竟然泛滥成灾!于是,宝玑想出了反仿制措施:赋予每只正品宝玑表一个独立编号,这个小小的号码会被刻在表盘之上[1]。他不想再浪费时间追在造假者屁股后面维权了,毕竟,英国人说得好:"时间就是金钱(Time is money)。"[2]

---

1 大卫·莱昂内尔·萨洛蒙斯爵士,《宝玑:1747—1823 年》,1921 年,第 116 页。
2 这句话出现在伦敦报纸《自由思想家》上,1719 年 5 月 18 日,富兰克林引用了这句话。达米安·维莱,沃尔夫冈·米雷德尔,"时间就是金钱":本杰明·富兰克林与关于俗语起源的恼人问题《谚语》,2017 年。

成

LA MATURITÉ
1799–1899

熟

引言

从创业精神到造福社会的奢侈品

法国大革命让法国经济陷入瘫痪长达十年之久。许多逃亡者在国外找到了庇护所。在这些逃亡者中不乏缔造了法式风格的重要人物，如萝丝·贝尔坦以及塞夫尔等老牌皇家制造厂的一些能工巧匠。竞争对手们大肆利用泄露出去的法国制造业机密，尤其是英国。

这个时代的法国政治局势极其不稳定，政权轮番登场：督政府、第一帝国、百日王朝、第二次复辟、七月王朝、第二共和国、第二帝国、第三共和国。虽然政府变来变去，但有一样东西始终没变，那就是"奢侈品都是法国造"这样一个信念。

每届政府都如此坚信，也不知道这算不算一种集体失忆现象。被重写的史书抹去了一个事实：在一百三十年前，法国根本不产任何一件现在市面上可见的奢侈品。大革命后的这几十年里，柯尔贝尔的经济政策招来嘘声一片。柯尔贝尔被拎出来当作反例，成了人们追求现代化、自由和解放的宏大愿景的陪衬，对他的误读持续了很多年。

不过，我想大臣肯定会很高兴。当然不是高兴于人们对他的辱骂诋毁，而是欣慰于他的夙愿之一终于被后人实现：十九世纪是属于企业家的世纪。柯尔贝尔生前曾如此渴望法国的企业家们为振兴祖国而出力。

工业时代蓬勃兴起。在国家和国际级别的展览上，法国企业展示了他们精湛的工艺。在极富远见的法国企业家们背后站着的，是服务于他们的低调科学家们，那些源源不断的创新就出自这些科学家之手。铁道在法国地图上延伸成蜘蛛网状，四千公里长的铁道线路覆盖全国，每一条火车线路都载着无数人从一个地点运动到另一个地点。而在这些铁道不远处，工厂烟囱像雨后春笋一样冒了出来。

在过去，制造业的工厂往往以建立地点的地名为名，比如圣戈班、塞夫尔、圣路易、巴卡拉。从这个时期起，它们以缔造者的名字为名：宝玑，克里斯托夫勒（Christofle），娇兰（Guerlain），戈雅（Goyard），潘哈德（Panhard），普莱耶尔（Pleyel），雷米·马丁（Rémy Martin），雷诺（Renault），威登（Vuitton），沃斯（Worth）……名字成了一种象征。制造者成为新的偶像。

第 190 页插图

扫描成像摄影作品，Luxinside 系列之一，摄影题材是宝玑 1787 年制作的 15 号自动上链怀表，现被宝玑公司收藏。图片由劳伦斯·皮科和贝洛塔影业制作于 2020 年。

LA MATURITÉ 1799—1899

INTRODUCTION
DE L'ESPRIT D'ENTREPRISE AU LUXE SOCIAL

旧制度下的质量督察官和质检印已经消失，以自己的名字为产品命名，也就相当于用本人的名誉在为其品质担保。企业家祖祖辈辈的人都将承担起这样的责任，也正是这种负责缔造了产品特有的形象，这就是我们今天所说的"品牌"。

商业格局已经发生巨变。英国学习荷兰，建立起了众多殖民地；意大利苦于无法从工匠式奢侈品生产迈向产业化生产；向世界长期供应东方奇珍的中国，现在它的国内市场上充斥着大量西方舶来品；美国在独立以后也加入了竞争行列，它既是重要的生产者（棉花）也是重要的客户，因为随着移民的增多，这个国家的人口也在膨胀。美国现在可是法国瓷器最大的进口国！

一个多世纪以来，处于漩涡中心的法国在竞争中游刃有余，它依靠的是以下王牌：偷师自外国顶级匠人的技术；既有自学成才者也有科班出身者的匠人团体；研究成果能迅速投入生产的发达艺术教育体系；"最懂享乐的国家"的名气；把本国奢侈产业夸成"祖辈相传由来已久"的出色编故事才能。没有企业家会追问已经成型的法国奢侈品产业的由来。他们只知道怎么紧扣消费者的美梦做宣传，怎么巧妙地把大家的视线从不怎么好看的生产过程转到好看的产品上。

在这个阶段，法国的奢侈产业已经甄至成熟，巨大的财富在不断累积。但是，有个问题出现了——好像缺了什么。但柯尔贝尔原本的发展计划中是囊括了这一点的，在坚定的商业自由主义者、哲学家亚当·斯密的著作里，它也是讨论的焦点。那就是公共福祉（Le bien commun）。在没有国家干预的情况下，只能靠企业家们在经营时主动去考虑这点了，当然，很多时候他们并不会去考虑。

二十世纪初，巴卡拉水晶厂的大股东之一，尚布伦伯爵（Le comte de Chambrun）曾这样说道："当你走进工厂时，你会发现这里生产的已经不仅是铸铁、布或棉花了。两大要素组成了现在的工厂：老板和工人们……在产品之外，重要性超乎产品本身的，应当是工人们境遇的改善。"在余生里，这位伯爵将致力于解决工人问题。

能够造福社会的奢侈品行业，这是发源自柯尔贝尔时代的一项法国创造、一种法国愿景，那么，它又是否能在这个即将到来的新世纪里成为现实呢？

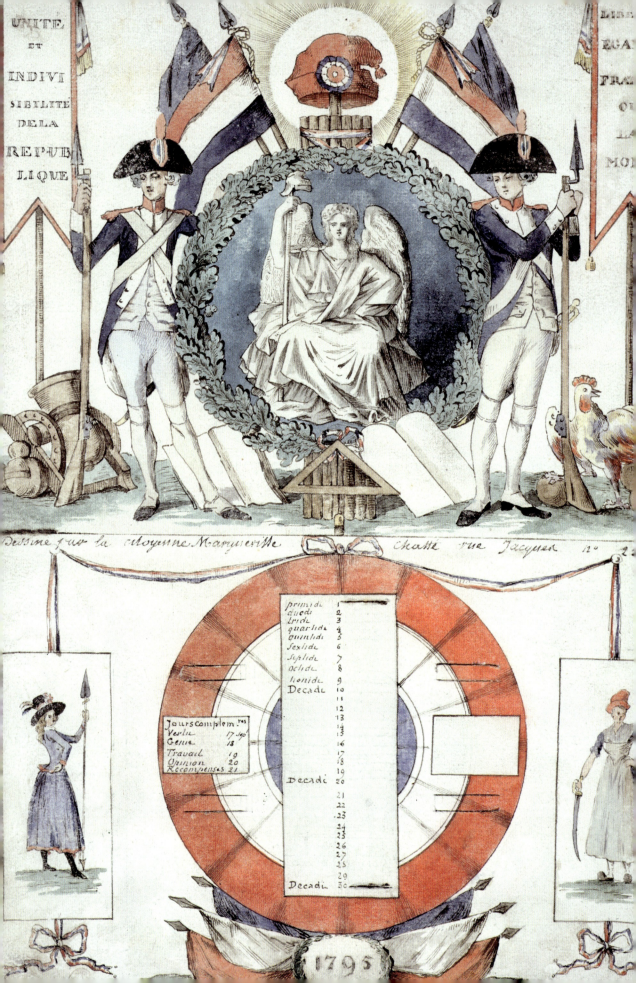

LE BAL DES VICTIMES

受害者舞会

罗伯斯庇尔人头一落地，大革命造成的恐慌立马就被一种疯狂的情绪取代了。过了长时间提心吊胆的生活以后，人们压抑已久的恐惧最终化为了一种狂喜。大家赞颂生命、嘲笑曾与他们擦肩而过的死神。这个时代的男女缪斯分别被冠以了"不可思议先生（Les Incroyables）"和"奇妙女士（Les Merveilleuses）"之名，他们也算是1796年的朋克青年了吧。

革命粗暴地打断了贸易和制造业的发展，再加上饥荒、严寒和国库空虚……面对这恶劣的局势，1789年9月7日，为了帮助国家渡过这个艰难的转型时期，12位女公民将自己最珍贵的家藏捐献给了国家制宪委员会，"这些爱国女公民被美誉为'十八世纪的古罗马女子'（Les Romaines du XVIIIe siècle）。她们的善举带动了更多群众，大家纷纷慷慨解囊""人们自愿向'破产'的祖国捐赠财物，社会上涌动着一种真善美风尚"[1]。男子、妇女和儿童踊跃地献出自己的金银制品，从怀表、饵料盒到金属鞋扣……随着断头台处刑的效率越来越高，人们的捐赠也越来越积极。每个人都希望能通过献金让自己免于被"砍短一截"。

合适的打扮也可以起到保护作用。为了向那些发起捐献运动的女公民致敬，妇女开始以罗马风格打扮自己，裙撑、鲸骨、丝织锦缎通通消失……大家深知：现在该展现的，是对新政权心悦诚服的姿态。妇女们收好钻石，佩戴起了三色徽、蓝白红三色的花束、"立宪款式"耳环[2]以及名为"罗刚波尔（rocamboles）"的戒指和项链[3]。那么男性们呢？"为了给国王服丧，年轻贵族们穿着半红半黑的衣服。他们头发也被剪

左页插图

新共和国的所有标志都出现在了这幅画作中，本图由女公民玛格丽特·沙泰所绘：象征着法兰西共和国的女性头戴被光环笼罩的弗里吉亚帽。她左右各有一面军旗，上书"自由、平等、博爱或死亡"。下方，共和国三色徽旁有两位妇女，一位持枪，一位持刀。《自由女性日历》，1795年，现藏于卡纳瓦莱博物馆。

---

1 埃德蒙和儒勒·德·龚古尔，《大革命期间的法国社会史》，巴黎，当蒂出版社，1889年。
2 这种耳环是玻璃质地，白色，上刻"patrie"字样，意为"祖国"。
3 上面镶嵌着打磨后的巴士底狱碎石。

短烫卷，再也不抹发粉，发型显得很古风。"[1] 发粉之所以被禁止使用，是因为它含有小麦淀粉，来自本应用于养活人民的粮食，因此，它也是上流社会铺张浪费、不管底层人民死活的一个象征。

"恐怖时期（La Terreur）"结束之后，终于长舒一口气的幸存者们就开始疯狂放纵。他们开始了各种层面上的狂欢。虽然启蒙时期的沙龙已经不复存在，但是相聚一堂寻消遣总有去处，毕竟还有剧院、餐馆和巴黎城里组织的六百多场舞会。

当时，穿奢华面料已经不足以让自己鹤立鸡群了。这个年代的时尚变得太快，不同款式的装饰品令人眼花缭乱。要穿得时髦出挑，那就得花大价钱来更新自家的衣柜。各种潮流昙花一现，大批时尚杂志也就应运而生。

"受害者舞会（Le bal des victimes）"的传说也通过这些杂志广为流传。据说，想要参加舞会，那你的家族里必须出过被砍头的人。你需要穿上丧服，跳舞也得模仿被处决者那滞缓扭曲的动作，点头必须快而急剧，以还原头颅迅速从铡刀下滚落的场景。尽管十九世纪的报纸杂志、大仲马（Alexandre Dumas）、电影导演阿贝尔·冈斯（Abel Gance）和许多历史学家都提到过受害者舞会[2]，但是目前没能发现任何可以说明这种舞会存在过的可靠证据。

"受害者舞会"很可能是虚构的，只是由于这个故事被重复了太多次，所以最后也成了集体记忆的一部分。这个所谓的"舞会"可能只是怪诞不羁的批评家巴尔塔扎·格里莫·德·拉雷尼耶尔（Balthazar Grimod de La Reynière）的一个恶作剧。当时，他特意印制了海报来宣传即将召开的"受害者舞会"。这些介绍了舞会的内容和准入规则的海报被张贴在了大街小巷。在他自己发表于《戏剧审查官》（Le Censeur dramatique）杂志上的文章中，巴尔塔扎也提到了这个舞会，这才导致这个谣言一直流传到了今日[3]。巴尔塔扎和那些喜欢把晚餐现场装扮得像追悼会现场一样的搞怪者们有点像，他们会向宾客发葬礼请柬，然后连灌受骗前来的人十七杯黑咖啡。

左页插图

《塔里安夫人》（Madame Tallien）肖像。这位夫人、约瑟芬·波拿巴和其他"奇妙女士"都是督政府时期无可争议的时尚偶像。让-贝纳尔·迪迪埃绘于1806年，现藏于布鲁克林博物馆。

1 弗朗索瓦·布歇，《西方服装史》，巴黎，弗拉马里翁出版社，2008年，第322页。
2 大仲马，《双雄记》中的《受害者舞会》一章，巴黎，列维兄弟出版社，1857；《起舞的巴黎》，《小巴黎人报》，1885年12月23日；阿贝尔·冈斯，《拿破仑》（电影），1927年。
3 罗纳德·施切特，《哥特式热月：受害者舞会、传说和后恐怖时代法兰西历史知识的产生》，《表征》第六十一卷，加利福尼亚大学出版社，1998年。

本页插图

这四对情侣的穿着很好地体现了督政府风、执政府风、古风、英国风服饰。图中出现了英式骑装男大衣、女士披肩、"提图斯发型""犬耳发型"、"约卡伊帽"、手杖、单片眼镜和手臂上的小哈巴狗。让 - 巴蒂斯特·勒苏尔绘于 1785 年至 1806 年间。现藏于卡纳瓦莱博物馆。

不可思议先生和奇妙女士

下面要讲的是看来十分奇怪但被证实真实存在过的社会现象——"不可思议先生"和"奇妙女士"的诞生。这些人叛逆、富有且美丽,打扮和用语都很奇特,他们不再发"r"音。有些"l"和"s"音也不发。

"不可思议先生"为了让自己显得更强壮,会把肩膀垫起来;脖子太短就把衣领提到下巴那么高;他们留着"犬耳发型(Les oreilles de chien)"。"奇妙女士"则是一头"提图斯式短发(Les cheveux courts à la Titus)"或非常朋克风的"豪猪式短发(à la porc-épic)";她们"套着透明的外衣,穿希腊式凉鞋,十个脚趾上都戴着戒指";在"平等步道"(前皇宫所在地)周边开设着一些百货店,时装商人会在此向"奇妙女士"售卖"祖利姆式长裙（Les robes à la Zulime）"（这种裙子有一侧是完全敞开的）或者"维纳斯晨起式长裙（Les robes au lever de Vénus）"。

有一首四行诗精妙地概括了这种穿衣风格："所有的服装是得体的，可耻的是污名化它们的人；我们为什么要戴着手套，女士们不穿衬衫过得照样很好。"[1]

当有读者来信抗议杂志上画有"不道德的暴露衣着"的插图时，《时尚和妇女》杂志主编表示："我们在挑选时可用心了。这些服装都选自上流阶级的舞会，选自道德品行方面无可争议之人的集会，连最讲美德的人也这样穿。"[2] 那些有名的"奇妙女士"是他的挡箭牌——塔里安夫人和被丈夫拿破仑·波拿巴唤作"约瑟芬"的萝丝·德·博阿尔奈（Rose de Beauharnais）。试问谁敢批评约瑟芬？这位可是第一执政的夫人。

奢侈潮流即将再起，约瑟芬喜欢奢侈品，而奢侈品也将重新带动法国的国家制造业。

虽然还有英国这个强劲的对手在虎视眈眈，但是法国的印花棉布纺织厂已经逐渐走出不景气的阴影了。在经济衰败的大背景下，印花棉布更符合时代的主旋律。而羊毛呢绒厂则受到了法国大革命的重创，它们的产量下降了三分之二；丝绸厂则已经完全倒闭。数以百万计的工匠和工人在挨饿，靠救济院施舍勉强过活。

为了重振经济，法国彻底禁止了进口外国织物。那些只使用少量布料、不利于制造业兴旺的服装们也即将迎来末日。虽然国家首脑换了，但是历史总会重演，不过这次的主人翁不再是一位国王，而是帝国的皇帝。1799年冬天的一个晚上，塔里安夫人装扮成狩猎女神狄安娜来到歌剧院，她身上的布料比以往任何时候都少。第一执政官拿破仑也在现场。看到这位"仙女"之后，拿破仑托自己的妻子向她的好友塔里安捎去一封信，信中写道："寓言的时代该结束了。历史的统治即将开始。"[3]

收到信的夫人立刻懂了：天鹅绒丝绸大衣、拖地连衣裙、裙撑、衬裙、内衣、花边、刺绣和一切铺张奢靡即将回归。所有维持国家经济运转的奢侈品行业都要回来了。"奇妙女士"的时代终于迎来了终结。

---

1 让-巴蒂斯特·皮茹勒，《十九世纪末的巴黎，或关于重大事件的历史和道德素描》，1801年，第251—258页（多米尼克·瓦凯在《督政府时期的风俗和服饰：政治符号还是时尚使然？》中引用，《历史学研究》，2015年）。
2 《女性与时尚杂志》，1799年2月13日，第453页（多米尼克·瓦凯在《督政府时期的风俗和服饰：政治符号还是时尚使然？》中引用）。
3 弗朗索瓦·布歇在《西方服装史》中引用。

LA FOLIE
DES PAPIERS PEINTS

墙纸浪潮

在十七世纪，探险家的船将在亚洲见到的墙纸带回了欧洲大陆。这些带有强烈异域风情的墙纸将在欧洲大陆引发前所未有的热潮。英国头一个仿制了这些墙纸并将其运用到了室内装潢里去。

但法国人很快就抢了英国人的风头。"快到中午的时候，我们去参观了阿蒂尔先生的墙纸厂。这些墙纸完美地模仿了那些绣花织物，我们必须用手触摸才能确认这只是墙纸。"[1] 一位家境不错的英国旅行者克拉多克夫人（Madame Cradock）在她的日记中写下了她旅途中的每个细节。1784 年 8 月 10 日，这个外国女人好奇地打量着巴黎的"阿蒂尔与格勒纳尔"墙纸厂（La fabrique d'Arthur & Grenard）："墙纸做得以假乱真，上面的线脚好像是真木头雕刻后镀了金一般。他们还画了几个框来模仿窗户。阿蒂尔先生的儿子还给了我丈夫一张绘有金瓮的最新款墙纸。"不说超越，法国墙纸的逼真程度起码已经能与英国墙纸比肩了。

欧洲的墙纸不是画出来的而是印刷出来的。欧洲人想实现墙纸量产，那么生产孤件用的手绘式制作法是肯定行不通的。"这种最先由英国开发出的印刷制新型墙纸，每张有九尺长，印制时会用到好几块木印版、同质地的多种颜料和各种彩色图样，比如单彩的、缎纹的、花朵纹样的等等。"[2] 我们可以从一块阿蒂尔与格勒纳尔工厂水粉风格墙纸的生产过程中看到分工合理化的趋势[3]。克拉多克夫人对此做出了描述："他们先带我们从小楼梯走到一个露台，在这里我们可以俯瞰巴黎的部分风景。然后我们从其他楼梯下楼参观工厂。工厂各部门是层叠着搭建的，每个工作间的人都有自己的专长。一些人负责上色，一些人负责镀金，一些人负责印刷。"

虽然每个工作间都是独立的，但相关环节的工作间是紧邻的：比如图案绘制师的工作间就被安排在绒面加工间旁。因为要使墙纸获得绒面效果，就得在图案绘制完毕后，

1　O. 戴尔芬·巴莱吉耶，《克拉多克夫人日记，法国之旅：1783—1786 年》，巴黎，贝兰出版社，1896 年。
2　J. 米歇尔·巴比隆，《关于木刻的历史和应用》，巴黎，西ntelcgwe出版社，1766 年。九古尺约等于 10.7 米。
3　让 - 巴蒂斯特·莫埃特，《绒面壁纸制造》，装饰艺术博物馆，1788 年。

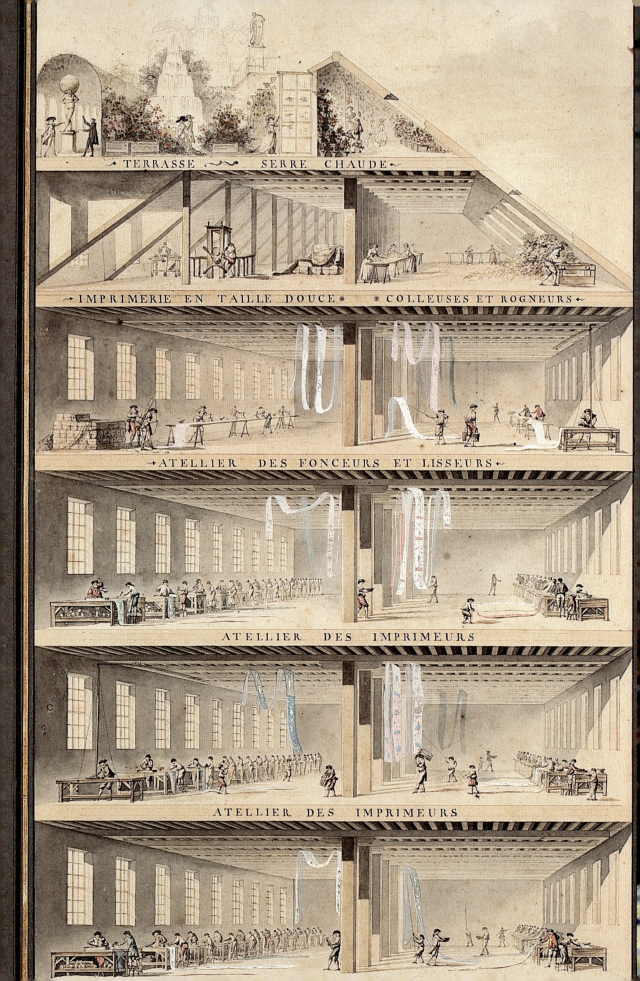

在墙纸基底图案上涂好胶水，再铺洒上碾碎的植绒或羊绒布的精细粉末。这样制作出的墙纸会拥有凸出的绒面纹理和织物的手感。遗憾的是，受工厂条件限制（比较狭窄），绘图工作往往完成得不太精细。至于这家工厂为何有这么多层，和普通工厂不太一样，这大概是因为它位于地价昂贵的上流街区昂坦街之故（想想看，这家工厂和前红衣主教黎世留[1]曾住过的宅邸相邻！）。因此，比起横向拓宽，纵向拔高明显比较划算。

同行让-巴蒂斯特·雷韦永的工厂则位于圣安东街区的蒂通花园附近。这块地价格更低，工厂们也可以放心大胆地铺展开。正是因为这里厂房足够宽敞，所以才能容纳蒙哥尔费兄弟的巨型热气球（工厂院子还成了气球的试飞场地）[2]。不过，1789年，雷韦永的工厂被起义人民夷平烧毁了，因为当时有流言说老板想要降低工人薪水。

但是，三百名工人里无一人参与推翻工厂的行动。这次发生在攻占巴士底狱事件之前的人民起义似乎是奥尔良公爵[3]集团策划的，因为乘马车来此的公爵被起义群众抓住后竟然全身而退。关于这件事，史学界一直众说纷纭[4]。但是毫无疑问，大革命粗暴地打断了法国墙纸业的发展进程，导致法国在这一方面与宿敌英国相比落后了十年。

全景奢华

虽然法国期望实现墙纸生产的工业化和墙纸使用的全民化，但实际上，十九世纪中叶以前的法国墙纸制造业一直瞄准的是最富裕的客户。直到十九世纪中叶，法国墙纸的生产才实现机械化。虽然与使用蒸汽机械生产的英国相比，法国在技术上稍逊了一筹，但是法国靠着自家墙纸的艺术性和美观性扳回了一城。通过使用各种图案和大量色调有细微差别的颜色，法国墙纸能达到以假乱真的效果。每使用一种颜色，都需要雕刻该颜色专属的印花模。为墙纸印花时，要先使用某一种颜色的印花模，待颜色干燥固定后，再使用另一种颜色的印花模。制作普通墙纸时，由于可以反复使用某个流行花纹的印模，因此制作比较简单，成本较低；但如果要制作法国特色的全景墙纸，难度就会大大增加[5]。

左页插图

克拉多克夫人参观的阿蒂尔-格勒纳尔绒面墙纸厂内部图（细节图），让-巴蒂斯特·莫艾特绘制于1788年，现藏于装饰艺术博物馆。

1 或译为黎塞留。这位红衣主教是路易十三时期的重臣，他为法国君主专制的建立打下了基础，柯尔贝尔十分仰慕他。——译注
2 贝尔纳·雅克，《从工厂到墙面：墙纸材质史（1770—1914）》，2003年。
3 此时享有奥尔良公爵称号的是路易十六的表亲——路易·菲利普·约瑟夫·德·奥尔良（Louis Philippe Joseph d'Orléans）。虽是大贵族，但这位奥尔良公爵支持大革命，并在后来改名为菲利普·埃加利代（Philippe Égalité，"Égalité"一词意为"平等"）。他在恐怖时期也被处死了。其子路易·菲利普在1830年七月革命后成为新国王。——译注
4 克里斯蒂安·伯蒂菲斯，《路易十六》，巴黎，贝兰出版社，2005年。阿兰·科恩，《1789年7月12日巴黎专员刺杀案，恐怖政治的序曲》，《法国大革命》2017年第12期。
5 全景墙纸：当时被叫作风景画墙纸或者油画式墙纸。

本页插图

法国特色奢侈品——芳香墙纸。这里展示的是一款名为"黄金国度 (El Dorado)"的墙纸样品,长约 13 米。图案由埃尔曼、泽佩琉斯和福斯设计于 1848 年,由祖伯墙纸厂生产。

祖伯墙纸厂正是因精于此道而名声大噪。1797 年，这家工厂建成于阿尔萨斯地区里克塞姆条顿骑士团封地内。它开发出的"黄金国度 (El Dorado)"全景墙纸生产时需要动用 1154 块印版和 210 种不同的颜色。成品墙纸高 3.9 米，宽 12.84 米，衔接处宽约 1 毫米。让·祖伯 (Jean Züber) 出品的全景墙纸上绘制的是印度斯坦、巴西、日式庭院和美洲景观（今天，在装饰有祖伯墙纸的华盛顿白宫客厅里，我们仍然可以欣赏到这些"景致"）。不过，新型风景墙纸的问世也激怒了画家们，因为这就相当于在对他们发起挑战。

1805 年，在拿破仑为支持民族产业所组织的工业展览会上，来自马孔的墙纸商约瑟夫·迪富尔（Joseph Dufour）带着自家工厂的首款全景墙纸亮相了。这款名为"太平洋海域的野人们（Sauvages de la mer Pacifique）"的全景墙纸实在令人惊艳，因而成功斩获了博览会金奖。迪富尔谈道："我们研发这款墙纸就是为了让顾客眼前一亮，让他们浮想联翩而又不感疲倦。我们以一种方便而显眼的方式，使被浩瀚海洋隔绝开的众多民族再次重聚。使用这款墙纸的人应该感谢我们。从此，无须走出家门，只需环视四周，一个博学之人就可以联系从他人游记中获得的想象素材，从而感觉自己也与这些旅行者一同上路了。他们还可以将叙述与我们墙纸上的图片一一对照，去发掘各族人民体型和服饰的差异，学会欣赏一些人的与众不同之处并懂得尊重他人的爱好。跟随游记叙述中凸显的细节，欣赏墙纸的人兴趣会越发浓厚，在各种明快的色彩中获得前所未有的新鲜体验。"[1]

十三年后，迪富尔又推出了另一种油画式墙纸，但是这次却与博览会金奖失之交臂。他怒不可遏，认为这是评委会里的一些画家使了诈。他愤怒地指出："进步神速的墙纸让这些人感到恐惧，他们就是害怕丢了饭碗。"

孤件奢侈品和批量生产奢侈品之间的角力，或者说工艺与工业之间的斗争，这才刚刚打响。为了与孤件奢侈品竞争，墙纸厂也相应地限制了奢华墙纸的发售数量，每次只上市一百或两百份。同时，他们还推出了适合普罗大众的墙纸，普通资产阶级和最贫困的人也可以买来装饰自家墙壁。这种同时生产不同档位的产品、让奢侈品与其他档次产品并行的策略拓宽了企业的财路，后来也成为行业里的常见经营模式。

左页插图

墙纸生产机械化。一卷墙纸如果用机器印制，成本仅需 75 法分，如果使用传统印版印制，成本高达 3.25 法郎。图中展示的是十色墙纸印制机。

1　"太平洋海域的野人们"上市时的广告宣传册，1805 年，马孔市图书馆。

LA FRANCE
DONNE LE LA

世界音调，法国主宰

音乐是一种艺术，是天赋和文化的写照。乐器本身也常被视为一种奢侈品。十九世纪的顶尖乐器工匠们渐渐将自己的工作室转化为了生产厂，借科技进步的东风，乐器制造业兴旺发达。

为了完成从工匠制作到工业生产的转变，乐器制造者们在当时面临着一个几乎无解的难题，那就是在不同城市、不同国家，人们对乐器进行调律时并无严格统一的参照标准（使用乐器伴奏时，人们甚至根据主唱者的音调和音高来为乐器调音）。也就是说，如果谱曲者不在场，人们往往会找不着乐谱演奏该用的调。1768 年，启蒙思想家让-雅克·卢梭（Jean-Jacques Rousseau）就曾写道："我在想，是不是自打世上有音乐这个东西起，同一个音调就不可能出现两次？"[1] 总之，乐器调律就是一片混乱，丝毫没有体系。

尽管早在柯尔贝尔那时起，人们就有了将一切秩序化、规范化的目标，但还是得等到大革命开始，法国才真的付诸行动。总需要一次社会巨变来扫除一切陈规旧习嘛！

不同的标准和尺度阻碍了商品流通，将商业贸易搞得无比复杂。革命家们想将其简化，最理想的方式是参照一些恒定的、普遍的、最易为大部分人接受的标准。说干就干。1793 年，新法令出台，"革命钟表"上市。根据规定，以后一天只有十小时，每小时等于一百分钟，每分钟为十秒。

本来钟表的准确度和耐用度就已经存在问题了，现在再加上十进制计时方法……法国钟表已经完全背离白天和黑夜的正常节律了。此次另立新规的尝试最终宣告失败，不过钟表匠和人民群众倒是为重拾正常的计时方式舒了一口气。而新的重量和尺

左页插图

音调基准的问世。儒勒-安托万·利萨如（Jules-Antoine Lissajous）于 1859 年制作的标准音叉，每秒钟震动 870 次（435Hz），现藏于巴黎爱乐厅音乐博物馆。

---

[1] 让·雅克·卢梭，《音乐辞典》，巴黎，迪尚出版社，1768 年；范妮·格里本斯基，《编写音律史：在科学与音乐史之间》《人类学杂志》，2019 年，第 733 页。

LES SECRETS DU LUXE

209

寸标准则在大革命后顺利确定了下来,那就是"千克"和"米"。

而在乐器制作领域,以科学为依据制作出一支通用标准音叉还是个待解的难题。十七世纪,科学院院士、数学家约瑟夫·索弗尔(Joseph Sauveur)虽无法说话,但听力尚好。他试着测量了乐器振动的频率和音高,并创造了"声学"这个术语,在研究过程中,他还发明了第一把音叉[1]。音叉是一种金属制的 U 型叉,它拥有固定音调(由其振动时的频率决定)。

但是怎么才能数出振动的次数,并且让音叉保持标准的振动频次呢?肉眼根本跟不上音叉的振动啊!为了统一,那就必须把音叉的振动频次转化成一种可读形式,不再让音调只停留在听觉层面。

十九世纪的法国物理学家儒勒-安托万·利萨如(Jules-Antoine Lissajous)一直苦于找不到一个统一定调标准。"如今的法国音乐界,各种标准五花八门,人们用各种手段

---

[1] 丰特奈尔,《约瑟夫·索弗尔赞歌》《皇家科学院史》,1716 年,第 79—87 页。

校准生产出的乐器,这导致这种令人叹为观止的混乱局面还将无限期地存在下去。我们想确立统一的原则以规范各组织的活动,将大家使用的音叉标准化。目前,这样一个正式基准尚不存在。"[1]——在 1855 年的巴黎世界博览会前夕,这位苦恼的物理学家向法国民族企业振兴协会写了这样一封信。

1801 年,在拿破仑的支持下,法国民族企业振兴协会由各界捐款成立。虽然协会名字的首字母缩写为"SEIN"(法语单词,意为"胸部、乳房"),有点滑稽,但是协会有着庄严的使命——促进有利于制造业发展及财富创造的重要发明创新。它负责赞助那些对法国经济增长起到重要作用的发明家们的各项研究和专利申请,并为他们颁发奖金。

在信中,利萨如向协会专家们解释道,标准音叉必将为率先使用它的企业带去极大好处:"我们将以这第一把标准音叉为原型制作其他音叉,国内各机构都将拥有标准音叉。乐器制造业将以此为参考。等它成为乐器交易必须参照的指标时,所有相关人员都将自发遵守它。""音叉将有利于商贸",这个理由让人难以抗拒。于是,民族企业振兴协会内部特别成立了一个由机械专家和经济专家组成的音律委员会。

在所有艺术产业中,音乐相关产业一直是社会关注的焦点。十九世纪的上半叶,巴黎的乐器产业实力不断发展。当时,巴黎既有半工匠生产制的小作坊,也有好些雇用了几百甚至上千工人的大工厂[2]。当然,该产业的发展尤其得益于德国移民浪潮,这些德国移民带来了重要的机械和音乐领域专业知识。

琴都巴黎

当时最著名的钢琴制造商搭档——埃拉尔和普莱耶尔,也来自德国。当时巴黎的金滴区(Goutte-d'Or)里遍地都是乐器工厂,而身为音乐家和著名钢琴制造商的伊尼亚斯·普莱耶尔(Ignace Pleyel)是首批入驻该街区的乐器制造商之一。就在普莱耶尔的

第 210、211 页插图

艺术家、普莱耶尔钢琴"形象大使"——弗里德里克·肖邦(Frédéric Chopin),正在拉齐维尔王子的沙龙中演奏钢琴。亨德里克·谢米拉德斯基绘于 1887 年,现为私人收藏。

本页插图

《在巴黎金滴街区的普莱耶尔钢琴厂》,本画作绘于 1828 年,现藏于巴黎爱乐厅音乐博物馆。

---

1 《儒勒·路易·利萨如的讲演》,《法国民族企业振兴协会公报》系列二,第二卷,第 444 页,1855 年 7 月 11 日。
2 赛尔日·伯努瓦,《技术进步和音乐的发展:十九世纪至二十世纪国家工业振兴协会的作用》,历史和科学研究委员会出版社,2007 年。

工厂附近，该工厂的许多前雇员选择自立门户，建立起了自己的制造厂。

键盘乐器制造业称得上是真正的组装工业：一台乐器需要将几百个不同零件装配到一起。组装键盘乐器要求工匠既要能熟悉每种细小零件，同时又要能把握乐器的整体。所以，将这种乐器组装业和钟表制造业一起归为精密仪器加工产业的一部分并不是没有道理的[1]。生产键盘乐器与生产普通乐器最大的不同就在于，前者涉及了高级细木器的制作，而且要求师傅在工艺精湛同时还得有艺术品位。

1805 年，巴黎有二十四位钢琴制造商，到了 1831 年，人数上升至九十位。每年巴黎能卖出八千架钢琴，而其中一千架都来自普莱耶尔的琴厂。使用普莱耶尔琴的肖邦就相当于该琴厂的形象大使，起到了很好的品牌宣传作用。普莱耶尔生产的钢琴是由珍贵木料制作的，昂贵且工艺复杂，但拥有天鹅绒般的音色和清澈明净的高音。面对这些普莱耶尔琴，上至最伟大的艺术家，下至普通爱好者，所有人都心动不已。

在当时的法国，共有三千名工人受雇于钢琴制造业，除了他们以外当然还有生产其他乐器的工人——比如五百名在戈特罗（Gautrot）管乐器厂工作的工人。法国除钢琴之外的其他乐器产业年出口总额可以达到一百万金法郎。因此，乐器制造业也称得上法国的支柱产业之一。

在找到振动频率可视化测量法后，利萨如成功研制出了第一款"标准音叉"。这个音叉每秒能振动八百七十次[2]。1859 年 5 月 31 日，政府要求相关机构和各乐器制造商以这种音叉为准来为乐器调音。标准音叉成为音乐界的新标准。

标准音叉问世，乐器制造业前景一片大好，乐器生产企业数量激增，最后达到了一百九十三家。到十九世纪末，普莱耶尔的工厂共雇用了八百名员工，每年售出的钢琴达三千架。不是法国人的钢琴家李斯特（Franz Liszt）表现得比法国人还要骄傲自豪，他写道："是法国将自己的革命和时尚带给了整个落后的欧洲。"[3] 现在起，世界音调都由巴黎主宰[4]。

---

1 赛尔日·伯努瓦，《技术进步和音乐的发展：十九世纪至二十世纪国家工业振兴协会的作用》。
2 15 摄氏度下每秒 870 次振动就相当于 435 Hz（这个单位在当时还不存在。人们以 1857 年出生的发明家海因里希·赫兹之名为其命名）。
3 弗朗茨·李斯特，《音乐评论》，1837 年 1 月 8 日，第 17—18 页。特里·马尼捷，《琴都巴黎，浪漫主义钢琴的首都城市》，《法国国家图书馆评论》第 34 期，2010 年。
4 巴黎是当时音乐家口中的琴都。

LES MAÎTRES DES INDIENNES

印花布匠人

在 1686 年到 1759 年间，法国政府打响了一场"反印花布战争"。这场战争的"导火索"是东方国家（尤其是印度）卖给法国的印花棉布。由于被怀疑涉及不当竞争，外国印花棉布被禁止进入法国市场。但对法国人而言，这种时尚棉布的吸引力实在太大了，因此不少走私贩选择继续往法国输送棉布。

路易·曼德兰（Louis Mandrin）之名被载入史册。此人曾铤而走险，六次带领几百人的团伙顺利完成走私，团伙成员包括了他最忠实的几个追随者——"柔情汉 (La Tendresse)""少校 (Le Major)""飞毛腿（Court-toujours）"。曼德兰无惧包税所官员的权威，擅自往法国走私了烟草和一些由在瑞士避难的胡格诺教徒制作的印花棉布（正如我们之前所提到的，南特敕令被撤销后，这些胡格诺教徒从法国出逃了）。

这位人民眼中的绿林好汉、政府眼中的叛乱分子，最后惨死于车轮刑之下[1]——这告诉我们，如果你无权无势，那么和有权势的人对着干并不是什么好主意。当时的报刊常报道曼德兰的传奇冒险经历，这使得他偷运入境的那些违禁织物更加受人追捧了。这些轻盈的布料充满了异域风情，散发着危险又迷人的味道，成为那些喜爱昂贵事物的男女的心头好。

再加上，存在于让-巴蒂斯特·塔韦尼耶（Jean-Baptiste Tavernier）叙述中的印度奢侈布料实在让人浮想联翩。这位英勇的冒险家曾从印度戈尔孔达为路易十四带回稀世钻石。他讲述了自己在莫卧儿帝国宫廷中的见闻："塞龙基地区会出产一种特殊布料。它十分精细，穿上它后，旁人仍能把你的身体看得一清二楚，仿佛你赤身裸体一般。莫卧儿帝国不许商人们售卖这种织物。省长会将这种布全送去给宫廷里的贵人们穿。天热时，那些苏丹王妃和大领主的妻妾们就用它做外衣和裙子，国王和领主们喜欢透过这布料观赏女人的酮体、看她们跳舞。"[2]一读塔韦尼耶的叙述，王公舞会上美姬们妖

---

1 迈克尔·夸斯，《路易·曼德兰：启蒙时代的走私全球化》《葡月》，2016 年。
2 贝尔纳·尚皮恩，《仪式和材料：印度人种志的元素。年轻的骑士、奥伯内男爵、让-巴蒂斯特·塔韦尼耶先生在土耳其、波斯和印度的旅行续篇》，巴黎，皮埃尔·里布出版社，1713 年，第三卷，第 7 页。

娆旋转的景象便浮现于人们眼前。一个世纪后,法国本国制造的印花棉布让印度幻梦重新在巴黎上演。

法国国内也建起了印花棉布厂。1745 年,为了利用自由港的各种优惠政策,瑞士富商韦特尔兄弟(Les frères Wetter)在马赛创办了一家印花布厂,该工厂的产品主要销往海外。

前去参观的制造业督察官发现,"工厂的工人们只用印染版上黑色、红色和紫色部分,其他颜色,如黄色、蓝色、绿色和褐色,都是用刷子涂抹。染制后的布料色彩牢固度很高。不论是染在亚麻布上还是棉布上,这些颜料都不会因水洗而失去鲜艳色彩。韦特尔的工厂必将超越他在印度和英国的竞争对手"[1]。

可见,制造厂内同时运用着两种技术,将工匠手绘与印版复制紧密结合到了一起。这些产品的优秀质量离不开特殊的生产工艺,也离不开所使用的特制的高持久度颜料。新型颜料是将启蒙时代化学家们的发现运用到工业生产中的成果,它们不仅可以用于印染底色,也可以印染装饰花纹。要知道,柯尔贝尔在世时可是一直因为颜料在织物纤维上的固着度较低而发愁。

奥伯坎普夫和他的茹伊布

马赛印花布商人们推出的印染棉布很受顾客们欢迎。这些布料绘有波斯风图案,底色呈青绿或黄绿色。后来,他们还开发出了普罗旺斯风印花布(le style provençal),至今市场上仍可见这种风格的布料[2]。法国解除了印花棉布禁令后,韦特尔家族定居在法国东南的奥朗日。他们雇用了五百多名工人。就在同时,1762 年,一个新的法国印花棉布制造厂诞生并开始与韦特尔竞争国外市场——克里斯托弗·菲利普·奥伯坎普夫(Christophe Philippe Oberkampf)在茹伊昂若萨正式开办了自己的工厂。他不知道的是,在未来四十年,自己这家工厂将成为圣戈班之后法国最重要的制造厂之一。

奥伯坎普夫有条不紊地安排着工厂的生产,向着自己的预期目标稳步前进。为了打击业内已经成风的抄袭行为,他鼓励印版刻制工坊的工匠大胆创新、不断推出新的印染花样。其中大型的图案被用于室内装潢,小型的图案则用于点缀时尚服装。

左页插图

波斯风花纹印花布英式裙(细节图),奥伯坎普夫棉布厂生产于 1783 年到 1789 年间,现藏于法国巴黎茹伊布博物馆。

1 《制造业巡查报告:1745—1750》。
2 阿齐扎·格里伊·马里奥特,《马赛印花布的消费情况(十八世纪末十九世纪初)》,《地中海沿岸》第 29 期,2008 年。

奥伯坎普夫在追求质量和创意方面付出的辛劳得到了回报。1783 年,他的工厂获得了皇家制造厂称号,被允许在全国范围内销售自家厂中生产的布料。他工厂的布料可以不打铅印而且免收国内过路税,督察官也不会来巡查工厂。

法国大革命发生后,与所有其他企业一样,奥伯坎普夫的布厂也受到了沉重打击,被迫停工长达六年。六年后,在 1795 年,由于"马赛人民是最迫切想要重新穿上茹伊造印花棉布的人。考虑到他们的需求,我们(奥伯坎普夫布厂)在百业萧条的革命恐怖时期生产了本地特供的黄铜底色全新款式布料"。这种拥有特殊底色、绘有精细小花小草图案的布料被称为"烟囱工布

第 218、219 页插图

位于法国茹伊昂若萨的奥伯坎普夫制造厂,印染棉布正在附近田野上进行晾晒。让 - 巴蒂斯特 · 于耶绘于 1807 年,现藏于巴黎茹伊布博物馆。

本页插图

韦特兄弟在奥朗日开设的印花棉布厂内部图。约瑟夫 · 加布里埃尔 · 玛利亚 · 德 · 罗塞蒂绘于 1764 年,现藏于奥朗日艺术和历史博物馆。

(ramoneur)",后来也得名"益草布(bonnes herbes)"[1]。

那个通过举办竞赛来激励高级染料研发的时代已经离我们而去了。回首当年,工厂还无法批量生产绿色染料;而天然的绿色染料非常少见且染制效果不佳——孔雀石粉、绿土(硅酸铁的天然沉积物)、蕨类植物和其他荨麻植物染出的绿色苍白发灰。所以长期以来,染匠们通过混合蓝色和黄色染料来制造绿色。但是,这种绿色在布料上显得非常不稳定,容易褪色,以至于绿色在当时已经成了一种象征,给人一种转瞬即逝、意料之外的感觉。这样看来,人们把美钞染成绿色颇有道理[2]。

十九世纪初,英国发起了一项赛事:谁能研制出不易褪色的绿色染料,谁就能获得一笔约一万里弗尔的奖金。早在这之前,老奥伯坎普夫就已经在自己开设的工厂当地开办了染料化学讲堂。在这里授课的都是名师专家,其中包括著名化学家贝托莱(Berthollet)和盖伊-吕萨克(Gay-Lussac)。当研究出新的成果之后,就立刻投入那家以茹伊布蜚声国际的著名工厂中进行试用。经过多年努力,他们最后克服了这个难题,染出了令人满意的绿色。茹伊布的有钱买家们只看得见布上的美丽图案和丰富色彩,却不知生产者在这背后曾付出了多少时间和心血。

拿破仑为了"嘉奖那些对工业发展做出贡献的企业和组织",每十年会颁发一批用以表彰优秀民族工业的大奖。正是在获得十年大奖后,奥伯坎普夫奢侈印花棉布生产过程中的艰辛才为世人所知——在1810年的首次颁奖中,奥伯坎普夫工厂因"发明滚筒印染机、改良铜印版刻制流程和印染流程、研制出只需染制一次的不褪色绿色染料"而获奖。奥伯坎普夫工厂推出的绿色染料更是被誉为"化学领域最了不起的突破之一"[3]。

与此同时,抄袭奥伯坎普夫式印染图案的做法开始变得屡见不鲜。在波尔多,奥伯坎普夫企业的仓库主管已经预见:"在未来,要面对的竞争将更加激烈。"[4]

---

1 戈特利布·维德默,《茹伊布厂回忆录》,1843年。
2 米歇尔·巴斯图罗,《一种颜色永远不会单独出现——色彩志(2012—2016)》,2017年。
3 艺术和制造业咨询办事处,《茹伊和埃松的制造业发展说明(从1808年开始搜集)》;皮埃尔·夏萨涅,《奥伯坎普夫:启蒙运动世纪的商业大亨》,奥比耶出版社,2015年。
4 杜赫隆的信,波尔多,1815年1月5日。1842年,由于设计被不断抄袭,难以与市面上低端同款产品争夺市场,奥伯坎普夫的工厂被迫关闭。

LES SECRETS DU LUXE

LES JOUETS DE LA GOUVERNEUR

王室女教师的玩具

让利斯夫人（Madame de Genlis）的生平很是传奇。生于 1746 年的她是奥尔良家族子嗣的家庭教师中唯一的女性，出版的书籍多达 140 卷。这位夫人不仅逃过了法国大革命这一劫，还看着自己曾经的学生成了法兰西人民的国王——是的，她是路易·菲利普（Louis-Philippe）的老师，曾带他了解各种制造业的生产工艺。菲利普统治时期的法国奢侈产业能够蓬勃发展，这其中也有她的一份功劳。"他那时还只是一个贵族少爷，而我把他培养成了一个正直的人；他头脑迟钝，我让他的思维变得敏捷灵活；他曾胆小怯懦，而我给予他勇气。"[1] 这些是让利斯女士谈到路易·菲利普时说的话语，由维克多·雨果转述。女士的这番话中透着满意，和她在写日记时的语气一模一样。她这种特别的教育方法被称为"让利斯教育法（genlisien）"。

在成名之前，让利斯夫人手上握着一副坏牌，没有哪一张能让她出人头地。夫人原名菲丽希缇·迪克雷（Félicite du Crest），她在十七岁出嫁前的生活并不宽裕。菲丽希缇的父亲希望在新大陆东山再起，他在卖掉家中城堡还债后就出海去了法国海外殖民地圣多明各，被抛下的迪克雷夫人和孩子们过得十分拮据。幸运的是，拜倒在迪克雷夫人石榴裙下的拉波普利尼耶先生（Monsieur de La Popelinière）决定慷慨地接纳自己的情人和她的子女，让他们住进自家……但是他在另娶之后又把他们赶了出去。而让利斯夫人的父亲那头呢？他的船被英国人扣留了。他自己身上剩的那点可怜的钱成了他回巴黎的路费。结果回到巴黎后，由于无法按期将汇票兑付，他被投入监狱。在狱中去世之前，他给自己的狱友让利斯伯爵看了看他美丽女儿的微型肖像[2]。

后来一被释放，这位伯爵就马不停蹄赶去见菲丽希缇。一介孤女很快就被这个出身望族且有钱的男人打动。这个意外出现的男人成了菲丽希缇颠沛流离的前半生里的唯一救星。他们一共

左页插图

让利斯夫人在为奥尔良公爵的私生女阿德莱德公主上竖琴课，"英国女孩"帕梅拉在为她们翻琴谱。1842 年，本图由让-巴蒂斯特·莫泽斯参照吉罗斯创作于 1791 年的画作绘制，现藏于凡尔赛宫和特里亚农宫博物馆。

1　居伊·安东内蒂，《路易·菲利普》中的《对让利斯教育方法的评价》一节，巴黎，法亚尔出版社，1994 年。
2　加布里埃尔·德布罗利，《让利斯夫人》，巴黎，贝兰出版社，1985 年。

生育了两个女儿，分别起名为卡洛琳和皮尔谢丽。成为年轻的妈妈后，菲丽希缇还开始写书[1]。

这对夫妇的生活本来是和和美美的，直到他们搬进了皇宫：菲丽希缇的姨妈帮她谋得了沙特尔公爵夫人（La duchesse de Chartres）的侍从女官一职[2]。结果刚上任两星期，菲丽希缇就投入了公爵的怀抱。你问这事有没有成为大丑闻？那倒没有。在那个年代，只要表面功夫做得滴水不漏，在公众场合还是规规矩矩的，那么三角恋情也不是什么大事。而菲丽希缇的丈夫则在被提拔为圣多明各的总督后就终止了自己这场仿佛狗血闹剧一样的婚姻。

王室教师

公爵的两个女人相处得奇迹般的融洽。融洽到什么程度：在 1779 年，公爵夫人甚至赞同丈夫安排让利斯夫人来教导他们的女儿（后来她还成了他们三岁的幼子的教师）。史无前例！让利斯夫人被推到了风口浪尖：路易十六正式封她为奥尔良公爵子嗣的家庭教师，这是史上第一次有女性被任命为王室教师。"这一称号承载着王室的信任，获得这项殊荣后我只求了一件事：对孩子们的教育拥有绝对的控制权。"[3] 让利斯夫人的野心已经初步显露，公爵夫人该警惕起来了，因为在未来，这位穿裙子的御用教师将赢得她孩子们的喜爱，并将"统管王子公主的所有教育事务"[4]。这个在二十年前还全无出头之日的女人如今已经平步青云，身居高位。

让利斯夫人在按照她的指示建造的贝勒沙斯馆中教导这一群孩子。这其中包括了她与丈夫生的两个女儿，公爵家的四个孩子以及谎称是英国女孩但其实是她与公爵私生女的帕梅拉和埃尔米妮。启蒙思想家们倡导动手实验和感觉论，受此思想影响，夫人为这些孩子量身打造了教学计划。这个教学计划很是"硬核"：孩子们每天早上六点就晨起上课，晚上十点再上床睡觉。

左页插图

微缩实验室模型的细节图，实验室中有通风机、烤箱、炉子、蒸馏器、广口瓶、蒸馏甑和坩埚。1783 年，让利斯伯爵夫人于机械师艾蒂安·卡拉（Étienne Calla）处定制了一套这样的模型用于孩子们的教学。这套模型现藏于工艺博物馆。

---

1 《1765 年，一位二十岁的母亲在第一次怀孕时写下的反思》，《阿黛尔和泰奥多尔，或关于教育的信件：针对王子、年轻人和成年人三种不同人群的教育计划》（1782 年，她被任命为教育主管时制定了这套教育方针），《时间安排》（1824）。
2 奥尔良公爵的称号只有在持有人去世时才转让给他的长子。因此，沙特尔公爵和公爵夫人直到 1785 年才获得奥尔良的头衔。
3 多米尼克·朱莉娅，《王子和学生：让利斯夫人对奥尔良王子的教育研究（1782—1792）》，《教育史》第 151 期，2019 年，第 87 页。
4 "为了满足对王子和公主的教育需求，让利斯夫人雇用了 44 名员工，包括西勒里侯爵夫人、房间侍者、随身侍从、厨房佣工、洗衣工和负责打点衣柜的侍女。每年花在这些员工身上的总支出为 54816 里弗尔，占全皇宫员工工资预算的 13%。"《皇宫工作人员状况》，1789 年，多米尼克·朱莉娅引用）。

LES SECRETS DU LUXE

让利斯夫人每分每秒都不放过，连和孩子们的散步谈话都是用英语或意大利语进行的。孩子们的卧室墙壁上贴着神话或历史主题的墙纸，这些都是授课内容。花园也被利用起来，孩子们在这里学习植物学和几何学。

让利斯夫人连王子们与其母亲共度的时间也会精打细算。她会因为王子们有一小时四十六分钟没花在学习上而生气，并为此事致信公爵建议他们认真完成学习计划中的活动。

夫人定下的规矩很严苛。男孩子们中最年长的菲利普（未来的国王）身体不够健壮，夫人就让他穿铅制的重鞋；而最年幼的孩子也难逃"魔掌"，夫人会把他该练哑铃的时间精确到分钟，如果完不成就有被惩罚的风险。让利斯夫人掌握着全局，将一切都收入眼底。夫人的卧室和另一个教室——阿德莱德公主的房间只隔了一面单向玻璃，因此她能在自己房里监视着她学生们和授课老师的一举一动，然后把每个反应都记录在每日与家长的通信中。这位女老师因此获得了一个"将军"的外号。

另一边，夫人也革新了传统教学方法。她开始在课堂上使用电影放映机的前身——早期的幻灯机来进行教学，而且还会带孩子们去参观工厂（圣戈班）。孩子们可以玩一些根据《百科全书》上的描述制作出的微缩模型。"我给孩子们定做了些按等比例缩小的完美模型，这些东西将有利于他们了解各种工艺。"[1] 所有现实场所都被还原在了模型里——细木工厂、硝酸厂、钉厂、制锁厂、砂铸厂、化学实验室、陶器厂和瓷器厂。这些游戏无疑为孩子们将来的实践打下了基础。沙特尔公爵对让利斯夫人的教育方式十分满意，因为他本人对制造业也兴趣浓厚。夫人本人的弟弟也是一名经济学家和水力机械发明家，正是他让自己的姐姐懂得了制造业对国家经济的重要性[2]。作为皇室教师，夫人希望能培养出一群有能力理解这个世界，能应对未来一切变局的孩子。

尽管她的教育方式受人谴责，但后来的历史告诉我们，夫人的选择是正确的。1830年，由夫人一手带大的小瓦卢瓦公爵登上王位，这便是我们的路易·菲利普一世。这位新国王开始大力支持国家制造业的发展——餐具制造业、乐器制造业、纺织业，当然也没忘了火车制造业、化学工业和机械工业。在他统治的时期里，发明家数量也呈指数级增加。虽然在这个世纪里，资产阶级已经是消费主力，但是国王也没有忘记贵族们。他继续推行了前任国王颁布的"大革命流亡贵族十亿补偿法（La loi du milliard aux émigrés）"[3]，该法旨在为在大革命期间家产遭到掠夺的贵族提供补偿，七百名贵族受益于此法，获得赔偿的他们后来也更积极地参与到了奢侈品商贸活动之中。

---

1 让利斯夫人，《回忆录》，巴黎，巴尔巴出版社，1825 年。
2 夏尔-路易·杜克雷，1747—1824 年。
3 1825 年 4 月 28 日，国王夏尔十世推行"十亿补偿法"。

经历了十一次改朝换代之后，让利斯夫人在八十三岁时撒手人寰。生前，她非常支持自己学生提出的治国理念——"用工作、用储蓄、用廉洁让你们自己富起来！"让利斯夫人的作品和教育方法一直饱受争议。有人认为"她的作品里没什么值得传世的，她从没有摆脱自己的平庸"[1]。卢梭曾称，女人所受的教育必须"与男人有关"，没有男人就没有女人，女人自己什么也不是[2]。让利斯夫人可不像他说的那样。这位夫人的一生就是对这一论调的最好反驳。

---

1 费尔迪南·布伊松，《教育学词典》，1887年。该书作者也是"世俗化（laïcité）"一词的发明者。他讨厌让利斯夫人（夫人是虔诚的天主教徒）。
2 让-雅克·卢梭，《爱弥儿或论教育》，1762年："妇女的所有教育都必须与男子有关。女人要学着取悦他们，帮助他们，让他们得到爱和尊重，养育年幼时的他们，照顾长大后的他们，给他们建议，安慰他们，让他们过上愉快和甜蜜的生活；任何时候这都是妇女的义务，也是她们从小就要学的。"

ISIDORE, UN ESPION EN CHINE

伊西多尔，潜伏在中国的间谍

1843年，法国特使拉萼尼（Lagrené）率领法国使团开启了中国之旅。"吸引我们来到这片遥远之境的不仅是笼罩在这一未知文明上的重重疑云。更重要的是，我们知道，通过开发这片巨大市场，全世界人民都能获得大量财富。"[1]

没有国家不渴望拥有一个有着三亿五千万潜在客户的巨大市场。而中国，正意味着这样一个市场。但是由于缺乏对中国人生活方式的了解，没有人真的知晓他们需要什么、渴望什么。简而言之，没人知道可以卖给他们什么。

1843年，鸦片战争后不久，法国贸易大臣就派遣了泰奥多尔·德·拉萼尼（Théodore de Lagrené）使团赴中。几个月后，大臣还派遣了一个商业顾问团，该团由法国各支柱产业的四位专家组成：棉纺业代表奥古斯特·奥斯曼（Auguste Haussmann），巴黎各产业代表埃德蒙·雷纳尔（Edmond Renard），羊毛纺织、呢绒、香槟产业代表那达利·隆多（Natalis Rondot）和丝绸业代表伊西多尔·埃德（Isidore Hedde）。1844年2月20日，他们乘着阿基米德号离开布雷斯特湾。值得一提的是，阿基米德号也是法国的首艘远航蒸汽船。

在前往广东之前，法国商业使节带着强烈的兴趣先去往了澳门。可惜，澳门虽然有令他们着迷的风土人情，但是这里的商业状况却令他们失望。奥斯曼将他最新的调研成果汇总了一番[2]："中国在1844年的商业进口总值约三亿两千万法郎，其中一亿两千万是合法进口，另两亿则是非法进口（属于鸦片走私）；总出口额为一亿五千三百万法郎；逆超一亿六千七百万法郎。在这四亿七千三百万中，与第一大贸易国英国的贸易总额达到了三亿八千万。"奥斯曼指出，中国的第二大贸易国是美国，而中国与法国的贸易额仅为三十万法郎。"英美取得的成绩让法国望尘莫及，只有艳羡的份。"

左页插图

伊西多尔·埃德（Isidore Hedde）的肖像，约1846年绘于中国，现藏于克罗扎蒂埃博物馆。

---

1 奥古斯特·奥斯曼，《广州与欧洲在中国的贸易》，《两个世界》第十六卷，1846年。
2 奥斯曼，《广州与欧洲在中国的贸易》，同前。

LES SECRETS DU LUXE

本页插图

《丝的生产和织造》，摘自拉萼尼使团留中时期，伊西多尔·埃德向广东画家煜呱（Yoeequa）定制的画集，绘于 1848 年，现藏于法国国家图书馆。

打入绝密工厂的圣艾蒂安人

除了鸦片之外,棉花制品也在中国的进口商品中占了大头。中国之所以需要进口棉制品,主要是因为本国的棉纺产业发展落后。"在农村地区,中国工人仍在使用手摇纺车和织布机来制作棉布,但是他们每天能赚 1.5 法郎。这个薪水已经高于法国乡下大部分织匠了。这也证明了,当时中国的劳动力并没有我们想象的那么便宜。"因此,法国完全可以靠棉纺产品进军中国市场。

LES SECRETS DU LUXE

而在丝织品方面，中国本身就是丝绸出产大国，所以并不需要额外进口。代表法国最古老的奢侈产业——丝织业的伊西多尔懊恼不已。他能为自己所代表的行业做点什么呢？突然，他想到了一个点子：做间谍。

向中国出口丝织品是没希望了，但是他可以观察一下为何中国的丝织产业比法国要发达这么多。伊西多尔考察了五个通商口岸，与负责引进外国产品的中国经销商进行了会晤，研究了大量丝绸和花边样品。他仔细地搜集了其中有技术创新或款式创新的样品，调查了那些大获好评的丝织产品并打探清楚了它们的价格。

这是史无前例的一次市场调查。伊西多尔并不满足，这个来自圣艾蒂安的绸缎商打算偷师两个世纪前耶稣会士的做法。他把自己化装成中国人，然后冒险潜入了帝国未开放地区的制造厂中。至今我们也不知道他是怎么骗过那些找他搭话的中国人的。这个伊西多尔不仅长相带有鲜明的洋人特征，而且和之前的耶稣会士大不一样的是，他一句中国话都不会讲。他唯一的依靠就是那粗劣的伪装。

天朝上国幅员辽阔，人们所使用的方言也不尽相同。伊西多尔应该就是靠着这点蒙混过关的。这个花招奏效了，他把一些织造机和拈丝机微缩模型偷偷带回了法国，记录下了一些中国特有的、使丝织生产更加省时的工艺，以及中国人所使用的染料；他还买了一些中国蚕蛹并安排人绘制了中国加工法的图解[1]。

1844年10月24日，中法双方在阿基米德号上签下条约后，四位法方商业代表打道回府。为了庆祝他们顺利返回，1846年巴黎举行了盛大的展览会。次年，伊西多尔在里昂组织了一个以丝织为主题的展览会，会上展出了两千零三十件中国丝织品。"参观者可以观赏和触摸这些展品，而艺术家、工匠和各大企业也可以从他们的剪裁和图案花样上取经，仿制这些产品生产对外出口的商品，或者获得灵感以改善自家产品。"[2] 和伊西多尔料想的一样，他的间谍工作为法国丝织业注入了新活力。

左页插图

1848年前后香港及其附近地区被割让英国时，香港岛港口的情景。《中国城市集》，拉萼尼使团绘，现藏于法国国家图书馆。

---

1 伊西多尔等人寻访了一些著名的中国工匠和中国画家，这些人专门从事外销贸易（出口到西方的中国商品制作），其中包括了新呱（Sunqua）、庭呱（Tingqua）、煜呱（Youqua 或 Yoeequa）等人。这一点在德梅勒纳尔·杜耶尔作品中有提及，同前。

2 法国国家档案馆，《路易·约瑟夫·布菲致农业和贸易部部长的信》，1849年2月14日。信中谈到了设立中国博物馆的想法，但是并没有实现（在德梅勒纳尔·杜耶尔作品中有提及，同前）。

CHAMBOULEMENT CHEZ LES ORFÈVRES

金银器革命

1292 年起，金银匠们被认可为合法工匠。八年学徒期一过，他们就可以成为经行会认可的师傅，并在行会管控下从事金银加工业。五个世纪以后，行会制度的废除导致了混乱，也使竞争再度升级。有一些意识超前的企业家则开始将这门工匠手艺产业化。

在十九世纪的金银制品界，有两个名字熠熠生辉。一是奥迪奥（Odiot），它代表着孤品金银器制作工艺的辉煌传统[1]；另一个则是克里斯托夫勒（Christofle），它代表着通过技术创新实现金银器批量生产的可能性。金银器制造业花开两朵，这两个家族各表一枝。谈起它们，1802 年是个值得一提的时间节点。在那一年，拿破仑还只是执政；雨果和大仲马才出生；物理学家布鲁尼亚泰利（Brugnatelli）刚成功实现电镀法镀金；金银匠们则在那年里首次参加了全法工业博览会。

让-巴蒂斯特·克劳德·奥迪奥（Jean-Baptiste Claude Odiot）在 1802 年的博览会上获得金牌。评委对他作品的评价是这样的："奥迪奥公民的作品风格优雅，千姿百态。不论是作品的整体还是上面精心选择、多种多样的点缀，都体现出了一种纯粹和精致之美。"[2] 奥迪奥风格大受好评。镏金器专家盛赞他的古风式样作品：精雕细琢的巴克斯、维纳斯、阿多尼斯、塞王和振翅的斯芬克斯浮现于奥迪奥制作的花瓶、果盘和餐具上。克劳德是金银匠世家奥迪奥第三代传人，神话题材是他金银器作品的一大特色所在，奥迪奥家族的名气也在他这一代达到鼎盛。

奥迪奥家族的作品折射出那个时代的审美，它们堪称金银匠工艺领域的最高杰作。家族的客户是极小一撮特定人群：拿破仑皇帝、约瑟芬皇后、法国上流阶级以及包括尤索洛夫王子和沙皇在内的一些俄国人。值得一提的是，当时的沙皇还曾向包括奥迪奥在内的三位法国匠人订过几件"价值达到一百五十万法

左页插图

《坐在纯银器和镀金银器旁的著名金银匠让-巴蒂斯特·克劳德·奥迪奥》，罗贝尔·雅克·勒菲弗绘于 1822 年，现藏于底特律美术馆。

1　1720 年，让-巴蒂斯特·加斯帕尔·奥迪奥被行会认可为金银匠师傅，他是让-克劳德·奥迪奥的父亲和 1785 年获得行会认可的让-巴蒂斯特·克劳德的祖父。
2　《世界通报》，1824 年。

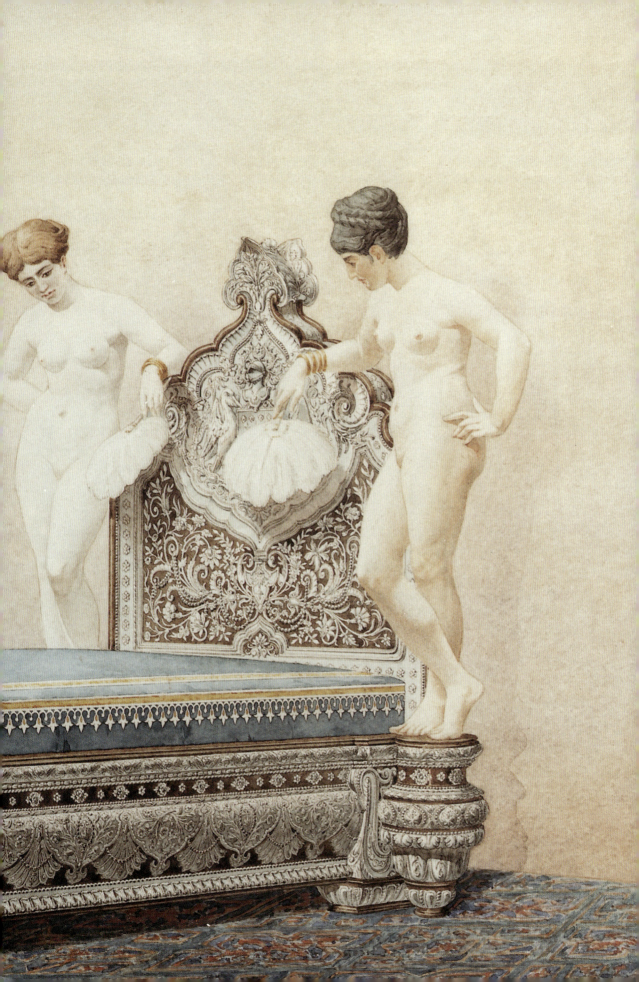

郎"的银器[1]。好家伙，相当于法国纺织业工人工作两百七十四年的总产值！在把工坊传给继承人夏尔-尼古拉（Charles-Nicolas）之前，老匠人克劳德·奥迪奥用铜复制了自己最得意的作品，并将其交给了卢浮宫，期望后来的匠人能够从中获得启发。

和十九世纪的新兴企业家们相比，工匠大师奥迪奥的做法有点太旧派了。在奥迪奥那里，"产业（industrie）"这个词还是没有摆脱"手艺"这层原意，指的仍是工坊、匠人和一片不大的市场。而在夏尔·克里斯托夫勒（Charles Christofle）眼里，"奢侈品产业"这个词取的是柯尔贝尔式的新定义，指的是规模被扩大到极致的制造、技术创新和生产。

1805年出生的克里斯托夫勒没有受到旧时代行会制度的束缚。十五岁时，他在他妻子兄弟的珠宝工坊做学徒，到了1830年后，他正式接手了这个工坊。如果想功成名就，这个年轻人本来可以选择踏上奥迪奥或者王后御用珠宝匠梅莱里奥（Mellerio）曾走过的老路。但克里斯托夫勒没有。1842年时，他做出了第一个重大决定——买下一项专利[2]。你觉得他行事有些古怪？其实并不。

居于幕后的科学

路易·菲利普保留了在拿破仑·波拿巴扶持下建立的民族企业振兴协会。协会继续激励着发明创造，并与企业商讨将发明投入生产的详细事宜。克里斯托夫勒当时对电镀法的生产应用尤其感兴趣。"要想知道我们这个年代科学发明的前景，只需要去看电镀实验即可。科学的强大就在于，仅用捕捉不到的、神秘的电流就能驯服桀骜的金属，让它随人类的任何奇思妙想而动。未来的某一天，科学进步会将当下技术无法做到的一切都变成现实。"[3]

1800年到1840年间，科学家们对电流的应用进行了研究。通过一系列数学、物理和化学方面的实验，伏打（Volta）发明了伏打电堆；他的门徒、同事布鲁尼亚泰利（Brugnatelli）则发现了如何让金属附着在基底之上；俄罗斯物理学家雅克比（Jacobi）

第 236、237 页插图

《纳瓦布的床榻》，水彩画。画中的床由克里斯托夫勒公司在 1882 年为"马哈拉贾"[1]萨迪克·穆罕默德·可汗四世（Sadeq Muhammad Khan IV）制作，床的四柱上有可动的裸身女子雕像，克里斯托夫勒家族遗产之一。

---

1 旧时印度的王公、邦主的称号。萨迪克是当时英属印度巴哈瓦尔布尔的统治者、第十任纳瓦布。——译注

左侧插图

加尼叶歌剧院（巴黎歌剧院）顶饰雕像的其中一座，克里斯托夫勒工厂庭院中正在制作中的《诗》（La Poésie）。由夏尔·居梅里（Charles Guméry）雕刻，由克里斯托夫勒公司完成镀金，完成于 1868 年，克里斯托夫勒家族遗产之一。

---

1 威尔弗里德·泽斯勒，《十九世纪为俄罗斯顾客服务的巴黎金银匠》《在俄罗斯的法国人与法国》，安妮·查伦，布鲁诺·德尔玛，阿梅勒·勒戈夫主编，法国国家案卷保管和古文书学院校出版社出版，第 313—339 页。
2 奥利维耶·加贝，《万年奢华：卢浮宫展览名录》，Kaph Books 出版社，第 127 页。
3 路易·菲吉耶，《科学奇迹或现代发明的通俗讲解》第二卷，巴黎，福尔内、茹韦与希出版社，1868 年，第 285—384 页。

成功用电流在铜板上复刻出纹路;法国人亨利·德·吕奥尔斯(Henri de Ruolz)于1841年6月18日申请了湿法镀金镀银的专利。克里斯托夫勒的脑筋转得飞快:为何不将这些科技创新用在餐具中呢?

自打路易十五时代起,富有家庭才有的家中餐厅开始走入小资产阶级家中。餐具的市场慢慢变大了。当然,也别忘了餐馆、旅馆和火车、轮船上的餐厅,这些地方对优质餐具的需求极大。夏尔·克里斯托夫勒立刻行动了起来。他与吕奥尔斯碰了面,企业家和科学家联手开始了餐具镀金实验。夏尔还专门请来艺术家们为餐具设计了精美的模型。餐具的基材不再是实银材料,而是采用更便宜的合金,餐具基底制作完毕后再将其浸入电解液中进行镀银。

国王路易·菲利普也从克里斯托夫勒那里购买了一套餐具。意料之外的国王客户让这位金银匠名声大噪。在此后的20年内,他设立于邦迪街的工厂里"一共镀了77吨的银子,总业务额达到一亿七百万法郎"[1]。《费加罗报》曾写道:"在克里斯托夫勒先生了不起的发明问世之前,普通老百姓只能用寻常金属盘用餐,这些盘子极易在氧化后产生毒性。要解决这个问题,就必须找到不如真银器那么贵的'银器'。在这方面,夏尔·克里斯托夫勒先生实在是功不可没。"[2]

夏尔在1863年逝世,他的儿子保罗以及侄子亨利·布利耶(Henri Bouilhet)传承了他的衣钵,继续在研究道路上越走越远。在推出新系列产品的同时,他们带领下的克里斯托夫勒公司在技术和艺术上也有创新,产品一直以质量上佳著称。

艾蒂安·雷诺阿(Étienne Lenoir)研发新式电镀技术并申请了专利后[3],保罗对他的技术进行了改进以完成大尺寸雕塑的镀金任务。巴黎新歌剧院顶部雕塑、矗立于马赛守护圣母圣殿之巅的圣母像,这些都是保罗的成果。上至高达十一米的艺术品,下至镀金银的小勺子餐具,克里斯托夫勒公司都能造出来。这个品牌一直笼罩在"大师之作"的光环之下。从法国、俄国、印度的帝王到无名百姓,人人都爱克里斯托夫勒家的产品。克里斯托夫勒企业的工人规模从最初的一百二十五人发展到了世纪末超一千人。奥迪奥家族的忠实客户买了不少克里斯托夫勒家族的餐具,而后者最大的客户群可能一辈子也添置不起一件奥迪奥家的产品。两家企业都在奢侈制品领域打拼着,奥迪奥家一直传承着工匠式制法,而克里斯托夫勒则主打产业化和超大件产品制作。正如大仲马后来写的那样——是克里斯托夫勒主宰了时尚。

---

1 路易·菲吉耶,《科学奇迹或现代发明的通俗讲解》第二卷,巴黎,福尔内、茹韦与希出版社,1868年,第285—384页。
2 《费加罗报》,1857年4月16日。
3 同注1。

DU CHARBON AUX MALLETIERS

从煤炭到制箱匠

"当年,我们的父辈就离不开旅行箱包,现在,我们对这些包仍爱不释手。"乔治·威登(Georges Vuitton)在1892年写下了这句话。交通方式的改变让箱包匠人、豪华酒店、船舶和火车头等舱也跟着经历了剧变,致力于让出行更舒适便捷的产业诞生了。

如果乔治·威登生在我们这个年代,他写的这本《从遥远年代到现在的旅行史》(Le voyage depuis les temps les plus reculés jusqu'à nos jours)是出版不了的,因为它研究的并不是时兴技术和款式。乔治指出:"如果要谈论当下的箱包制品,我们就不得不过多地涉及我敬爱的父亲创办的品牌——路易·威登。"[1] 而他并不愿意如此。在书中,闭口不谈自家箱包的乔治·威登回顾了从古代到七月王朝,再到威登家族企业诞生前夜的箱包史。作为后人,他谦卑地向历史求教,这在奢侈品界可是很少见的,同时也反映出这位匠人对他所从事职业的真挚感情。

在回顾自己所处的十九世纪时,他重点提及了拉沃莱耶家族(La Maison La volaille)、皮埃尔·戈迪约(Pierre Godillot)和两个阿尔萨斯人——托特(Trotte)及舍费尔(Schaeffer)的创新。拉沃莱耶设计出了首款旅行专用箱,并在之后推出了"样品箱(marmotte)"(一种用来盛放样品小件的箱子),这两种箱子是生意人乘火车时的最爱;戈迪约在1826年成立了"旅行者百货店(Le Bazar du Voyage)"品牌,而且改良了手提旅行袋(le sac de nuit,一种水手用旅行袋,袋口处用一根滑绳收紧),他在包上添了咬合钢扣和两条皮革带[2],并在包底还另加了一个独立小包(这个小包对短途旅行者和小孩子们来讲很实用);阿尔萨斯二人组发明的双层箱取得了巨大成功,他们二人还被请去马德里王宫为一位尊贵的客户——西班牙王后玛丽·克里斯蒂娜(Marie-Christine)制作箱包[3]。

---

1 乔治·威登,《从遥远年代到现在的旅行史》,巴黎,当蒂出版社,1901年。
2 彼得·戈迪约年幼的儿子曾帮自己的父亲缝制箱包皮革带。这个孩子将开创一个繁荣的军用鞋产业,他生产的鞋子现在俗称"戈迪约鞋"。
3 乔治·威登,《从遥远年代到现在的旅行史》,巴黎,当蒂出版社,1901年。

从以上几人的事迹可以看出，随着出行越来越频繁，需求也在多样化。那为什么是在这个时候才发生了呢？之前为什么没有？一切还要从工业革命说起。

1797 年，"工业革命"这个说法才流行起来。为了与英国人抗衡，雅克 - 安托万·穆尔格（Jacques-Antoine Mourgue）制定了一个贸易战计划："法国人应该和英国人唱对台戏，在各领域都发起工业革命，从英国那里抢夺尽可能多的财富。"

为了与一个水手和商人之国匹敌，法国首先得成为一个工业和科学强国[1]。双方的较劲围绕着十九世纪的伟大发明、靠烧煤产生蒸汽来驱动的交通工具——火车而展开。其实法国没那么落后，但在当时"落后的法国"这一论调十分流行，这也渐渐让爱国情怀在科技发明领域生了根。受了刺激的法国科学家和投资者们振奋起来想要拯救祖国[2]。

法国的首批铁道问世了。这些铁道主要用来运商品，偶尔也会运运人。里昂医学院在 1835 年指出："各地域气候环境不同，从一个地区过快地进入另一个地区可能会对呼吸道产生影响，严重的话可令人死亡……火车的振动将引起神经疾病……窗边景物的快速闪动还会让视网膜发炎。"[3]

最初时速为 16 千米的火车被形容得如地狱一般，敢搭乘它的欧洲人都是了不起的勇士。英国人斯蒂芬森研制出"火箭号"动力机车后，不甘示弱的法国各领域的科学家致力于研制更加强劲的机车头[4]。"火箭号"可以在载重 13 吨的情况下以 56 千米的时速运行，这个速度打破了当时的火车运行世界纪录。结果英国人还没开心多久就出事了：就在利物浦到曼彻斯特铁路线开通仪式当天，大受赞美的新机车当着首相的面撞死了议员威廉·赫斯基森（William Husskinson）。这位议员算是为科技进步而献了身，他的去世并没有使未来人们乘火车的热情减损半分。

旅行的艺术

铁道的发明不仅方便了制造业运输原材料，也孕育了现代旅游业[5]。有了从巴黎延伸出

左页插图

圣拉扎尔火车站，"站台"上的优雅乘客。该火车站是为巴黎 1837 年建立的首条铁道线而设，该线连通圣日耳曼昂莱和巴黎，欧仁·库尔布安绘于 1900 年，现藏于国家汽车博物馆。

1 让 - 巴蒂斯特·弗雷索，《现代性与全球化》，载于多米尼克·佩斯特，卡佩里·拉吉，H. 奥托·西布姆（主编），《科学与知识史》，巴黎，瑟依出版社，2015 年，第 2 卷，第 369—386 页。
2 同前，《现代性与全球化》。
3 让 - 皮埃尔·肖邦，《十九世纪的科学发现和政治思想》，巴黎，巴黎大学出版社，1981 年。
4 火箭号（法语"la fusée"）的问世得益于包括蒸汽锅炉（法国人马克·赛甘研发）在内的两项发明成果。
5 十七世纪和十八世纪的"游历（le Grand Tour）"一词指的是年轻法国贵族们在欧洲各国首都进行的游学，后来这个词演变成了旅游业（le Tourisme）。

LES SECRETS DU LUXE

去的铁道网，从首都出发去往度假地将更加方便[1]。铁道不仅服务了欧洲，还服务了来自遥远国度（美国和印度）的游客：火车使用的最新驱动技术也被应用在船只上。由风帆和蒸汽同时驱动的船舶诞生了。不过，随着科学技术的进步，最后仅需蒸汽即可驱动船只。全球最有钱的人们开始为了娱乐而出行。

1　1842 年 6 月 11 日，《铁路法》允许私营公司为国家建设耗资巨大的铁路网提供资金支持，这些公司可以从中获得利润分红。这是法国铁路线建设的起点。

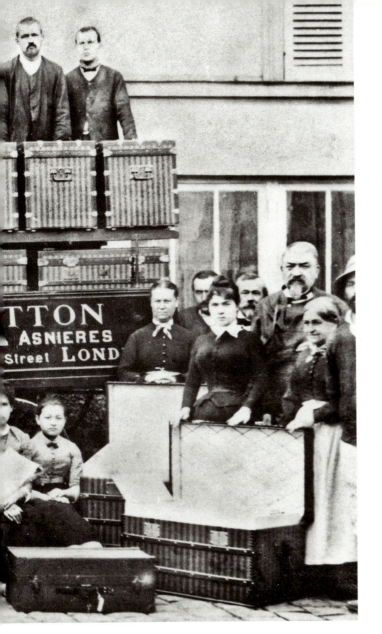

本页插图

路易·威登、乔治·威登和加斯东-路易·威登与工匠们在位于塞纳河畔阿涅勒的工厂院中拍照。照片摄于约1888年。人们围着一辆货车。创始人路易·威登坐在驾驶座上,他的儿子乔治在他右侧,孙子加斯东-路易半卧在箱包折叠床上。当时,路易家族雇用了三十多个工人。照片现藏于路易·威登档案馆。

为了服务这些出游的富人,英国人创造了奢侈酒店"帕拉斯(palaces)"。在奢侈酒店旁,服饰商店、餐具店、旅行用品店如雨后春笋般涌现。1771年,巴黎圣奥诺雷街的驿站终点站建起了莫里斯酒店(Le Meurice),该酒店在1835年搬到了雷沃利街;1855年,卢浮宫大酒店(Le Grand Hôtel du Louvre)开业,当时正值世界博览会的召开;1898年恺撒·里兹(César Ritz)则在旺多姆广场建立了里兹酒店……

精明的箱包商人们就在他们客户下榻的酒店附近扎根。箱包匠人之一的弗朗索瓦·戈雅(Francois Goyard)和路易·威登先后于1853年和1854年开设店铺。通过不懈

LES SECRETS DU LUXE

地改良制作技术,他们让旅客们的必备品——奢侈箱包——变得更加不易损坏,可以始终保持最佳状态。"在大栗木箱中有两两交叠的四个储物格,中间被一块木板分开。它们中的每一个都有三层抽屉,人们可以把餐具和衣物等分别放置其中。木箱中的每块上方和侧方隔板处都装有铰链,隔板也可以分别打开,人们能轻松看到里面装了什么。"[1] 乔治·威登这段话描述的可能是其父或者戈雅制作的旅行箱包。

除了款式上的创新之外,为了在增强抗摔度的同时尽量降低重量,威登和戈雅选取杨树等木材的轻质木芯来制作箱子,并

---

1 乔治·威登,《从遥远年代到现在的旅行史》,巴黎,当蒂出版社,1901 年。

本页插图

由带人字纹图案涂层布制成的旅行箱,此箱是为亚伯拉罕·林肯的秘书所制作。制成于十九世纪下半叶,现藏于戈雅档案馆。

在外面裹上了减震防摔的皮革。对了,这一时期还在殖民地发现了杜仲胶(Gutta percha),为什么不用它来给布料做涂层呢[1]?在乘船时,经这样处理过的防水帆布能够有效防止行李受潮。凭着一颗匠心和精湛的技艺,箱包匠人们就这么从普通的打包师傅变成了受名流青睐的著名箱包供应商。

工业革命创造了一个无比庞大的高端旅游市场。火车和船舶不仅带着旅客们走遍世界,同时也降低了包括奢侈产业在内的各制造业产品的运费,让它们传播得更远,原材料价格也直线下降。据统计,法国制造业的销售额在当时增加了四倍。实在是太棒了!但是,和他国成绩相比,法国的就显得不太如人意了。乔治·威登在书中说得好:"如果非要炫耀和比较,那最后比较出的结果可能会是自讨苦吃、自惭形秽。"

箱包词汇年表

1100	Malle:最初指皮口袋,后也指木制的外包皮革的箱子。这个词也代指某种交通方式——驿车(malle-poste)。
1100	人类一开始使用蜂蜡涂抹布料,后来发展成了用阿拉伯胶处理皮革,这就是早期的涂层皮革。进入十九世纪后,人们陆续发现了亚洲树胶和非洲树胶,箱包匠人们开始运用这些树胶来制作箱包,英国在此基础上发明了油地毡。
1165	Coffre:一开始是"篮子"的意思,后来才有了"箱子"之意。
1226	Huchier:平盖大木箱。
1250	Bahutier:制作和运输家具(木制或柳条编织的箱子、桌子、衣柜)的人。
1374	Malletier:橡木箱或者栗树木箱。
1400	Mallette:小而硬的行李箱。
1449	Bagage:旅客携带的衣物和日常用品(十八世纪时,英式英语中出现了"bagage"一词,对应美式英语"luggage")。
1558	Valise:马屁股后挂着的长皮革袋(1876年开始指代手提行李箱)。
1582	Layetier:制箱人。"layeterie"指的是制箱。
	Laie:意思是装琐碎物件的小匣子。
	"Écrinier"用于指代制作首饰盒(écrin)的人。

---

1 杜仲胶的原料是一种植物汁液,可以从印度群岛特定树种中取得,这种树在当地十分多见。1843年,蒙哥马利博士从新加坡回来后首次将这种汁液呈交给伦敦艺术协会。《巴黎外科杂志》,1848年,第三卷,第114页。

LES SPECTACLES DU MERVEILLEUX

震撼人心的"演出"

1798年到1849年间举办的十次法兰西工业博览会为法国企业注入了活力。在法国贸易保护主义的影响下，没有外国企业可以参展。英国人做出了反制，他们在1851年举办了首次"万国工业博览会"[1]；四年后，不服气的法国也举办了一次。世界博览会就这样问世了。广告如影随形：新诞生的博览会成了打广告的好时机。

"为了制造些比较，他们自然需要时不时就汇集某特定领域的产品，让企业显示自己的全部实力。"[2] 这句话来自身兼记者、文学作家、经济学家和议员多重身份的路易·雷博（Louis Reybaud），他也曾是一名商人。经历了1851年伦敦、1855年巴黎举行的两次国际博览会后，路易·雷博敏锐地察觉到，"本来目的是向发明家和创新人士致敬的博览会已经变了味，逐渐成了给各种标准化产品打广告的舞台"[3]。而参展商甚至还不满足于此。"他们（参展商们）要么展出的成果很一般，要么为了标榜自己的与众不同，拿出实验室里尚在研制、根本还没有投入实际生产的产品，这简直是虚假宣传。"很显然，身为记者（publiciste）的雷博完全不买广告（publicité）的账[4]。他旗帜鲜明地反对当时的世纪病——"乌托邦式的幻想、不加节制的野心、唯利是图的精神、胡乱炒作的广告。"

在首批法国国家级展览会召开时（从共和国历六年，即1797年开始），我们今天所见到的广告就已经出现了。最开始只有110个参展商，而到了1849年，参展商数量已增至4500个。参展商数量越多，媒体报道的力度也就越大。伦敦万国博览会时，参展商数量猛增至14837个；巴黎世界博览会上则有来自四个国家的20709个参展商。

左页插图

卢浮宫广场，法国首届国家工业博览会的夜间庆典，路易-皮埃尔·巴尔塔尔绘制于1801年，现藏于卡纳瓦莱博物馆。

1 有人曾提出允许外国展商参加1849年展览会的想法，这受到了贸易保护主义者的攻击。塞琳·米凯·莱斯科，《世博会账簿（巴黎，1855—1900）——知识的传播和学习》，2005年。
2 路易·雷博，《欧洲工业》，1856年，阿歇特-法国国家图书馆，2018年。
3 约兰德·弗里德曼，《路易·雷博，七月王朝的讽刺作家》《1848年革命与十九世纪革命》，1933年，第9—20页。
4 Publiciste：指公法专家、记者（旧用法）以及经济领域专家（新用法）。《拉鲁斯词典》（1866—1877年，第1134页）用这个词指称雷博。Publicité：指所有用于宣传某企业的手段（出处同上）。

LES SECRETS DU LUXE

首届巴黎世界博览会还吸引了五百万参观者前去参观。经历了这两次展会的雷博不知道的是，到了1900年，将会有近五千万的参观者争先恐后涌向巴黎专门为博览会开辟的展厅去[1]。

在走遍前两个万国博览会的现场后，雷博为我们描述了他对博览会的总体印象："在伦敦，产业的整体实力高低被放到首位；在巴黎，产品精致程度和匠人工艺水准高低才是最重要的。伦敦水晶宫举行的博览会在参展机器数量、大型纺织产业数量、农业机械数量和商业活动带来的利润上更占优势。"他发现了法

本页插图

法国首届万国博览会上，塞夫尔瓷器厂展出了超大尺寸、做工精细的瓷器。《塞夫尔瓷器厂展厅》，普罗斯珀·拉法耶绘制于1855年，现藏于装饰艺术博物馆。

---

1 安妮·克劳德·安布罗兹·朗蒂、琳达·艾蒙尼、卡洛·奥尔莫，《世界博览会：1851—1900》《现代和当代历史评论》，1996年。

250　　　　　　　　　　　　　　　　　　　　　　LA MATURITÉ　1799—1899

国和英国之间的"永恒差异"所在，那就是英国显得更加工业化、现代化、理性化和自由化，而法国更推崇工匠生产，更加重视传统和艺术且带有精英主义色彩。法国，就是奢侈的代名词。"在香榭丽舍举办的博览会上，离不开工匠参与制作的奢侈产品占了较大的比例。法国奢侈品强国之名源远流长，在这个领域里，法国从没惧怕过任何国家——甚至都没有碰见真正与它匹敌的国家。"

法国，奢侈的代名词

包括雷博的这些作品在内，许多十九世纪的文学作品其实都影响了后人们对法国经济史，尤其是奢侈品史的认知。法国人模仿那些拥有秘密技艺、称霸市场的外国产品的岁月已经从记忆里被抹去；柯尔贝尔当年曾立志培养以科技创新、优良品质和艺术底蕴为根基的法国奢侈品产业，这一宏大的政治愿景也被遗忘了。人们忘掉的东西多了去了，念这份名单会念到口干舌燥。大革命结束后，法国人好像就把一部分历史给彻底推翻了，为了走向他们所设定好的未来，他们精心捏造出了一个神话。

改变历史，就是改变被西塞罗称为"服务于未来的经验"之物。从这个角度来讲，万国博览会真是个为此宣传造势的好东西。这些博览会向全球人民宣告：从原始时期开始，法国就有奢侈品了！我们法国奢侈品采取的是工匠式生产模式，创新则体现在风格款式而非技术层面上。

这就是工业时代里外国观察者们眼中的法国产业，而雷博则是这些观察者们的代言人。的确，拿破仑三世时代的法国各企业非常倚重展览提供的"表演"机会（我们之前提到过，在启蒙时代，诺莱神父等科学家也热衷于做演示）。它们只展示成品，而且是以一种极其令人震撼的、戏剧化的方式加以呈现，同时也不忘了把制作工序藏得严严实实。这种"赋魅（l'enchantement）"手法导致博览会上的展示丧失了提供教益、告知信息的功能。

举个例子，比如圣戈班。这家路易十四时期创造的皇家工厂，不得不面对世界市场每年 9% 的增长带来的巨大竞争压力。此时，整块的大玻璃已经成了一种很常见的建筑材料。而伦敦博览会正在大力吹捧它那使用九万平方米的钢和吹制窗玻璃造出的华美水晶宫——这些玻璃正是由圣戈班的竞争对手、英国企业钱斯兄弟（Chance Brothers）所生产的[1]。

造出水晶宫的英国玻璃产业无疑压了它的法国对手一头。此后，圣戈班大搞化学研发、

---

1 莫里斯·阿蒙，《从太阳到地球：圣戈班史》，巴黎，拉特斯出版社，2012 年，第 46—65 页。

"
1855年的万国博览会展示了什么是法国人。我们是善于产出艺术品和精致工艺品的能工巧匠，是时尚界的帝王，品位的仲裁人。赶来观展的人们图的不是看那些有用的东西，他们渴望的是看到盛大华丽的表演。
"

路易·雷博，《欧洲工业》，1856年。

右页插图

建于1889年的埃菲尔铁塔吸引了大量游客。1900年，有五千万参观者来到了巴黎世博会现场。《埃菲尔铁塔和天球》，纳尔丹兄弟摄。现藏于法国国家图书馆。

完善了玻璃轧制技术。现在，在巴黎的植物园或巴尔塔尔市场里使用的正是经改良后的玻璃[1]。真正震撼人心的法国玻璃制品还得属 1855 年巴黎博览会上那面被雕刻木框精心装裱起来的巨型镜子[2]。它傲立于展厅中心，大杀水晶宫玻璃屋顶的风头。这也是圣戈班的一大杰作。金银器这边，当年的金银匠大师克里斯托夫勒并没有在博览会上展示电镀法制作的银器，而选择展出了"百套餐具"。这是受皇帝委托，专为能容纳 100 名客人的三十米长大餐桌而打造的。两家公司展出的其实都不算奢侈品，为的都是靠不寻常的尺寸或规模制造出轰动效果。

除了展出了先进的自动电报机而不是传统珍贵名表的宝玑[3]，巴卡拉、贝尔图和塞夫尔等的展品都以"源远流长的法式奢侈"为噱头。他们推出的都是极富艺术气息的工匠作品。游客写下的回忆录、新闻报道、颁发的优胜奖项一同维持着法国品牌精心营造的形象。依托商品目录和根据他们想要的叙事顺序撰写的付费广告，品牌们不断演绎和发展这种形象。从这个角度来讲，万国博览会既是现代广告的练兵场，也是营销学的试验田，尽管当时"营销学"这个词还不存在[4]。

雷博指出："谈起奢侈产业，德国和英国就没这么辉煌了[5]。虽然在商品种类、工厂规模和价格优势上，外国都力压我们。但我国的产品，在发展到了一个节点之后总会开始自我完善并且拥有更强烈的艺术气息。这是法国工业的特色发展方式。从这个角度来看，我们确实值得为我们奢侈品产业的领先地位所庆祝，并且还要努力让更多法国奢侈品产业占据优势。"我们不得不说，雷博其实挺会为法国奢侈品打广告的，虽然他自己完全没意识到这点。

1　植物园温室建成于 1854 年；巴尔塔尔市场建成于 1855 年。
2　圣戈班之镜；200 人参与制作了这个镜子。镜子 5.37 米高、3.36 米宽。
3　宝玑的电报机获 1855 年世博会荣誉勋章。阿尔弗雷德·埃特诺，《电报》，南方中部印刷厂，1872 年，第 166 页。
4　营销学（Mercatique）：这门学问研究的是如何将产品和服务与客户需求适配，从而达到增加销量的目的（二十世纪的定义）。"marketing（市场营销）"这个词产生于十九世纪末。（来源：法语词汇语料库）
5　除了物美价廉的纺织品、瓷器和餐具外，割草机、洗衣机和辛格缝纫机也出现在 1855 年展会上。

LES COCOTTES HAUTE-COUTURE

交际花与高定时装

纺织业永远是法国最重要的产业之一，而纺织业的旗舰则是时装制造业。此前指点时尚江山的一直是男性，现在终于轮到女性们来创造潮流了。"奇妙女士"的时代过去之后，女性们沉默了一个世纪。等到了第二共和国时期，在挥金如土的交际花们身上，时尚和创造力终于再度绽放光彩。

瓦尔黛丝·德·拉比尼（Valtesse de la Bigne）、利亚娜·德·普吉（Liane de Pougy）、美人奥特罗（la Belle Otéro）、布朗什·德·帕伊瓦（Blanche de Païva）、埃米莉安娜·达朗松（Émilienne d'Alençon）……她们中绝大部分的人名字都被登记在专门的名册里，甚至连著名女演员莎拉·伯恩哈特（Sarah Bernhardti）也名列其中[1]。也就是说，这些从事着"可疑职业"（女演员）的女子，其照片和特殊的身份证都会在警方编写的"交际花登记册（Le « registre des courtisanes »）"[2] 中被存档。当局称这些女性为"委身者（soumises）"，她们每两周就要接受强制的医疗体检，如果被确诊患病，那就被送入"坟墓"——圣拉扎尔医院（l'hôpital Saint-Lazare）。在这里根本没人照料她们，因此很少有人能活着走出这座监狱[3]。为了让自己不被关进去，这些有名的"躺着糊口的女人"采用了各种办法[4]。

通过让最有权势的男人倾倒从而掌握自己的命运，这无疑是当时的女人能想到的最好办法。那时的交际花们已经拥有了同时代其他女性（"洛雷特"[5] 和循规蹈矩的普通女

---

1 从事表演、唱歌或跳舞的艺术家也被怀疑卖淫。《莎拉·伯恩哈特的记录》《警察局档案：交际花登记册（1872—1873）》。
2 阿兰·雷伊，《法语历史词典》，罗贝尔出版社。1539 年起，"女廷臣（courtisane）"一词就不再作为"廷臣、常出入宫廷的人（courtisan）"的阴性形式出现了，而是指代那些被包养的交际花。
3 凯瑟琳·奥特希尔，《杰出女性，有影响力的女人：十九世纪交际花的故事》，巴黎，阿尔芒科兰出版社，2015 年。
4 交际花们也被称为"grandes allongées""horizontales""cocottes""hétaïres"。
5 洛雷特：十九世纪居住在洛雷特圣母院街区的举止轻浮的年轻风尘女子们。（资料来源：法语词汇语料库）"年轻男人很爱找这些出身贫寒的女子寻欢作乐，她们被称为：洛雷特（lorettes）、格里塞特（grisettes）、米迪内特（midinettes）、库塞特（cousettes）。"——西蒙娜·德·波伏瓦，《波伏娃回忆录：端方淑女》，巴黎，伽利玛出版社，1958 年。

LES SECRETS DU LUXE

性）不具有的独立精神。她们的形象同旧制度时期国王情妇们的形象相比已是大不相同。但这两种女性还是有一个共同点，那就是善于让自己的风格成为流行。谈及 1860 年起的时尚风潮，我们绕不开这些女人。

时尚军师

查尔斯·弗雷德里克·沃斯（Charles Frederick Worth）是高级交际花们的盟友之一。1845 年，这个英国人来到法国巴黎，并进入售卖布匹、裙子和披肩的盖热兰商店（Gagelin）工作。也就是在这里，沃斯结识了他未来的妻子、他的灵感缪斯——商店女职员玛丽·奥古斯蒂娜（Marie Augustine）小姐。和长期以来的认知不同，沃斯在变革时尚方面其实做得并不比萝丝·贝尔坦多。但是他引领了法国设计师行业的组织变革[1]。因为行会制度已经消失，沃斯涉足了制衣的所有环节而且都赚到了钱——包括销售衣料，虽然这一领域不在时装商的职业范围内。

当时宫廷中风头正旺的是女设计师帕尔米尔夫人和维尼翁夫人（les dames Palmyre et Vignon）。那么沃斯又是如何崛起，获得不亚于前两者的名声，并影响第二帝国时期时尚圈的呢？

在 1851 年伦敦和 1855 年巴黎博览会上，为了提高自己的东家——盖热兰的知名度，沃斯展出了一些自己设计的衣服，盖热兰也因此斩获了奖项。这个勇于表现自己的年轻人大胆创新市场营销和宣传手段[2]。沃斯曾预先制作好了成套服装，然后让妻子穿着前去赛马场看比赛。莅临现场的梅特涅公主（La princesse de Metternich）注意到了这位女士的出挑衣着。她拜访了衣服的设计者沃斯，然后将他介绍到了欧仁妮皇后宫中。沃斯正式走上了"时装设计师（couturier）"之路。注意，这个词在此前通常指女性设计师，在法语里这是个罕见的阴性词阳性化的例子。三十二岁时，沃斯又在瑞典合伙人奥托·博贝格（Otto Bobergh）的赞助下于巴黎和平街 7 号开办了自己的店铺。

推出首批服装时，沃斯雇了一些年轻女孩穿上他设计的服装去吸引顾客，她们被称为"化身（sosie）"。放在路易十六时期，干这行是想都不敢想的。这些女孩和我们今天见到的那些身材标准的模特不太一样，挑选女孩时，沃斯追求的是要和客户的

左页插图

格雷菲勒伯爵夫人伊丽莎白·德·卡拉曼·希迈穿着由查尔斯·弗雷德里克·沃斯制作的名为"百合花裙"的晚礼服，裙子使用了黑天鹅绒和白丝缎制作，丝缎花纹上绣有金线、点缀金色亮片。裙子制作于 1806 年。保罗·纳达尔摄，照片现藏于法国国家遗产和建筑影像资料中心。

---

1 沃斯大方地在美国杂志上公布了一些老主顾的身份（后来可可·香奈儿也采取了同样的策略）；推出了怀孕女士可穿的时装；沃斯的工人们全都使用新问世的辛格缝纫机来工作；他对 1868 年女装设计师、成衣师和裁缝联合公会的成立也有贡献；此外，沃斯还开发了金融合约业务。
2 同上条注释。

第 258、259 页插图

高级交际花们拍摄的照片,她们把自己的肖像印在推销用的明信片上。左侧的美人奥特罗展现着动人身姿,右侧埃米莉安娜·达朗松主打浪漫优雅风格。《罗伊特林格肖像集》第三期和第十三期,现藏于法国国家图书馆。

本页插图

裙撑消失了。沃斯设计出了线条更加流畅的裙子,比如左图中这条饰有金线和亮片的丝缎晚礼服裙。这套裙子制作于 1890 年,现藏于国家装饰艺术博物馆。

体型和身段相仿[1]。沃斯为顾客定制衣物,而不是让顾客去迁就衣服。当时,按照惯例,贵族女性要穿裙撑。沃斯其实并不喜欢这个由来已久的巨大半球形物。但是裙撑确实可以支起长达三十米的布,更有利于充分地展示他的衣物,同时也能让布料制造商更有的可赚。只有上流社会的女士才会穿这种非常令人不适的裙撑。当时的社会仍分三六九等,社会阶层的差异也反映在身着的衣物上。比如,工人阶级穿的就是质地柔韧的蓝色哔叽工装,这种布料来自法国尼姆(Nîmes)。顺便一提,后来工装传入美国,

---

[1] 来自布歇的著作,《西方服装史》,巴黎,弗拉马里翁出版社,2008 年,第 353—379 页。

美国人给它起名"牛仔布（denim）"。

小型缝纫机问世后，小资产阶级可以购买"成衣"了，这个词指的是那些在大百货店里可以购得的、已经制作完成的衣物。然而，大资产阶级和贵族阶级还是执着于手工缝制的衣物，他们认为只有这个能与自己的身份相配。但是，奢华女装制作门槛极高、规矩很多。为了吸引这部分客源，那就必须像路易十四宫廷时期那样，推出多种适用于一天内不同场合的服装。在十九世纪后三分之一的时间里，服装制造业呈现出令人难以置信的繁荣景象，连衣橱的尺寸都被特意做大了十倍。

沃斯按时间和场合推出了晨间装、日间装、访友或典礼装、亲友晚餐装、高级晚宴装、夜间聚会装、舞会装、观剧装。沃斯深知，裙子的样式、织物的质地、领高、帽子、外套必须符合社交中种种不成文的规定，除非穿的人想显示自己缺乏教养[1]。挥霍无度的格雷菲勒伯爵夫人（La comtesse Greffulhe）就是沃斯的大主顾之一。这位夫人曾身着沃斯制作的服装摆出诱人姿势，让纳达尔给自己拍摄照片（格雷菲勒夫人颇爱违背她作为贵族应该遵守的言行规矩）。

但是想要打动全球的客户，他所做的这些还不够。沃斯渴望让自己设计的服装真正流行起来；而有一些女子正想着如何在保留法式经典风格的同时让自己的穿搭变得更吸睛。设计师和那些高级交际花的利益有了交汇点。凭着敏锐的时尚嗅觉，沃斯立刻锁定了那些想要挤进上流社会的交际花们。

穿着出自沃斯之手的绝美衣物，交际花瓦尔黛丝、利亚娜、帕伊瓦和埃米莉安娜在晚宴、舞会和剧院闪亮登场。这招顺利帮她们打入她们的目标人群——富有男人——的交际圈。很快她们的投入就得到了回报，她们的情人甘愿为其当场买下价格令人咋舌的衣裙。她们的穿着不合礼仪，但胜在风情万种。在男人们的妻子也开始学习她们的穿搭后[2]，交际花们便转移了战场，她们离开巴黎，去了当时在外省的各度假胜地"狩猎"。

沃斯再次施展魔力。他免费为女士们制作了能适应气候差异的衣物，将她们打扮得如同王妃一般华美。这些"女冒险者"中的佼佼者弃裙撑而择衬垫，后者可以在腰后支起 75 厘米的裙褶，让穿着者拥有如美人奥特罗那般优美的身材弧度。交际花们的新装引得其他女性纷纷效仿。当年的著名交际花们和今天那些拥有大量粉丝的各路网红实在是太像了！

---

1 弗朗索瓦·布歇（主编），《西方服装史》，巴黎，弗拉马里翁出版社，2008 年。
2 这些交际花可能会招来情人妻子的怨恨，因为她们的一些情人在她们离开或者被榨干到破产后便选择了自杀。令人惊讶的是，这些事件反而使交际花们在男人们眼里更有吸引力了。男人们把这种殒命悲剧当作一种荣耀。

PASTEUR À LA RESCOUSSE

救星巴斯德

养蚕户和葡萄种植户愁云满面。由于蚕和葡萄患上了可怕的疾病，他们的收成一落千丈。位于这两条产业链末端的两大奢侈产业——丝织业和葡萄酒酿造业也因此陷入绝境。见状，拿破仑三世委派了一名著名化学家来研制抗病药物。这位临危受命的化学家正是路易·巴斯德（Louis Pasteur）。

在成为治病救人的医生之前，路易·巴斯德其实在为各企业提供服务。两个世纪前由柯尔贝尔建立的法兰西科学院为企业和科研人员们搭起了合作的桥梁。当时，基础理论研究尚未和应用性研究分离，巴黎高等师范学院甚至在1823年同时开设了这两门课程。

商业要想繁荣必须倚仗化学领域源源不断的新发现。巴斯德在高等师范学院的化学成绩十分优异，他的第一次商业领域实战就是为啤酒商提供更好的啤酒保存法。借此机会，巴斯德研发出了一种新型啤酒，并为其起名"法兰西的复仇（La Revanche nationale）"，明显是想和称霸世界市场的德国啤酒一较高下。十九世纪下半叶的科学家和企业家们将拳拳的爱国情怀注入到了产品之中，这款啤酒无疑就是有力的证据。巴斯德还与法国北方的重量级企业家路易·比戈（Louis Bigo）进行了合作，负责改进比戈的甜菜制糖厂的蒸馏工序。这一次，化学家在研究中成功找到了乳酸菌发酵原理。

从植物到人类，巴斯德过往的研究经历为他未来治愈传染病并扬名世界打下基础。

让我们回到本章开头，人们把希望寄托在早期研究大获成功的巴斯德身上，化学家受到召唤去拯救这两个濒危的产业。这次，巴斯德的使命就不是改良而是抢救了。面对发酵的过程中葡萄酒莫名变质，养殖过程中蚕离奇死亡，巴斯德采取了一系列挽救措施。通过研究，他发现是微生物导致发酵酒液变质，而温度达到57摄氏度时即可杀灭这些微生物。巴氏

左页插图

路易·巴斯德为了治愈葡萄和蚕的疾病所做的部分研究。《1885年，路易·巴斯德在他位于巴黎的实验室》，本画现藏于奥赛博物馆。

杀毒法就这么诞生了[1]。

葡萄酒的问题解决后,巴斯德在 1865 年将自己的实验室搬到了法国最好的养蚕基地舍文纳,开始专心为蚕治病。在蚕蛹和蚕蛾身上做了多次实验后,他终于发现导致蚕死亡的真凶了——

本页插图

盛放在巴卡拉水晶瓶中的路易十三干邑。1874 年葡萄根瘤蚜虫病肆虐期间,保罗-埃米尔·雷米·马丁研发出了这款烈酒。图片中的酒酿造于十九世纪末,现藏于雷米·马丁档案馆。

---

[1] 巴氏消毒法于 1865 年获得专利,但是这种杀菌方法会去除酒的细腻风味。1930 年以后,它不再被用于葡萄酒杀菌。是弗朗茨·冯·索氏将巴氏消毒法用于了牛奶杀菌。

在蚕之间传播的蚕微粒子病。巴斯德找到了办法将健康的蚕和染病蚕隔离开。大家本来以为这样就万事大吉了，但是没想到，后来桑树又感染上了"蚕软化病"[1]并传染给了蚕。看来法国的养蚕业注定是要灭亡了。更别提这场悲剧还发生在拉萼尼使团归法之后：拉萼尼在回国后出版的书籍中还正好提到从中国购买生丝的成本极低！于是很多丝织厂打起从中国进口原材料然后直接生产丝绸的主意。现在的法国仍然沿用这一生产模式。

唉！祸不单行，从1860年开始，另一种可怕的敌人开始逐步侵蚀法国的葡萄庄园——一种来自美国的根瘤蚜虫。法国葡萄种植总面积达250万公顷，其中四分之三都遭受了虫害。1871年，法国专门召集了科学家和专业人士组成委员会以对抗这种蚜虫的入侵，并悬赏了三十万法郎。但是大家都束手无策，在路易·巴斯德葡萄园里进行了各种实验也没能得出满意结果[2]。巴斯德还是在人用疫苗的研制中取得的成就更大些，毕竟人类往往能从自己的天敌身上找到克敌之法，但这招面对蚜虫时就不管用了。由于没人能生产葡萄酒了，现有的库存葡萄酒价格一路暴涨。

蚜虫肆虐之际，在法国科尼亚克地区，雷米·马丁正在绞尽脑汁改良自家的酒。当时雷米·马丁的酒窖中还存有几百蒂埃尔松桶容量的酒，其中最早的一批生产年份可以追溯到一百多年以前[3]。他想将所有酒的优势汇集在一起，打造出一种风味独特的优质酒，最后，雷米·马丁想到了办法，那就是将一千二百种烈酒混合调配。他以法国国王路易十三（Louis XIII）的名字来命名这款新干邑。

说起来，干邑也有着独特的命运轨迹，据说，它也是当年法荷战争的导火索之一。因为当时柯尔贝尔想要对这种颇受欢迎的烈酒课以重税[4]，这引发了荷兰人不满。虽然路易·巴斯德最终没能让法国葡萄摆脱根瘤蚜虫的侵袭，但他的实验葡萄园一直留存至今[5]。它象征着这位科学家曾为保护一个重要的经济文化产业、法国生活艺术的象征而贡献力量。

---

1 蚕软化病发生在蚕身上，也被称为"扁平死病"（la maladie des morts-flats），致病原因是蚕食用了受感染的桑叶（来源：INRAP-法国国立预防措施考古学研究所）。
2 在研究葡萄酒发酵时，巴斯德买下了一个葡萄园来做酵母试验。在防治根瘤蚜虫的研究中，这个位于汝拉地区阿尔布瓦的葡萄园也被用来测试研制出的解决方案。吉尔伯特·加里尔，《对抗根瘤蚜虫病：1870—1900年的三十年战争》，巴黎，阿尔宾·米歇尔出版社，1989年。
3 蒂埃尔松橡木干邑桶（Le tierçon de cognac）是为运输干邑而设计的，这种容量为560升的桶能赋予烈酒陈酿香气。
4 为了报复荷兰，柯尔贝尔在1667年决定对干邑课以重税，当时这种酒被称为"布朗迪万"或"烧酒"。这也成了法荷战争导火索之一。
5 当时巴斯德买下了罗西埃葡萄园，现在该园归科学院所有。最近一次使用是在2014年，国家农业研究院在此启动了一项研究。

LES SECRETS DU LUXE

PARADIS ARTIFICIELS

人造天堂

香氛产业在整个十九世纪里不断蜕变。虽说浪漫主义和象征主义艺术家们将香气视作情感的载体。但实际上，在梦幻的香氛秘境背后藏着的是一片科学天地，它是工厂烟囱和各种起着怪诞名字的分子们的封邑。

"她这柔软的、密密的发丝／乃是活香囊，闺中的香炉，升起褐色的、野草的香气／她那细布的、丝绒的衣服／渗透着她的纯洁的青春，像毛皮一样香喷喷熏人。"[1]

在诗人夏尔·波德莱尔 (Charles Baudelaire) 提笔写下这首《芳香》前，人类已经于1834年第一次成功分离出气味分子。两种关于香水的历史同时开始成形，一种承载着人类所有美好幻梦，而另一种则更加注重香水工业和实用的一面。

只需要比较一下香水原料学名和那些商场香水简介中的原料名字，你就会明白，有时候把事情弄得太清楚会很令人倒胃口。你想想看，为了不让顾客兴趣全无，调香师们可从不会坦白：这款香水之所以沁人心脾是因为里面加了醛和乙酰丁香酚。

对于波德莱尔而言，芳香可以用来"摇荡空中的回忆"。现在我们也不妨将记忆"摇荡"起来，共同去回溯这段现代香水引人入胜的冒险故事。1810年到1900年间，香水产业总产值从两百万法郎增至八千万法郎[2]。拿破仑一世几乎天天喷香水，他甚至给自己的战马也洒上古龙水，虽然拿破仑爱极了古龙水之味，但他的喜爱并没有让香水产业得到重视从而被纳入发展战略中去。喜爱香水的交际花们也没能给这个产业帮上什么忙。另外，正是因为她们香水喷得太多了，所以人们给她们起了个"可可特（cocotte）"[3]

左页插图

香水是浪漫主义、象征主义和新古典主义画家（比如本画作者）的灵感之源。《新香水》，约翰·威廉·格维德绘于1914年，现为私人收藏。

---

1 夏尔·波德莱尔，《芳香》《恶之花》，巴黎，普希·马拉西和德布瓦兹出版社，1840—1867年。此处使用钱春绮先生版译文（波德莱尔著，钱春绮译《恶之花 巴黎的忧郁》，人民文学出版社，1991年版，第88页）。
2 欧仁妮·布里奥，《德莱尔工厂：加来的香料化学先驱（1876—1914）——十九世纪法国香水工业》，载于《欧洲西北地区中小型企业和大企业》，北方大学出版社，2012年，第140—146页。
3 与动词"cocotter"有关，动词意为"发出臭味"。——译注

LES SECRETS DU LUXE

的诨名。

香水产业想要真正崛起,那首先得将香水售价大幅调低。只有这样,香水才能走入更多寻常百姓家。香水价格能下降全靠铁路网的建设和商人们的敏锐嗅觉。前者使原材料运费大大降低,后者则将化学领域的新发现引入香水生产中。

在 1834 年前后,让 - 巴蒂斯特·杜马(Jean-Baptiste Dumas,法国中央工程师学院的创始人)和他的学生欧仁 - 梅尔基奥尔·佩里戈(Eugène-Melchior Péligot)试图确

本页插图

广告明信片。位于格拉斯的布鲁诺·库尔香水厂里,工人们正在拣选玫瑰。照片(后期上色),摄于 1900 年。

定不同种类醇的组成元素[1]。然而在分解桂皮油时,他们分离出了桂醛。这是人类历史上首次发现香味分子。可惜的是,由于两位科学家还是不忘初心继续研究着醇,于是在接下来的几十年里,香水研究陷入了停滞,没能取得任何新突破。

分离出气味分子离随心所欲地复制这种气味还差了十万八千里。香水研究一直是自然

---

[1] 建于 1829 年的中央工艺美术学院后来成为法国中央工程师学院。杜马和佩里戈找到了四种醇:甲醇、乙醇、十六烷醇和戊醇。

LES SECRETS DU LUXE

材料研究的附属分支，直到有一天，化学家们的研究终于有了进展，香水才迎来它的蜕变。有机化学家开始向分离植物、煤炭和石油中的气味因子进军了。当人类真正掌握合成气味分子的技术时，香水就可以彻底摆脱天然原料的束缚了；通过使用人工合成香精，人类还能开创许多新型香氛[1]。

合成香氛大革命

1855年，带有茉莉花香味的第一种人工合成香味分子——乙酸苄酯诞生了；1868年，英国人珀金（William Henry Perkin）合成了散发着新割青草味道的香豆素[2]；1869年，化学家菲蒂希（Fittig）和米耶尔克（Mielck）合成了作家奥斯卡·王尔德（Oscar Wilde）最钟爱的天芥菜花香；1876年，玫瑰花香的主要成分合成苯乙醇问世了，这种分子能用于调配风信子、铃兰、牡丹花的味道，而这些花香是无法自然提取的；1888年，第一种人工麝香亮相；1889年，香茅醇与人们见面了；十九世纪的尾巴带着紫罗兰香，因为在1898年，人们合成了紫罗兰酮[3]。

有了这些合成香精，在十九世纪的后三十年中，调香师们调配香水的成本更加低廉，通过将人工产物和一百多种天然成分混合，他们还开发出了些全新香气。调香师乌比冈（Houbigant）在调配他的"皇家馥奇（Fougère royale）"香水时尝试着加入了香豆素。作家居伊·德·莫泊桑（Guy de Maupassant）描述道："这种味道能奇妙地唤醒人对森林和旷野的记忆，但我们想起的不是芬芳花朵而是青翠的绿意。"[4] 埃梅·娇兰（Aimé Guerlain）则大胆结合香兰素和香豆素，制作了著名的"姬琪（Jicky）"香氛。

这些技术上的突破并不会打击香料植物的自然种植，因为这些人工合成香氛无法单独使用，还得和天然原料搭配着才能起到最佳效果。

"从1880年开始被大量投入使用的人工合成香氛把整个工业搅得天翻地覆，人们只花短短几年就能找到比天然提取物更浓郁更廉价的人工替代品。"[5] 最令人印象深刻的例子：一千克的天芥菜花香精在1879年价格高达3790法郎，而到了1899年价格仅为37.5法郎。香水业的光明"钱"景吸引了不少合成香氛先驱，比如乔治·德·莱尔（Georges de l'Aire）。

---

1 来自勒盖雷的著作，《香水：从起源到现在》，巴黎，奥迪尔·雅各布出版社，2005年。
2 化学家珀金斯想生产人造奎宁，但无意中发现了一种紫色染料"苯胺紫"，它有个更好听的名字——"木槿紫"，其价格堪比白金。
3 来自勒盖雷的著作，同前。
4 莫泊桑写给莫里斯·德·富勒里的信，由安尼克·勒盖雷在著作中引用。
5 勒盖雷的著作，同前。

实际上，德·莱尔是一个染料化学家。从1860年开始，他拿下了一个又一个染料专利：苯胺蓝、苯胺紫、品红……有机化学领域的第一批实验成果最后被运用到了纺织业，这个长期被视作法国经济顶梁柱之一的产业。而植物正好能被用来提取染色原料。

但是富有远见的德·莱尔还是毅然离开了纺织业，转头研究起如何生产人工合成香氛。他瞄准了1874年由德国人蒂尔曼（Tiemann）和哈尔曼（Haarmann）研发出的香兰素。这个法国人把他的工厂开在了格勒奈尔街区（Grenelle），而两个德国人则在德国萨克森有自己的工厂。

德·莱尔发现，这种旧提取法成本实在太过高昂了：香兰素需要从针叶树果实中提取，而每棵针叶树仅产出50克果实。因此，为了获得足够的原材料，工厂每年要砍伐大面积的森林。难怪当时产出的每公斤香兰素要价8000法郎[1]。三位化学家决定联手解决成本高昂的问题。功夫不负有心人，他们成功找到了香兰素的替代品——丁香花的提取物乙酰丁香酚，这种香味比香兰素浓四倍以上。太妙了！三人于是分别在各自的国家为这种香氛申请了专利。乔治·德·莱尔和他的儿子后来还研发出了很多人工合成香氛，其中就包括了著名的紫罗兰味香氛——紫罗兰酮。它是十九世纪末最出挑的一种香气，没有哪个女人出门前不在手帕里悄悄滴几滴紫罗兰味的香水。

要想制作出香水，必须先学会如何合理地调配各种香料，想让这些香味分子和谐交融并不容易。作家若利斯-卡尔·于斯曼（Joris-Karl Huysmans）（人们常误以为香水管风琴[2]就是他发明的）曾描述过他最欣赏的那种调香师，尽管在今天看来他的这番话似乎三观不太对："实际上，香水几乎从来就不是来自它采用其名的那种花；只敢向自然物借用其成分的艺术家只能生产出一种杂种作品，没有真实性，也没有风格……简而言之，香水业中，艺术家穷尽了大自然的原始气味，他分解其气息，并把它配出来，就像一个珠宝匠净化宝石中的水色，提升其价值。"[3] 这个时代的荣光属于调香师、发明家和化学家们。奢侈品香水实现工业化生产，地上从此有了香气的天堂（好吧，虽然是人造的）。

---

1 布里奥的著作，《德莱尔工厂：加来的香料化学先驱（1876—1914）——十九世纪法国香水工业》，载于《欧洲西北地区中小型企业和大企业》，北方大学出版社，2012年。
2 若利斯-卡尔·于斯曼，《逆流》，沙尔庞捷出版社，1884年。在第四章中提到，主人公让·德赛森特曾制作了一种"对嘴管风琴"，但是是用来喝酒的，和香水无关。
3 同注2，第十章。（译文摘自余中先先生译本）

CRISTAL SOCIAL
造福社会的水晶

英国人雷文斯克罗夫特（Ravenscroft）在 1676 年就成功制造了水晶玻璃[1]。而法国还得等到一百多年后。直到十九世纪，法国玻璃匠人才终于能完美制作出高折射率的含铅玻璃。在法式水晶玻璃为餐具镀上了奢侈光辉的同时，这个行业最著名的企业家之一则在致力于工人福利的改善。

因为在 1853 年娶了皮埃尔·戈达尔-德马雷（Pierre Godart-Desmaret）之女，阿尔德贝·德·尚布伦伯爵（Aldebert de Chambrun）继承了巴卡拉水晶厂[2]。成为工厂董事的他，工资相当于 2300 名熔制、浇铸、雕琢水晶玻璃来装饰富人居所的工人的薪水总和。

工人们当时就住在工厂周边，离钟很近。每当炉中的玻璃（每 800 千克一批）加热到了成形的理想温度时，钟就会敲响，不分白天黑夜。工厂的工人们被分成了四人或五人的小组，小组中的每个人都负责一部分工序。工人领固定工资，如果小组产出高，那么成员会获得相应的奖金。因此，一起打拼的工人们十分团结。

巴卡拉的市场策略是高层们深思熟虑后定制的。"如果一件商品价格够高，那它就更能迎合富人消费群体；一旦价格变低了，那它就不再适合富人了，也就算不上是合格的奢侈品了，那么此时，就会有别的价格更高的、更能证明拥有者富裕程度的商品来取代它。"[3] 每当出现什么科技进步能让人们少花些钱时（用煤来代替木头取暖），那就是时候推出些新的、工艺难度更高的产品了。因此，制造业永远

左页插图

为了完成《水之寓言》和《大地寓言》，巴卡拉花了整整一年的时间。这对超大水晶花瓶（76 厘米）上的花纹由让-巴蒂斯特·西蒙刻制。花瓶在 1867 年巴黎世界博览会上获奖，现藏于巴卡拉档案馆。

---

1 1781 年，法国的圣路易斯比奇玻璃厂中成功造出了水晶玻璃；1816 年巴卡拉也制作成功。

2 皮埃尔·安托万·戈达尔-德马雷在大革命和帝国时期致富成为资产阶级，作为金融专家，他在 1823 年（巴卡拉研制出水晶玻璃制作技术八年后）买下了巴卡拉水晶厂，他与毕业于巴黎综合理工学院的让-巴蒂斯特·图桑一同管理该厂。

3 弗朗索瓦·伯里克，《在赞助和工业组织之间：十九世纪最后 25 年的巴卡拉水晶》，巴黎，国家科研中心，1990 年，第 29—53 页。

都在追求更新、更好的产品,这一目标能否实现与工人的素养能力密切相关,管理者也应该相应地提高福利待遇以回馈工人的努力。

奉行着这样的经营策略,巴卡拉厂不断有新作问世,瞄准的都是更有钱有名的大人物。玻璃虽然越来越重,但由于呈现出水晶般的晶莹剔透,所以视觉上显得非常轻盈。巴卡拉的得意之作就包括了被称为"沙皇灯"的奢华水晶吊枝灯,以及1878年在巴黎展出的"水星神庙"——这座水晶做的小亭子高4.7米,直径约5.25米[1]。一千九百六十五片玻璃像拼图块一样嵌于"神庙"的金属框架之上,被切割过的水晶折射光线能巧妙遮掩住金属架。早在1864年,巴卡拉就开始绘制草图了,随后花了

本页插图

玻璃匠人在水晶玻璃吹制车间的照片。巴卡拉从1830年起实行的新颖福利政策和健康保障措施让它在1889年巴黎世界博览会上获得大奖。摄于1887年,现藏于巴卡拉档案馆。

---

[1] "水星神庙"的创作灵感来自罗马附近蒂沃利城的西比尔神庙。尚布伦伯爵夫人还将为他们夫妇在尼斯的庄园置办一个大理石复刻版本。此地现在成了尚布伦公园,大理石版的"水星神庙"仍然矗立于此。

LA MATURITÉ　1799—1899

14 年才将它成功制作出来。这座"水星神庙"获得了万国博览会的优胜奖并被葡萄牙国王买下。后来,巴卡拉牌的水晶名声实在太响,以致"巴卡拉"都成了水晶的代称之一。

第二帝国倒台后,第三共和国时期的法国经历了经济萧条期。当时巴卡拉的领导者保罗·米肖(Paul Michaut)采用了一些很严苛的措施。"由于大家拼的是谁价格更低,于是产品的艺术性向工业生产的现实需求低头。在这样的生产模式下,玻璃匠的生产技艺也在慢慢退步。"[1] 玻璃吹管最后代替了匠人们的手。由于女工工资比男工低了一半左右,巴卡拉还因此雇用了大量女性。本来堪称业内领先水准的互助基金、退休金、医疗险都缩水了,工人们的储蓄也没有以前那么多了。董事会和工人双方间的不信任情绪越来越严重,领导层开始被工人们称为"暴君";而在董事会眼里,每个年轻工人都可能会成为暴乱的煽动者。好景不再,而看着钟爱的工厂正变成自己最痛恨的样子的尚布伦伯爵却无能为力。

社会博物馆

提倡人道主义的尚布伦伯爵先后担任过国民议会议员和参议院议员。在 1879 年时退出政坛,开始热心于慈善事业的他被人们称为"法国卡耐基"[2]。后来,尚布伦伯爵也涉足了哲学、历史和社会问题研究。他与实证主义者弗雷德里克·勒普莱(Frédéric Le Play)及其亲近交往多年,受他们的影响,尚布伦提倡基于事实和调查结果来制定稳健的改革措施、促进社会和平[3]。他也对天主教社会运动(Le mouvement catholique social)颇感兴趣,这一运动提倡建立慈善经济,普及教育和互助互惠。可是如何才能平衡现代工业和最大多数人的福祉呢?这位巴卡拉的最大股东陷入了思考。虽思及此,但当时的他并没有去做更多的事——还差一个契机。

直到失明之后,尚布伦才决心走上解决这个问题的道路——"七十岁、独居、失明的我,许下了一个让经济造福社会的梦想。"[4]

1889 年,为巴黎世博会而建的埃菲尔铁塔落成。它能直达巴黎天际,是当时全球最高的建筑。此时的尚布伦虽然已经看不见宏伟的铁塔,但他前往了世博会的一个新展区——社会经济展区,并在那里邂逅了两个支持建立"社会博物馆"的自由共和党

---

1 伯里克,《在赞助和工业组织之间:十九世纪最后 25 年的巴卡拉水晶》,巴黎,国家科研中心,1990 年。
2 安德鲁·卡耐基(1835—1919),著名的美国钢铁工业家和慈善家。
3 弗雷德里克·勒普莱,矿业工程师,社会学家,他开发出的一种数据清查技术是当今社会科学研究的基础。
4 尚布伦伯爵,《在奥弗涅山:我的新社会学结论》,卡尔曼·莱维出版社,1893 年,第 9 页。

人——埃米尔·谢松（Émile Cheysson）和儒勒·西格弗里德（Jules Siegfried）[1]。这两个人认为，社会博物馆可以对社会问题的研究起到督促作用，而研究结论将有助于人们对社会公约做出必要的修改。

尚布伦决定成为他们的赞助者。1894 年，在尚布伦为此特别修建的公馆中，社会博物馆正式揭幕[2]。这个机构不受政治因素影响，你既可以在这里遇见克鲁索公社（La commune au Creusot）[3] 的前领导人阿尔弗雷德·德·曼（Alfred de Mun）[4]，也能碰到糖业大亨莱昂·赛（Léon Say）。"这里是一个包容一切思想、研究和讨论的智库。它汇总搜集来的资料、吸纳来自全世界的海量信息，并运用这些资源改善工人们的社会处境。"[5]

是时候了。尚布伦提出了促进正义和团结、追求社会和平的理念。要想实现这个目标，必须建立企业主委员会。按照他的设想，"这个委员会一开始由企业主来组织，但慢慢地，委员变成由符合条件的工人们来推选，最后再发展成工人普选产生。委员会必须遵守这样的原则：分配给工人的工作和扣税安排都要得到工人的同意，一切关于工作安排的问题都在委员会负责的范围内，工作时长、薪水、劳资关系……他甚至还想通过让工人参与分红以鼓励工人监督公司运行"[6]。可惜，尚布伦的梦想因为遭到他各位同行（其中甚至包括巴卡拉的领导层）的婉拒而最终破灭了，他很失望。其他人不留情面地讥讽他，他的提议和所有由博物馆讨论得出的建议都被打上了"乌托邦主义、神秘主义、徒劳无益"的标签[7]。

尚布伦伯爵没能改变世界，但是他好歹尝试过去改变他的工人们的未来。在他的遗嘱中，他提到把自己"所持的八个股份交给巴卡拉管理，产生的分红要派给工人们，董事长每年发起股东大会，大家投票决定这些钱的分配方式。工人的声音必须被听见，工人的意见必须被考虑"[8]。

巴卡拉本是为君主而生的水晶，却愿意与无产阶级分享所得。在这个乌托邦主义者去世后，他心愿的一部分终于成真。

---

1 埃米尔·谢松也曾是克鲁索公社的领导人之一；儒勒·西格弗里德，天主教社会运动的参与者之一，反对大商业资产阶级。
2 社会博物馆现在仍然存在，它位于巴黎的拉卡斯街 5 号。尚布伦伯爵在去世前已经就如何保障机构的长期存续做了妥善安排。
3 第二帝国在普法战争中战败后，1871 年，克鲁索地区人民效仿巴黎公社建立的抵抗组织。——译注
4 阿尔贝·德·曼伯爵，"天主教工人团体"创始人。
5 安妮·斯托拉·拉马尔，《弱者共和国》，巴黎，阿尔芒·科兰出版社，2005 年。
6 伯里克，《在赞助和工业组织之间：十九世纪最后 25 年的巴卡拉水晶》，巴黎，国家科研中心，1990 年。
7 帕雷托·维尔弗雷多，《经济学家杂志》，1899 年。雅内·霍恩在由安德烈·盖兰和皮埃尔·纪尧姆主编的《从中世纪慈善到现代的社会保障》中引用，1992 年，第 108 页。
8 伯里克的著作，同注 6。

ÉLECTRO... LUXE ?

"电动奢侈"？

1898 年，史上第一届汽车博览会于巴黎杜伊勒里宫开幕。通过此举，巴黎证明了自己在新兴的现代车辆生产领域处于全国领先地位。

其实在当时，汽车爱好者们对一个问题十分好奇：什么能源最适合用来驱动车辆？天然气、蒸汽、汽油还是电（当时巴黎有些豪华出租车已经开始用电力驱动了）。

"那当然，我自己清楚得很，而且相信所有机动车行业的人都和我一样心知肚明：电力引擎是我们最想使用的，但这在现在只能是一句梦话。在现实中使用电力驱动车辆可能还有些遥远。不过，这个问题可太热门了，我们的机械工程师们也都很努力，说不定他们某天就能有新突破！"[1] 保罗·梅扬（Paul Meyan）在 1896 年说的这番话点燃了机动车驾驶者们对电力驱动的热情。是的，他们在那个时候就已经嚷嚷着彻底用电力取代汽油和蒸汽了，因为"汽油有难闻的味道，发动时车体难免颤动，且引擎结构非常复杂；而蒸汽则需要随车运载大量的燃料"。

这个梅扬可不是一个无足轻重的人物。身为记者的他和迪翁伯爵（Le comte de Dion）、艾蒂安·德·泽伊伦男爵（Le baron Étienne de Zuylen）一同建立了法国机动车俱乐部，并在 1896 年创办了主题报刊《法国机动车》。

在巴黎的街道上，法国人首次尝试用电力驱动出租车。汽车制造商夏尔·让托（Charles Jeantaud）和安托万-路易·克里热（Antoine-Louis Krieger）分别推出了"开拓者（Le défricheur）"和"局外人（l'outsider）"两款电动车。两款车的造型灵感都来自路易·巴斯德的私人电动车，该车典雅简约的车身由著名制造商瓦谢（Vacher）操刀设计。克里热还造了一个充电站，专供在首都大街小巷运行的四十辆奢侈电动车使用。不过在此之前，1894 年在美国曼哈顿已经有六十辆电动车投入了使用。

---

1 保罗·梅扬，《法国机动车》，巴黎，塔里德出版社，1896 年。

这种无噪音、无异味的新款车让人啧啧称奇,但是有个问题似乎还是无解——电池。电动车使用的电池太重了,几乎占了车体一半的重量,而且电力流失非常快。尽管电池制造公司富尔芒公司[1]开发出了多项专利技术,但还是不能根治问题。"蓄电池里的电总会耗完,如果路边没有特定的电厂能为它补充能源,车就只能停在路旁,然后还是得找牲畜(可它本来就是用来取代动物的)来拉车抵达临近的充电点。"

竞逐辉煌

法国拥有世界上最多的机动车生产商。在十九世纪最后的二十五年里,法国车商数量达到 265 家,一个令人印象深刻的数字。就算把它们实际存活的时间考虑在内后(毕竟很多可能开了两年就倒闭了),得出的长寿企业总数仍令人咋舌[2]。

汽车市场上,包括路易·雷诺(Louis Renault)和标致(Peugeot)生产的车辆在内,各家新车争奇斗艳:"角斗士(Gladiator)""动力(Impetus)""科绍特(Cochotte)""苍蝇(La Mouche)""纳夫托莱特(Naphtolette)""埃斯库拉普(Esculape)"[3]……

机动车的生产分为两个部分。一是车底架的生产,轮胎、发动机和传动装置最后就装在这上面;二是车身的制作,车身会将车内所有的设施包裹在内,是车的外在。这一步要交给对美学和机械学皆有研究的外观设计专家负责。

有的专家既擅长装饰马车外观也擅长装饰机动车外观。这倒是说得通,毕竟他们的客户群和十八世纪乘坐高档四轮马车的客户群其实是一样的,这些人都出身大资产阶级和贵族阶级。第一个获得驾照(1897)的女性——于泽斯公爵夫人(La duchesse d'Uzès)也来自社会上层。[4]

汽车生产商里有没受过正统教育的自学成才者,比如丝织工的孙子,里昂人马里于斯·贝利耶(Marius Berliet);也有中央工程师学院毕业生,科班出身的阿尔芒·标致(Armand Peugeot)和勒内·庞阿尔(René Panhard)。在汽车生产中,这些涉猎广泛的制造商不仅需要用到各门科学知识(数学、物理、化学),还得具有冒险精神。他们做实验时,偶尔会得到些意外收获。比如,在研究出二冲程内燃机之前,艾蒂安·雷

左页插图

1897 年,在布洛涅森林,两位戈德史密斯家的女士乘着标致汽车。朱利乌斯·勒布朗·斯图尔特绘于 1901 年,现藏于国家车辆博物馆。

---

1 富尔芒公司(Fulmen- 拉丁语中的"闪电"):由阿尔贝尔·布洛于 1891 年创立的一家制造电池的公司。
2 帕特里克·弗里登森,《新工业:1914 年前的法国汽车》《现代和当代历史评论》,1972 年,第 557—578 页。
3 雅克·玛利·瓦斯兰,《世界报》,2012 年 9 月 24 日。
4 1893 年 8 月 14 日,警察局局长路易斯·莱皮纳发布规定:在巴黎警察局所辖范围内驾驶机动车必须出示驾驶执照。

诺阿（Étienne Lenoir）还曾申请过电镀技术专利（后来被金银器制造商保罗·克里斯托夫勒购得）。在 1860 年到 1890 年间，艾蒂安拿到了三种汽车相关专利以及三十份发明增补证书。这些清楚地记录着发明日期的文书能够很好地遏制他的竞争对手们使用相关技术[1]。汽车领域的大腕们早已发现艾蒂安很有潜力，他的这些发明再次证明了这一点。

每个人都在铆足劲想要研制出最好的汽车。当时还会专门为测试汽车而组织拉力赛，而且汽车需要在赛程终点接受性能检测。1898 年，在第一届汽车博览会开幕之前，组织方定下一条不

本页插图

让托电动汽车在参加竞赛。同年，巴黎举行了第一届国际汽车博览会。照片摄于 1898 年，现藏于法国国家图书馆。

---

[1] 雅克·帕扬，《雷诺阿申请的内燃机专利》《科学史杂志》，1963 年。

容商量的规定——"如果某辆车没能在特派专员的监督下，依靠其本身力量完成从巴黎到凡尔赛的来回试跑，那这辆车将不能在博览会上亮相。"首届汽车博览会吸引了十四万人前来参观这些充满未来色彩的车辆。当然，趁着这股汽车热，博览会现场还会展出服装品牌"园丁丽人（La Belle Jardinière）"为机动车驾驶员们设计的相关服饰：极致奢华的皮大衣、护目镜、皮手套。

不像金银器制造业或者时装业，机动车制造商们无法既生产奢侈车型又生产面向大众的中低端车型。这个领域尚未成熟，因此只能二者择一。于是，二十世纪的法国汽车业风雨欲来。一方面，机动车领域的专业媒体分析指出，奢侈车市场将在 1907 年达到饱和，因此"能够为大众提供简单、坚固、做工优良、物美价廉的机动车的制造商将成为最大赢家"[1]。另一方面，受政府委派对机动车产业进行研究的专家在 1917 年分析称："我国汽车产业的世界级声誉正是来自奢侈车的生产……汽车外观上的匀净和谐以及做工的精细豪华，这两点是保证目前优势地位的关键所在。"[2]

当时，法国的竞争对手并不是英国。英国人对汽车的速度顾忌颇多，他们将市内行车车速限制在每小时三公里以内，而且规定车前必须有人先行，此人要挥动红旗示意车辆将至[3]。不得人心的规定无法让英国制造商提起生产热情。所以比起英国，德、美两国的汽车对法国汽车更具"威胁性"。

但是在 1899 年，法国仍是这一制造业的领头羊。在当年的巴黎汽车博览会上，对他国的进步全无嫉妒之心的法国还将大奖颁给了热纳齐（Jenatzi），因为这个比利时人造出了当时世界最快的车"永不满足（Jamais Contente）"。这辆电动车在外形上和炮弹有几分形似，一小时能开 105 公里。

电动车始终是一个受人关注的话题，保罗·梅扬指出，必须修建中继站为损失能量过快的电池补充能量，但是在当时这看起来不大可能。"有朝一日，当有发明者找到办法在车内发电或者研制出足够强劲的电池之时，这些发明者不仅将大赚一笔，而且还将引起机动车领域一场真正的革命。不论是在公路上跑的车，还是在铁道上开的车，都将产生巨变。"保罗写下这句话时，尚是 1896 年。

第 282、283 页插图

卡米耶·热纳齐与他的妻子在名为"永不满足（Jamais Contente）"的电动汽车上。1899 年该车速度打破世界纪录，时速可达 105 公里，该照片现藏于国家车辆博物馆。

---

1 出自《冶金》，1907 年 11 月 13 日，由弗里登森在他的作品里引用。次年，亨利·福特就推出北美第一款标准化汽车，著名的福特 T 型车。
2 法国国家档案馆，卢西安·佩里赛，《汽车工业重组报告》，1917 年 2 月 12 日，由弗里登森在他的作品里引用。
3 1865 年，英国议会通过了《机动车法》，也称《红旗法》（指的就是其中著名的规定——使用红旗示意）。英国市镇内机动车限速为 2 英里 / 小时。

LES SECRETS DU LUXE

注释 NOTES

LA NAISSANCE 1661-1715

MISSION IMPOSSIBLE POUR UNE FÊTE ROYALE
1. Louis de France, né à Fontainebleau le 1er novembre 1661.
2. Le Conseil d'en-haut, composé de trois ministres, traitait essentiellement de grande politique et de diplomatie, sous l'autorité du roi.
3. Institué le 15 septembre 1661, le conseil royal des Finances s'occupait de la politique économique et financière du royaume et du contentieux financier. Colbert fut nommé contrôleur général en 1665.
4. Mémoires du duc de Luynes sur la cour de Louis XV, Dussieux et Soulié, t. II, p. 333.
5. Les superbes planches enluminées furent rééditées et distribuées en province et aux quatre coins de l'Europe après 1670, exportant ainsi le goût français. On peut en admirer des déclinaisons sur les murs des demeures nobles, par exemple au château de Vaugirard. Des versions en noir et blanc, moins coûteuses, furent imprimées par l'Imprimerie royale, Courses de testes et de bague faites par le Roy et par les princes et seigneurs de sa cour en l'année M.DC.LXII.

VOLER LE SECRET DES GLACES
1. Thierry Sarmant, Mathieu Stoll, Le Grand Colbert, Tallandier, 2019.
2. Selon Maurice Hamon : «À partir de 1660, les miroirs sont présents dans deux inventaires après décès sur trois à Paris. Le succès touche désormais les classes sociales les plus diverses : conseillers du roi, financiers, parlementaires, bourgeois, mais aussi voituriers, gagne-deniers, passementiers, apprécient ces objets de luxe pendus aux murs.» (Versalia, no 20, 2017, p.135).
3. Maurice Hamon, Du Soleil à la Terre, une histoire de Saint-Gobain, Lattès, 1998.
4. Pierre Clément, Lettres, instructions et mémoires de Colbert, t. VII, CLXXIII, Imprimeries impériales, 1861-1873, Archives nationales.

LES START-UP, VERSION XVIIe SIÈCLE
1. Le métier à grande tire fut mis au point par les Chinois cinq cents ans auparavant.
2. 1676, édit de Colbert autorisant la création d'écoles académiques en province destinées à offrir une formation aux jeunes artistes, artisans et ouvriers des manufactures.
3. Philippe Minard, « Économie de marché et État en France : mythes et légendes du colbertisme », L'Économie politique, 2008/1, no 37, pp. 77-94.
4. Simonne Abraham-Thisse, « L'Exportation des draps normands au Moyen Âge », in La Draperie en Normandie du xiiie siècle au xxe siècle, Alain Becchia (dir.), Presses universitaires de Rouen et du Havre, 2003.
5. M. Courtecuisse, La Manufacture de draps fins Van Robais aux xviie et xviiie siècles, 1920 (Extrait des Mémoires de la Société d'émulation d'Abbeville).
6. Entre autres privilèges, Van Robais s'était vu octroyer le monopole de la fabrique des draps fins à la manière de la Hollande et de l'Angleterre, dans Abbeville mais aussi à dix lieues à la ronde, le droit d'« acheter des héritages », une exemption de droits d'entrée sur les laines d'Espagne, et le droit exclusif du cardage et du filage au grand rouet dans le même secteur.
7. Tihomir J. Markovitch, Les Industries lainières de Colbert à la Révolution, Librairie Droz, 1976. De 20 millions en 1670, leur valeur passa à près de 108 millions de livres tournois en 1789.

PARFUMS SALVATEURS
1. Catalogue des Marchandises rares, curieuses et particulières qui se font et debitent à Montpelier concernant la santé, les parfums et les embellissements, Jean Fargeon, apothicaire et parfumeur de SAR Mademoiselle, Avignon, 1665.
2. Annick Le Guérer, Le Parfum des origines à nos jours, pp. 113-119, Paris, 2005.
3. Ibid.
4. Ibid.
5. Les apothicaires ne déposent les statuts de gantier-parfumeur à Grasse qu'en 1724.
6. Mémoires de Monsieur de Lamarre, 1682 : « Le roi travaille seul (en son apothicairerie) à faire des remèdes qui sentent extraordinairement mauvais. »
7. Simon Barbe : Le Parfumeur françois, qui enseigne toutes les manières de tirer les odeurs des fleurs et de faire toutes sortes de compositions de parfums…, Lyon, 1693. Le Parfumeur royal ou l'art de parfumer avec fleurs et composer toutes sortes de parfums, tant pour l'odeur que pour le goût…, Paris, 1699.
8. Pline l'Ancien, Histoire naturelle, livre XII : cent millions de sesterces, soit 80 kilogrammes d'or.
9. À propos des coiffures à la Fontange sous Louis XIV, Mémoires de Louis de Rouvroy, duc de Saint-Simon, écrites entre 1691 et 1723, p.215, tome VI, présenté par Didier Halléppée, Les Écrivains de Fondcombe.

LES MARQUES DU LUXE
1. Louis XIV, Mémoires pour l'instruction du Dauphin, édition par Pierre Goubert, p. 214.
2. Alain Rey, Dictionnaire historique de la langue française, Le Robert.
3. Pierre Clément, Lettres, instructions et mémoires de Colbert, vol. 2, 2e partie, Industrie, commerce, « Instruction générale de Jean-Baptiste Colbert (surintendant des Bâtiments, arts et manufactures de France) pour l'exécution des règlements généraux des manufactures et teintures, datée du 30 avril 1670, à Saint-Germain-en-Laye ».
4. Tihomir J. Markovitch, Les Industries lainières de Colbert à la Révolution. Les draps dits « du sceau » étaient produits dans une ancienne fabrique lainière à Elbeuf, que Colbert « réactiva » en manufacture royale en 1667. À l'origine dédiée à des manteaux pour paysans, leur production à partir de 1669 devint d'une qualité renommée. Le prix de l'aune passa de 2,50 livres à 17.
5. BnF, M. du Marsais, Des Tropes, ou des diférens sens dans lequel on peut prendre un mot dans une même langue, 1757. On ne dira plus un drap de la manufacture Van Robais, mais un Van Robais.

LE TRIANON DE PORCELAINE
1. Marco Polo, Le Devisement du Monde, écrit autour de 1300 et imprimé pour la première fois en 1477.
2. Jean Nieuhoff, L'Ambassade de la Compagnie orientale des Provinces-Unies vers l'empereur de Chine, 1665.
3. Jean-François Félibien, Description sommaire du chasteau de Versailles, 1674.
4. Andrew Zega, Bernd H. Dams, « La Ménagerie de Versailles et le Trianon de porcelaine : Un passé restitué », Versalia, Revue de la Société des Amis de Versailles, no 2, 1999, pp. 66-73.
5. Jean de Preschac, Contes moins contes que les autres, Sans Parangon et la reine des fées, 1698, éd. Hall Bjornstad.

LES PERRUQUES RIDICULES
1. Archiatre : médecin du roi.
2. Stanis Perez, La Santé de Louis XIV, une biohistoire du Roi-Soleil, Seyssel, Champ Vallon, 2007.
3. François Bluche, Dictionnaire du Grand Siècle, Fayard, 1990, p.1188
4. Jean-Baptiste Thiers, Histoire des perruques, Paris, 1690, pp. 396, 403.
5. Archives nationales, Maison du roi, O/1/1-O/1/128-O/1/17.
6. Audrey Millet, Fabriquer le désir. Histoire de la mode de l'Antiquité à nos jours, chapitre « L'appareillage de tête », Belin, 2020.
7. Archal : laiton.
8. « La Vie fugitive de Mademoiselle de Fontanges. Mémoire posthume de Maurice Bouvet », Revue d'histoire de la pharmacie, 2000, pp. 263-267. Elle inspirera le personnage d'Angélique marquise des Anges.

TEMPLES DU LUXE
1. Olivier Chaline, Le Règne de Louis XIV. Vingt millions de Français et Louis XIV, vol. II, Paris, Flammarion, 2005.
2. Jean-Louis Bourgeon, Les Colbert avant Colbert, Paris, PUF, 1973.
3. Thierry Sarmant, Mathieu Stoll, Le Grand Colbert, Paris, Tallandier, 2019.

L'ÉTIQUETTE AU SECOURS DES MANUFACTURES
1. Philippe Hourcade, « Cérémonial, étiquette et politesse au temps du duc de Saint-Simon, interrogations et mises en perspective », Cahiers Saint-Simon, 2011.
2. Prosper Boissonnade, « Colbert, son système et les entreprises industrielles en Languedoc (1661-1683) », Annales du Midi, 1902.
3. Archives nationales, F/23614 (1), Actes royaux, 1682, Hôpital général.
4. Véronique Dumont Castagné, Fortune des textiles dans la société méridionale des xviie et xviiie siècles, « Dentelles », Connaissances et Savoirs, 2017.
5. Paul-M. Bondois, « Colbert et l'industrie de la dentelle : le "point de France" à Reims et à Sedan d'après des documents inédits », Revue d'histoire économique et sociale, vol. XIII, 1925.

6. Correspondance administrative de Louis XIV, mise en ordre par Georges-Bernard Depping, t. III. Lettres de l'intendant de Bourgogne Claude Bouchut à Colbert, 1851.
7. Pierre-Charles-François Dupin, Forces productives et commerciales de la France, vol. I, « Draps de Sedan », 1827.
8. Habit de noces du prince héritier Gustave III de Suède, un costume en pluie d'or et d'argent où des soleils brodés émergent de nuages bleutés. « Quarante ouvriers français y ont travaillé jour et nuit durant trente-sept jours », correspondance du prince avec l'ambassadeur de Suède à Paris, le comte Gustav Philip de Creutz, 1766-1776.

INFLUENCEURS DE MODE
1. François Boucher, Histoire du costume en Occident, « Courtisans à la mode », Paris, Flammarion, 2008, pp. 219-227.
2. Bisette : soie dentelée. Laboureurs: propriétaires qui font cultiver leurs terres.
3. Jean Guérin, Almanach pour le temps passé, contenans mutations de l'air et des affaires du monde, 1623. Superfluité : luxe.
4. Boucher, op. cit., La rhingrave, deux aunes de tissu par jambe soit deux à trois mètres, p.22.
5. Falbalas: profusion de dentelles.
6. Giovanna Motta et Antonello Biagini, Fashion through History, chapitre « Poupées de mode » par Samantha Maruzella, pp. 31-40, Cambridge scholars publishing. 2017.
7. Mémoires de l'Abbé de Choisy pour servir à l'histoire de Louis XIV, recopiées par l'abbé d'Olivet, 1724 et François-Timoléon de Choisy, Histoire de l'Église, 1725, vol. V, p. 385.
8. François-Timoléon de Choisy, Mémoires de l'abbé de Choisy habillé en femme, 1735.

LUXE, JÉSUITES ET DIPLOMATIE
1. Bluche, op. cit., pp.518-519.
2. La Sublime Porte : Empire ottoman.
3. Le Parfait Négociant, analyses de Pierrick Pourchasse. Annales de Bretagne et des Pays de l'Ouest, 2014.
4. Le Parfait Négociant, Jacques Savary, Droz, 2011.
5. Le père Ferdinand Verbiest décrit un jouet mû par la vapeur, imaginé lorsqu'il était à Pékin vers 1668, p.554, Revue des deux mondes, article « L'automobile et son évolution », Charles Nordmann, janvier 1924.
6. Catherine Jami, L'Empereur Kangxi et les sciences : réflexion sur l'histoire comparée, pp.17-18, Études chinoises, vol. XXV, 2006.
7. Jean-Paul Desroches, Joachim Bouvet et le premier voyage de l'Amphitrite, 1993.
8. Béatrix Saule, « Insignes du pouvoir et usages de cour à Versailles sous Louis XIV », Bulletin du Centre de recherche du château de Versailles. Et Romain Bertrand, Histoire mondiale de la France, pp.341-345, Le Seuil, 2017.
9. Stéphane Castelluccio, La Compagnie française des Indes orientales et les importations d'objets d'art pendant le règne de Louis XIV, p.120, 2006. 13 408 porcelaines de Siam rapportées en septembre 1688.
10. Détail des marchandises apportées par L'Amphitrite et mises en vente à Nantes le 5 octobre 1700, archives nationales d'outre-mer, COL C1 17 folios 17-19.

BEAUTÉ FATALE
1. Jean de La Fontaine, Les Amours de Psyché et Cupidon, 1669.
2. Koenraad Verboven, Christian Laes, Work, Labour, and Professions in the Roman World, Boston, 2017.
3. Pierre Pomet, Histoire générale des drogues, 1694.
4. Invention du microscope (collective) par Galilée en 1609 et Robert Hooke en 1665.
5. Éloge de Lemery par Bernard de Fontenelle, Histoire de l'académie royale des sciences, année 1715, p. 75.
6. Marie Meurdrac, La Chymie charitable & facile, en faveur des Dames (Paris, 1e édition, 1666), réd. Jean Jacques, Paris, CNRS, 1999.
7. Simon Barbe, Le parfumeur François··· Pour le divertissement de la Noblesse, l'utilité des personnes Religieuses & nécessaire aux Baigneurs et Perruquiers, 1693.
8. Nicolas de Blégny, Livre commode des adresses de Paris, 1692.
9. Charles Perrault, « Cendrillon ou la petite pantoufle de verre », Histoires ou contes du temps passé, avec des moralitez, 1697.
10. Jacques Savary des Bruslons, Dictionnaire universel de commerce, t. II, 1741.

LA RÉVOLUTION DES PALAIS
1. Relations des assemblées faites à Versailles dans le grand appartement du Roi, pendant le carnaval de l'an 1683 [...], Paris, P. Cottard, 1683 (attribué à l'abbé Bourdelot).
2. Thierry Sarmant, Louis XIV, homme et roi, « La ligue d'Augsbourg », chapitre XX, Paris, Tallandier, 2014.
3. Jérôme Jambu, « Inventer une mutation monétaire, la première réformation, 1689-1693 », Revue numismatique, Cahier thématique Louis XIV, 2015.
4. Marquis de Saint-Simon, Mémoires complets et authentiques du duc de Saint-Simon, éd. 1840. Quatre onces correspondent à 113 grammes, quatre marcs à 1 kilogramme.
5. Ibidem.
6. Fabienne Ravoire, Bulletin du Centre de recherche du château de Versailles, Sociétés de cour en Europe, xvie-xixe siècles, 2017. Les fouilles dans la cour de Marbre de Versailles mettront à jour des centaines d'assiettes brisées en faïence de Nevers.
7. Bluche, op. cit., article « Gastronomie ».
8. Stéphane Castelluccio, « L'Art de la gastronomie à Paris au xviie siècle », Versalia, revue de la société des Amis de Versailles, 2011.
9. Lucien Bely (dir.), Dictionnaire de Louis XIV, Paris, Laffont, 2015.

ALCHIMISTES DE L'OR BLANC
1. Joseph. E. Hofmann, in Complete Dictionary of Scientific Biography, Detroit, Charles Gillispie, 2008.
2. Sven Dupré, Laboratories of Art, Alchemy and Art Technology from Antiquity to 18th century, Max-Planck Institute for the History of Science, 2016.
3. Première porcelaine de Tschirnhausen et Böttger: argile de Colditz, albâtre et sulfate de calcium (Source : Dupré, ibid.)
4. Crucible : ici, pris au sens de la terre utilisée pour fabriquer des creusets qui résistent à de très haute température (Source : Dupré, ibid.)
5. Mémoires de l'Académie royale des Sciences de Paris, années 1699-1734, vol. III. « Sur un nouveau verre de lunette » par Monsieur Tschirnhausen, pp.128-163.
6. Dictionnaire de physique de MM. Monge, Cassini, Bertholon & de l'Académie des sciences, 1793.
7. Comte de Chavagnac, marquis de Grollier, Histoire des manufactures françaises de porcelaine, Paris, Picard & fils, 1906. On y retrouve Böttger comme inventeur de la porcelaine dure.
8. Barbe Coudray, veuve de Pierre Chicaneau, Jean, Jean-Baptiste, Pierre et Geneviève Chicaneau frères et sœur, Requeste au Roy sur le secret de la vraye et parfaite porcelaine de France.

LA JEUNESSE 1716-1789

LE JOUEUR QUI PARIAIT SUR LE LUXE
1. Archaeologica scottica, 1792, vol. I.
2. Edgar Faure, La Banqueroute de Law, Gallimard, 1977.
3. Antoin E. Murphy, John Law et la bulle de la Compagnie du Mississippi, Alternatives économiques, 2010.
4. Ibid.
5. Ibid. Le pharaon est un jeu de hasard qui se joue avec des cartes. Y participent des « pontes », qui misent, et un « banquier », payé avec l'argent des joueurs, rôle dans lequel Law excellait.
6. Mémoire de Law concernant la banque, « La monnaye est dans l'État ce que le sang est dans le corps humain, sans l'un on ne scauroit vivre [...] le crédit figure dans le commerce comme les esprits ou la partie la plus subtile du sang. », BnF, Mss Clairambault 529, fol. 430v.
7. Murphy, op. cit.
8. John Law, Essay on a Land Bank, 1704 ; Considérations sur le numéraire et le commerce (Money and Trade). 1705.
9. Duc de Saint-Simon, Mémoires, vol. V. « La compagnie obscure, et pour la plupart scélérate, dont il [le Régent] avait fait sa société ordinaire de débauche, et que lui-même ne feignait pas de nommer publiquement ses roués, lui fit un tort infini. »
10. Chevalier de Piossens, Mémoires de la régence de S.A.R. Mgr le duc d'Orléans, durant la minorité de Louis XV, vol. I, 1736.
11. Histoire du système de John Law, publication intégrale du manuscrit inédit de Nicolas Dutot, de Poitiers, établie et introduite par Antoin E. Murphy, p. XI, INED, 2000.
12. Valentine Toutain-Quittelier, « Le Diable d'argent et la Folie, Enjeux et usages de la satire financière autour de 1720 », colloque Paris, INHA, 2015. Trois bulles spéculatives aboutirent toutes à une faillite généralisée. La bulle anglaise, nommée South Sea Bubble, reposait sur le développement de la British South Sea Compagny. La bulle française trouvait, elle, sa source dans les difficultés rencontrées par la Compagnie du Mississippi, tandis que la bulle hollandaise dérivait des deux autres.
13. Philippe Haudrère, La Compagnie française des Indes au xviiie siècle (1719-1795), Librairie de l'Inde, 1989.
14. Selon Montesquieu, son ancien premier commis, qui le rencontra à Venise lors de son exil.

LES ROUES DE LA FORTUNE
1. Bluche, op. cit.
2. Jean-Louis Libourel, Voitures hippomobiles, vocabulaire typologique et

3 Max Terrier, « L'invention des ressorts de voiture », Revue d'histoire des sciences, vol. 39, 1986.
4 Les ressorts Dalesme sont de surcroît soumis à une taxe de luxe dans certains pays (Max Terrier).
5 Annick Pardailhé-Galabrun, « Les déplacements des Parisiens dans la ville aux xviie et xviiie siècles. Un essai de problématique », Histoire, économie et société, no 2, 1983.
6 J.-C. Nemeitz, Instructions fidèles pour les voyageurs de condition durant leur séjour à Paris, 1727.
7 Hélène Delalex, « Une écurie de carrosses », Carnets de Versailles, 2016.
8 Charles Sorel, Lois de la galanterie, chap. VIII, Auguste Aubry, Paris, 1644.
9 Dictionnaire de la conversation et de la lecture, vol. XII, Belin-Mandard, 1834, p. 321.
10 Revue universelle. Bibliothèque de l'homme du monde et de l'homme politique au xixe siècle, vol. II, 1834, p. 149.

FAUTE DE LAQUE, LA FRANCE A LE VERNIS MARTIN

1 Andô Kôsei, « Des momies au Japon et de leur culte », L'Homme, vol. VIII, no 2, pp. 5-18, 1968.
2 Jean-Baptiste Antoine Malisset, La Boussole des spéculateurs, Obré, 1803.
3 Jean François de Bastide, La Petite-Maison, L. Cellot, Paris, 1763.
4 François Rozier et al., Journal de physique, de chimie, d'histoire naturelle et des arts, Paris, 1772.
5 Lettre de Léopold Mozart à son propriétaire, Lorenz Hagenauer, à Salzbourg, 18 novembre 1763.

VOLTAIRE BUSINESS MAN

1 Voltaire, Le Mondain, 1736.
2 Jacques Berchtold, Michel Porret, Être riche au siècle de Voltaire, actes du colloque de Genève, 18 et 19 juin 1994, Droz, 1996.
3 Œuvres complètes de Voltaire, vol. XII, partie 2, Garnier, 1883 ; pp. 1113-1114, « Lettre à d'Alembert », 16 avril 1765.
4 Voltaire, Dictionnaire philosophique, entrée « Luxe », 1764, p. 254.
5 Fabrice Brandli, « La République de Genève et la France au xviiie siècle : diplomatie asymétrique et cultures politiques », Revue d'histoire moderne & contemporaine, no 61, 2014, pp. 65-93. Les « natifs » sont nés à Genève de parents habitants ou natifs. Cette catégorie apparaît au xviie siècle, au moment où commence à se fermer l'accès à la bourgeoisie. Les natifs n'ont aucun droit politique et sont limités dans certains droits économiques, réservés aux bourgeois ; en 1770, ils représentent plus du tiers de la population masculine.
6 Beuchot, Voltaire, œuvres complètes, vol. LXVI, p. 427, « Lettre à d'Argental », 26 septembre 1770 ; p. 295, « Lettre à tous les ambassadeurs ».
7 Gustave Desnoiresterres, Voltaire et la société française au xviiie siècle, vol. VII, Paris, Didier, 1867, p. 307.
8 J. Peuchet, Dictionnaire universel de la géographie commerçante, introduction, Paris, Blanchon, an VIII (1799).

MADAME POMPON NEWTON

1 Le biribi, très pratiqué par Émilie, est un jeu sur pari de la famille des lotos arrivé d'Italie au xviie siècle (le biribisso).
2 Œuvres de Voltaire, vol. II, poésies mêlées, p. 782, 1835. Le 3 juillet 1733, Voltaire écrit à son ami Cideville : « Hier, étant à la campagne, n'ayant ni tragédie ni opéra dans la tête, pendant que la bonne compagnie jouait aux cartes, je commençai une épître en vers dédiée à une femme très aimable et très calomniée. »
3 Bertrand Rondot, « Le goût d'une femme de son temps », Madame du Châtelet, la femme des Lumières, dir. Élisabeth Badinter, Danielle Muzerelle, BnF, 2006, pp. 55-67.
4 Bernard de Mandeville, La Fable des abeilles, ou Les fripons devenus honnêtes gens. Avec un commentaire où l'on prouve que les vices des particuliers tendent à l'avantage du public, 1714.
5 Man devil, jeu de mots en anglais « homme et diable ». Dans l'Angleterre de Mandeville, des notables pratiquent de plus en plus la charité dans le but d'offrir l'instruction au plus grand nombre dans les écoles publiques et gratuites qu'ils financent.
6 Portrait de madame du Châtelet par madame du Duffand, 1747, bibliothèque de l'Arsenal, Ms 4846, pp. 259-261.
7 Principes mathématiques de la philosophie naturelle par feue madame la marquise Du Chastellet, préface de Voltaire, 1759. « Philosophie naturelle » était le terme utilisé pour la physique.
8 Portrait…, op. cit.
9 Madame du Châtelet, Institutions de physique, 1740. Manuel à l'origine écrit pour son fils afin de lui expliquer les travaux de Leibniz et Newton.
10 Œuvres complètes de Voltaire, op. cit., p. 1012.

LE SHOW-MAN DE LA SCIENCE

1 Opere del conte Algarotti, lettres inédites de madame du Châtelet au comte Algarotti, 20 mai 1794, vol. XVI, p. 16.
2 Claude Lamboley, Les Peepshows, distractions de salons, spectacles de rue et jouets d'enfant, Académie des sciences et lettres de Montpellier, 2018.
3 Jean-Antoine Nollet, Leçons de physique expérimentale, 1743. « M. L'abbé Nollet a su substituer en plusieurs endroits, des preuves d'expériences, aux démonstrations mathématiques qu'il ne fait qu'indiquer ; il se met par ce moyen à la portée d'un bien plus grand nombre de lecteurs […] de voir des vérités intellectuelles soumises en quelque sorte au jugement des sens. » (« Éloge de M. l'abbé Nollet, par Grandjean de Fouchy», Histoire de l'Académie des sciences, vol. 3568, p. 127.)
4 Mémoires du duc de Luynes, 14 juin 1749, Paris, Didot, 1830.
5 Mémoires pour l'histoire des sciences et des beaux-arts, Imprimé à Trévoux, octobre 1738, pp. 2228-2236.
6 Jean Jallabert, Expériences sur l'électricité, avec quelques conjectures sur la cause de ses effets, Paris, Durand-Pissot, 1768, p. 114.
7 Jean Antoine Nollet, Essai sur l'électricité des corps, Paris, chez les frères Guérin, 1746.

DES ANDROÏDES À LA SOIE

1 Denis Diderot et Jean Le Rond d'Alembert, Encyclopédie ou dictionnaire des sciences, des arts et des métiers, 1751-1777, vol. I.
2 Le mécanisme du flûteur automate, présenté à messieurs de l'Académie royale des sciences. Par M. Vaucanson, auteur de cette machine, 1738, BnF.
3 François Caron, La Dynamique de l'innovation, changement technique et changement social (xvie-xxe siècle), Gallimard, 2010, p. 64.
4 Organsin : soie ouvrée et préparée pour faire la chaîne des étoffes. L'organsin est composé de plusieurs brins de soie réunis une fois moulinés (Bouillet, Dictionnaire universel d'histoire et de géographie).
5 Façonnés : des tissus présentant des décors, par effet de trame ou de chaîne. Si on y ajoute des fils d'or ou d'argent, ce sont des brocards.
6 Chantal Spillemaecker (dir.), Vaucanson et l'homme artificiel, des automates aux robots, PUG, 2010, pp. 47-48.
7 Arrest du conseil d'État du Roi, 5 septembre 1752, « accepte les offres faites par Sr. Deydier de faire un établissement de moulinage de soie […] faire usage des moulins du Sr. Vaucanson ».

LES REINES DU NETWORKING

1 Discours prononcé par mademoiselle Perette de la Babille, présidente de l'Académie des Femmes Sçavantes, Lyon, 1736.
2 Arthur Dinaux, Les Sociétés badines, bachiques littéraires et chantantes, Paris, Bachelin-Deflorenne, 1867.
3 Honoré de Balzac, «Autre étude de femme », La Comédie humaine, vol. III, Gallimard, 1966.
4 Evelyne Lever, Le Crépuscule des rois, chronique 1757-1789, Paris, Fayard, 2013.
5 Élisabeth Badinter, Les Passions intellectuelles, vol. I, Paris, Fayard, 2018.
6 Maurice Hamon, Madame Geoffrin, femme d'influence, femme d'affaires au temps des Lumières, Paris, Fayard, 2010, pp. 179-225.
7 Baron de Gleichen, Souvenirs, vol. VIII, Paris, Techener, 1868, p. 98.
8 Maurice Hamon, Madame Geoffrin. Femme d'affaires au temps des Lumières, L'Harmattan, Revue française d'histoire économique, n° 6, 2016, p.12-25.

BIENVENUE AUX JOHN(S) !

1 Françoise Mosser, Les Intendants des finances au xviiie siècle : les Lefèvre d'Ormesson et le « Département des impositions» (1715-1777), Droz, 1978.
2 Œuvre de Ford Maddox Brown, hôtel de ville de Manchester, 1879-1893.
3 Roland de la Plâtrière, Encyclopédie méthodique, 1685.
4 Liliane Hilaire-Perez,« Les échanges techniques entre la France et l'Angleterre au xviiie siècle : la révolution industrielle en question », in Pierre-Yves Beaurepaire et Pierrick Pourchasse (dir.), Les Circulations internationales en Europe: années 1680-années 1780, Presses universitaires de Rennes, 2010, p. 200. Liliane Hilaire-Perez, « John Kay, une stratégie industrielle de l'innovation », La Revue, musée des Arts et Métiers, 1998, pp. 33-40.
5 Pierre Vayssière, « Un pionnier de la révolution industrielle en Languedoc au xviiie siècle : John Holker», Annales du Midi: revue archéologique, historique et philologique de la France méridionale, vol. 79, 1967, pp. 269-286.
6 Ibid.
7 Philippe Minard, La Fortune du colbertisme, État et industrie dans la France des Lumières, Paris, Fayard, 1998, p. 215 et note 13, p. 439.

LA POMPADOUR À LA CAISSE

1 Bluche, op. cit. En 1667, Louis XIV à Monseigneur (son fils, qui décédera

avant lui) : « Le prince devrait toujours être un modèle de vertu, il serait bon qu'il se garantît absolument des faiblesses communes au reste des hommes [...] et que nous séparions les tendresses d'un amant avec les résolutions d'un souverain. »

2   François Quesnay, Tableau économique, 1758. Suivi en 1763 de Philosophie rurale ou économie générale et politique de l'agriculture, publié par Dupont de Nemours. Selon le médecin-économiste, il existe un «ordre naturel» divin, réduisant la nation à trois types de citoyens : la classe productive, ceux qui transforment, la classe des propriétaires, qui possèdent les terres, et la classe stérile dont les travaux ne sont pas liés à l'agriculture.
3   Danielle Gallet, Madame de Pompadour ou le pouvoir féminin, Paris, Fayard, 1985, p. 204.
4   Nemrod, nom d'un personnage biblique, « vaillant chasseur devant l'Éternel » (Genèse 10, 9).
5   Gallet, op. cit., p. 267. Madame Lebon recevra de madame de Pompadour une gratification de six cents livres pour « lui avoir prédit à l'âge de neuf ans qu'elle serait un jour la maîtresse de Louis XV».
6   Ibid., p. 229. «Dame de Pompadour, Brette, Saint-Cyr-La Roche et La Rivière-en-Limousin; Auvilliers, Nozieux, Ménars-la-Ville, Ménars-le-Château, Cour-sur-Loire, Saint-Claude, Villerbon, Villexanton, Mulsans, Aulnay, Beigneaux, Montcourtois, La Motte, Pont-aux-Thoins, Herbilly, Villerogneux, Voves, Suèvres et Maves, Saint-Ouen et autres lieux.»
7   Charles Oudiette, Dictionnaire topographique des environs de Paris, Paris, Chanson, 1817, p. 610. Collectif, Dictionnaire universel de la banque, du commerce et des manufactures, Paris, 1841, p. 263.
8   Gallet, op. cit., p. 230. Dans les caves de son hôtel d'Évreux acquis en 1753 (actuel palais de l'Élysée), madame de Pompadour possédait du chambertin, du nuits, du chablis, du champagne d'Ay et autres vins de Mulsans « de la récolte de Madame ».

LE GOÛT DU NOUVEAU MONDE

1   Alain Rey, Dictionnaire historique de la langue française, Le Robert. Le chocolate ou chocolatl dérive d'un terme nahuatl du Mexique. Il désigne la boisson réalisée à partir des fèves de cacao, le cacahuatl.
2   Thomas Gage, A New Survey of the West-Indias, Londres,1655.
3   Nicole du Hausset, Mémoires de madame du Hausset, femme de chambre de madame de Pompadour, Paris, Baudouin, 1824, pp. 92-93.
4   Stéphanie Paternotte, Pierre Labrude, « Le chocolat dans quelques ouvrages français de pharmacie et de médecine des xviie, xviiie et xixe siècles. Ses effets fastes et néfastes avérés ou supposés », Revue d'histoire de la pharmacie, 338, 2003, pp. 197-210.
5   Guillaume René Lefébure, baron de Saint-Ildephont, Le Médecin de soi-même ou méthode simple et aisée pour guérir les maladies vénériennes, avec la recette d'un chocolat aphrodisiaque, aussi utile qu'agréable, Paris, Lambert, 1775.
6   À la suite de découvertes archéologiques, une étude datant de 2018 a confirmé la consommation de cacao en Équateur depuis cinq mille trois cents ans par ce peuple.
7   Madame d'Aulnoy, Relation du voyage d'Espagne, 1691, Paris. Klincksieck. 1926.
8   Les Soupers de la Cour, ou L'Art de travailler toutes sortes d'alimens, pour servir les meilleures tables, suivant les quatre saisons, Menon, 1755, vol. IV, p. 332.
9   Encyclopédie méthodique. Arts et métiers mécaniques, Paris, Panckoucke, 1782, p. 750.
10 Nikita Harwich, Histoire du chocolat (« Lettre de Thomas Jefferson à John Adams », 27 novembre 1785), Paris, Desjonquères, 2008.
11 Pistole: monnaie d'or battue aux xvie et xviie siècles en Espagne et en Italie.

LA PREMIÈRE STYLISTE

1   Juan de Alcega, Libro de Geometría, Practica y traça Madrid, 1580 ; in Sébastien Passot (dir.), «Aux sources de l'art des tailleurs et des couturières de l'époque moderne (xvie au xviiie siècle) : des traités d'époque aux relevés contemporains », Apparence(s), 2019.
2   Garsault, « L'Art du tailleur », Descriptions des arts et métiers faites ou approuvées par messieurs de l'Académie royale des sciences, 1769.
3   Sébastien Mercier, Tableau de Paris, Fauche, Neuchâtel/Amsterdam, 1782-1788, p. 180.
4   Arch. nat., Maison de la Reine, comptes établis par la comtesse d'Ossun.
5   Arch.nat. MM//918. Le pouf « à l'inoculation» abrite un serpent enroulé autour d'un olivier gorgé de fruits couronné d'un soleil levant, symboles du triomphe de la science sur la maladie.
6   Le pouf « à la Belle-Poule», ou « l'Indépendance» porte une frégate, miniature de celle attaquée en 1778 par le navire britannique Arethusa. Les caricaturistes s'en empareront.

LA BALLONMANIA

1   Charles Hirschauer, « Les Premières Expériences aérostatiques à Versailles », Journal de Paris, 13 septembre 1783, BnF.

2   Vingt-deux mille pieds cubes = 622 mètres cubes.
3   Journal de Paris, 5 juin 1783, BnF.
4   Cavendish décrit « l'air inflammable » en 1766, dans la publication Air factices.
5   Par exemple, la guerre avec l'Angleterre avait coupé l'approvisionnement en capucines, les crayons de bois à mine de plombagine, venue du gisement de Borrowdale, le seul de qualité.
6   Patrice Bret, « Nicolas Jacques Conté », in Les Professeurs du Conservatoire national des arts et métiers. Dictionnaire biographique 1794-1955, vol. 1, Paris, INRP/Cnam.

TIME IS MONEY

1   Arnaud Orain, La Politique du merveilleux: une autre histoire du Système de Law (1695-1795), Fayard, 2018.
2   Le Nouveau Mercure, 17 janvier 1719, pp. 141-145.
3   Ibid.
4   Ferdinand Berthoud, Histoire de la mesure du temps, vol. I, Paris, Imprimerie de la république, 1802, cité par Marie Agnès Dequidt, Les Horlogers des Lumières. Temps et Société à Paris au xviiie siècle, Paris, CTHS, 2014, p. 22.
5   Philippe Fleury, « L'invention du moulin à eau », in Autour des machines de Vitruve. L'ingénierie romaine : textes, archéologie et restitution, Presses universitaires de Caen, 2015, pp. 97-112. Vitruve, De architectura, 25 av. J.-C.
6   Histoire de l'Académie royale des sciences, vol. II, Imprimerie royale, 1759, p. 139.
7   Pierre Caron de Beaumarchais, Le Mariage de Figaro, acte V, scène III, monologue de Figaro, 1784.
8   Emmanuel Breguet, Breguet, horloger depuis 1775. Vie et Postérité d'Abraham-Louis Breguet, Swan éditeur, 2017.
9   Pour plus de commodité, la Suisse englobe ici Genève et Neuchâtel (prusse jusqu'en 1815).
10 Le canon du Palais-Royal est toujours visible dans les jardins, mais il s'arrêta de tonner en 1911.
11 Sir David Lionel Salomons, Breguet, 1747-1823, 1921, p. 16.
12 L'expression apparaît dans le Free Thinker, quotidien londonien, le 18 mai 1719, et sera reprise par Franklin. Cité par Damien Villers, Wolfgang Mieder, « Time is money: Benjamin Franklin and the vexing problem of proverb origins », Proverbium, 2017.

LA MATURITÉ 1799-1899

LE BAL DES VICTIMES

1   Edmond et Jules de Goncourt, Histoire de la société française pendant la Révolution, Paris, Dentu, 1889.
2   François Boucher, Histoire du costume en Occident, Paris, Flammarion, 2008, p. 322.
3   Dumas père, Les Compagnons de Jéhu, « Le Bal des victimes », Paris, Lévi Frères, 1857 ; « Paris qui danse », Le Petit Parisien, 23 décembre 1885 ; Abel Gance, Napoléon, 1927 (film).
4   Ronald Schechter, « Gothic Thermidor: The Bals des victimes, the Fantastic, and the Production of Historical Knowledge in Post-Terror France », Representations, no 61, university of California Press, 1998.
5   Catafalque : estrade dressée au milieu d'un lieu de culte ou d'une maison mortuaire pour recevoir le cercueil.
6   J.-B. Pujoulx, Paris à la fin du xviiie siècle, ou esquisse historique et morale des monuments... ainsi que des mœurs et des ridicules de ses habitants, 1801, pp. 251-258 (cité par Dominique Waquet, « Costumes et vêtements sous le Directoire : signes politiques ou effets de mode ? », Cahiers d'Histoire, 2015).
7   Journal des dames et des modes, 13 février 1799, p. 453 (cité par Dominique Waquet).
8   Cité par François Boucher.

LA FOLIE DES PAPIERS PEINTS

1   Madame O. Delphin-Balleyguier, Journal de madame Cradock, voyage en France, 1783-1786, Paris, Perrin, 1896.
2   Jean-Michel Papillon, Traité historique et pratique de la gravure sur bois, Paris, Simon, 1766. Tontisse : papier de tenture fini par un procédé de veloutage. Neuf aunes : 10,7 m.
3   Jean-Baptiste Moëtte, Manufacture de papiers peints veloutés, musée des Arts décoratifs, 1788.
4   Bernard Jacqué, De la manufacture aux murs, pour une histoire matérielle du papier peint (1770-1914), 2003.
5   Christian Petitfils, Louis XVI, Paris, Perrin, 2005. Alain Cohen, « L'Assassinat de l'intendant de Paris le 22 juillet 1789, un prélude à la Grande Peur», La Révolution française, no 12, 2017.
6   Papiers peints panoramiques : à l'époque, ils sont identifiés comme « tableau-paysage » ou « tableau-tenture ».
7   Extrait de la brochure publicitaire parue au moment de la mise en vente des « Sauvages de la mer Pacifique », an XIII (1805), bibliothèque

municipale de Mâcon.

LA FRANCE DONNE LE LA

1. Jean-Jacques Rousseau, Dictionnaire de musique, Paris, Duchesne, 1768 ; Fanny Gribenski, «Écrire l'histoire du la, entre histoire de la musique et études des sciences», Revue d'Anthropologie des Connaissances, 2019, p. 733.
2. Fontenelle, «Éloge de Joseph Sauveur», Histoire de l'Académie royale des sciences, 1716, pp. 79-87.
3. « Discours de Jules-Louis Lissajous », Bulletin de la SEIN, 2e série, 54e année, vol. II, p. 444, 11 juillet 1855.
4. Serge Benoît, Progrès technique et développement musical : le rôle de la Société d'Encouragement pour l'Industrie nationale aux xixe et xxe siècles, CTHS, 2007.
5. Ibid.
6. Huit cent soixante-dix vibrations par seconde à une température de 15 °C correspondent à 435 Hz, une mesure qui n'existe pas à l'époque, portant le nom de son inventeur Heinrich Hertz, né en 1857.
7. Franz Liszt, Revue et Gazette musicale, 8 janvier 1837, pp. 17-18. Thierry Maniguet, « Pianopolis. Paris, capitale du piano romantique », Revue de la BnF, no 34, 2010.
8. Paris est surnommée à l'époque « Pianopolis » par les musiciens.

LES MAÎTRES DES INDIENNES

1. Michael Kwass, Louis Mandrin. La mondialisation de la contrebande au siècle des Lumières, Vendémiaire, 2016.
2. Bernard Champion, Le Rituel et le Matériel, éléments d'ethnographie indienne. Suite des Voyages de Monsieur Jean-Baptiste Tavernier, Écuyer Baron d'Aubonne, en Turquie, en Perse, et aux Indes, Paris, Pierre Ribou, 1713, vol. 3, p. 47.
3. Inspection des manufactures, rapports de tournées, 1745-1750.
4. Aziza Gril-Mariotte, « La Consommation des indiennes à Marseille (fin xviiie-début xixe siècle) », Rives méditerranéennes, no 29, 2008.
5. Gottlieb Widmer, Mémorial de la manufacture de Jouy, 1843.
6. Michel Pastoureau, Une couleur ne vient jamais seule – Journal chromatique, 2012-2016, 2017.
7. Bureau consultatif des Arts et Manufactures, Notes sur les progrès des manufactures de Jouy & Essonnes, réunies depuis l'an VII, 1808 ; Pierre Chassagne, Oberkampf, un grand patron au siècle des Lumières, Aubier, 2015.
8. Lettre de Duhéron, Bordeaux, 5 janvier 1815. La fabrique d'Oberkampf fermera en 1842, dépassée par les copies incessantes de ses dessins et les dérivés bas de gamme.

LES JOUETS DE LA GOUVERNEUR

1. Guy Antonetti, Louis-Philippe, « Jugement sur l'éducation genlisienne », Paris, Fayard, 1994.
2. Gabriel de Broglie, Madame de Genlis, Paris, Perrin, 1985.
3. Réflexions d'une mère de vingt ans, écrit durant sa première grossesse en 1765 ; Adèle et Théodore, ou Lettres sur l'éducation contenant tous les principes relatifs aux trois différens plans d'éducation des princes, des jeunes personnes, & des hommes, conçu lorsqu'elle est nommée gouvernante en 1782 ; De l'emploi du temps, 1824.
4. Le titre d'Orléans n'est transmis qu'au décès de son titulaire à son fils aîné. Le duc et la duchesse de Chartres ne prendront donc le titre d'Orléans qu'en 1785.
5. Dominique Julia, « Princes et élèves : les études des princes d'Orléans sous l'autorité de madame de Genlis (1782-1792) », Histoire de l'éducation, no 151, 2019, p. 87.
6. « L'éducation des princes et princesses emploie quarante-quatre personnes, depuis la marquise de Sillery jusqu'aux valets de chambre et de pied, gens de cuisine, frotteur, blanchisseuse et fille de garde-robe : son coût annuel global est de 54 816 livres tournois, soit 13 % du budget de personnel. » (État du personnel du Palais Royal, 1789, cité par Dominique Julia.)
7. Madame de Genlis, Mémoires, Paris, Barba, 1825.
8. Charles-Louis Ducrest, 1747-1824.
9. La loi du milliard aux émigrés a été promulguée le 28 avril 1825 sous Charles X.
10. Ferdinand Buisson, Dictionnaire de pédagogie, 1887. L'auteur est par ailleurs l'inventeur du mot « laïcité ». Il déteste madame de Genlis, fervente catholique.
11. Jean-Jacques Rousseau, Émile, ou de l'Éducation, 1762 : « Toute l'éducation des femmes doit être relative aux hommes. Leur plaire, leur être utiles, se faire aimer et honorer d'eux, les élever jeunes, les soigner grands, les conseiller, les consoler, leur rendre la vie agréable et douce : voilà les devoirs des femmes dans tous les temps, et ce qu'on doit leur apprendre dès leur enfance. »

ISIDORE, UN ESPION EN CHINE

1. Auguste Haussmann, « Canton et le commerce européen en Chine », Revue des Deux Mondes, vol. 16, 1846.
2. Alain Roux, « Les « Guerres de l'opium » : les canons de la liberté », Mouvements, no 86, 2016, pp. 90-99.
3. Christiane Demeulenaere-Douyère, « Missions commerciales et collections techniques au xixe siècle : l'introuvable "musée chinois" de la mission de Chine », Artefact. Techniques, histoire et sciences humaines, no 5, dossier « Musées éphémères, musées imaginaires, musées perdus », Rennes, PUR, décembre 2016 ; Charles Panckoucke, La Chine depuis le traité de Nankin, 1853, Kessinger publishing, 2010, p. 17.
4. Haussmann, op. cit.
5. Traité de Nankin : la cession de Hong Kong est assortie d'avantages douaniers, ainsi que du droit d'établir des concessions dans cinq ports méridionaux ouverts au commerce international (Canton, Amoy [Xiamen], Fuzhou, Ningbo et Shanghai), in Demeulenaere-Douyère, op. cit.
6. Haussmann, op. cit.
7. Les délégués comme Isidore ont recours aux services d'ateliers de dessinateurs chinois de renom, spécialisés dans le China Trade, c'est-à-dire les articles destinés à l'exportation vers l'Occident ; ce sont ceux de Sunqua, de Tingqua et de Youqua ou Yoeequa, in Demeulenaere-Douyère, op. cit.
8. Arch. nat., 20144780/11, Lettre du ministre de l'Agriculture et du Commerce, Louis Joseph Buffet, à propos d'un futur musée de la Chine qui ne verra jamais le jour, 14 février 1849, in Demeulenaere-Douyère, op. cit.

CHAMBOULEMENT CHEZ LES ORFÈVRES

1. Jean-Baptiste Gaspard Odiot, reçu maître orfèvre en 1720, père de Jean-Claude Odiot, et grand-père de Jean-Baptiste Claude reçu maître en 1785.
2. Le Moniteur universel, 1824.
3. Wilfried Zeisler, « Les orfèvres parisiens au service de la Russie au xixe siècle », La France et les Français en Russie, dir. Annie Charon, Bruno Delmas, Armelle Le Goff, publication de l'École des Chartes, pp. 313-339.
4. Olivier Gabet, Dix mille ans de luxe, catalogue de l'exposition au Louvre Abu Dhabi, p. 127.
5. Louis Figuier, Les Merveilles de la science ou description populaire des inventions modernes, vol. 2, Paris, Furne, Jouvet et Cie, 1868, pp. 285-384.
6. Ibid.
7. Le Figaro, 16 avril 1857.
8. Figuier, op. cit.

DU CHARBON AUX MALLETIERS

1. Georges Vuitton, Le voyage depuis les temps les plus reculés jusqu'à nos jours, Paris, Dentu, 1901.
2. Le fils de Pierre Godillot, qui, enfant, cousait les poignées de cuir pour son père, lancera une industrie florissante de chaussures militaires, appelées communément les « godillots ».
3. Vuitton, op. cit.
4. Jean-Baptiste Fressoz, « Modernité et globalisation », in Dominique Pestre, Kapil Raj, H.Otto Sibum (dir.), Histoire des sciences et des savoirs, Paris, Seuil, 2015, vol. 2, pp. 369-386.
5. Ibid.
6. Jean-Pierre Chaubon, Découvertes scientifiques et pensée politique au xixe siècle, Paris, PUF, 1981.
7. The rocket, ou la « fusée » en français, combine deux inventions dont celle de la chaudière tubulaire du Français Marc Seguin.
8. Le « Grand Tour » des xviie et xviiie siècles, où les jeunes aristocrates sillonnaient les capitales d'Europe pour s'éduquer, est devenu le TOURisme.
9. Le 11 juin 1842, la « loi du chemin de fer » permet aux entreprises privées de financer le très coûteux futur réseau ferroviaire national et d'en récupérer les bénéfices. C'est à partir de là que se déploient les lignes de trains en France.
10. Vuitton, op. cit.
11. La gutta-percha est une sève végétale s'écoulant sous l'écorce d'espèces d'arbres abondantes dans l'archipel indien. Elle a été pour la première fois soumise à la Société des arts de Londres en 1843 par le docteur Montgomerie revenant de Singapour (Revue chirurgicale de Paris, 1848, vol. 3, p. 114).

LES SPECTACLES DU MERVEILLEUX

1. L'idée d'ouvrir l'Exposition des produits de l'industrie à des exposants étrangers avait été émise en France à l'occasion de l'Exposition de 1849 : elle s'était alors heurtée à l'hostilité des partisans du protectionnisme. Céline Michaïlesco, La Comptabilité des expositions universelles (Paris, 1855-1900) – Transfert de savoirs et apprentissage, 2018.
2. Louis Reybaud, L'industrie en Europe, 1856, Hachette BnF, 2018.
3. Yolande Friedmann, « Louis Reybaud, satiriste de la Monarchie de Juillet »,

La Révolution de 1848 et les révolutions du xixe siècle, 1933, pp. 9-20.
4   Publiciste : le nom donné aux experts du droit public (anc.), de l'économie (moderne), et qui qualifie Louis Reybaud dans le dictionnaire de Pierre Larousse, 1866-1877, p. 1134. Publicité : l'ensemble de moyens employés pour faire connaître une entreprise (ibid.).
5   Anne-Claude Ambroise-Rendu, Linda Aimone, Carlo Olmo, « Les Expositions universelles, 1851-1900 », Revue d'histoire moderne et contemporaine, 1996.
6   Maurice Hamon, Du Soleil à la Terre, Paris, Lattès, 2012, pp. 46-65.
7   Serres du Jardin des Plantes, 1854 ; les halles de Baltard, 1855.
8   Miroir Saint-Gobain : deux cents personnes prirent part au projet, pour réaliser cette plaque de 5,37 m de haut sur 3,36 m de large.
9   Médaille d'honneur à l'Exposition universelle de 1855, in Alfred Etenaud, La Télégraphie électrique, Imprimerie centrale du Midi, 1872, p. 166.
10 Mercatique : ensemble des techniques et des actions grâce auxquelles une entreprise développe la vente de ses produits, de ses services, en adaptant sa production aux besoins du consommateur (xxe siècle). Le terme de marketing date, lui, de la fin du xixe siècle (source : Cnrtl).
11 À côté des textiles, porcelaines et couverts bon marché, le public découvre en 1855 la tondeuse à gazon, la machine à laver ou la machine à coudre Singer.

LES COCOTTES HAUTE COUTURE
1   Les artistes de théâtre, chant ou danse sont soupçonnées de prostitution. Fiche de police de Sarah Bernhardt, archives de la préfecture de police, registre dit « des courtisanes », années 1872-1873.
2   Alain Rey, Dictionnaire historique de la langue française, Le Robert. Dès 1539, le terme de courtisane n'a pas le sens féminin de courtisan, « qui fréquente la cour », mais déjà celui de femme galante de haut vol.
3   Catherine Authier, Femmes d'exception, femmes d'influence, une histoire des courtisanes au xixe siècle, Paris, Armand Colin, 2015.
4   Les courtisanes sont surnommées les « grandes allongées », « horizontales », « cocottes » ou « hétaïres ».
5   Lorette : jeune femme du demi-monde aux mœurs faciles qui habitait au xixe siècle dans le quartier de Notre-Dame-de-Lorette (source : Cnrtl). « On approuvait les garçons de s'amuser avec des filles de petite condition : lorettes, grisettes, midinettes, cousettes. », in Simone de Beauvoir, Mémoires d'une jeune fille rangée, Paris, Gallimard, 1958.
6   S'il est copié, il le sera dignement. Worth publie certains de ses patrons dans des revues américaines. Stratégie reprise par Coco Chanel. Il crée une collection « maternité ». Ses ouvrières utilisent les nouvelles machines à coudre Singer. Il soutient la création de la Chambre syndicale de la couture, des confectionneurs et des tailleurs pour dame en 1868. Il propose des produits dérivés.
7   Boucher, op. cit., pp. 353-379.
8   Ibid.
9   Elles peuvent être haïes par des épouses dans la mesure où certains de leurs amants se suicident après qu'elles les ont quittés et/ou totalement ruinés. Le plus étonnant reste que cela les rend encore plus attirantes auprès des hommes. Ce ne sont jamais elles, mais eux qui érigent ces drames en faits de gloire.

PASTEUR À LA RESCOUSSE
1   La pasteurisation, brevetée en 1865, efface les saveurs délicates. Elle ne sera plus pratiquée après 1930 pour le vin. Franz von Soxhlet trouvera une application durable de cette technique avec le lait.
2   La flacherie est une maladie du ver à soie, dite aussi « maladie des morts-flats », causée par l'ingestion de feuilles de mûrier infectées (Source : Inrap).
3   Lors de ses études sur la fermentation du vin, Pasteur avait acquis une vigne pour y procéder à ses expériences sur les levures. Dans le cadre des études pour contrer le phylloxéra, cette même vigne située à Arbois dans le Jura sert à tester les solutions proposées à la suite d'un concours lancé par le gouvernement. Gilbert Garrier, Le Phylloxéra, une guerre de trente ans, 1870-1900, Paris, Albin Michel, 1989.
4   Le tierçon de cognac est un fût de chêne d'une capacité de 560 litres, à l'origine conçu pour le transport, dont on découvrira le bénéfice d'y faire vieillir les eaux-de-vie.
5   En représailles économiques envers les Pays-Bas, Colbert décida en 1667 de surtaxer le cognac, alors appelé « brandevijn » ou vin brûlé. La goutte qui fit déborder le vase, puisque la guerre fut déclarée.
6   Le Clos des Rosières, vignoble de Pasteur, est propriété de l'Académie des sciences. Des programmes de recherche s'y succèdent, le dernier en date lancé par l'Inra en 2014.

PARADIS ARTIFICIELS
1   Baudelaire Charles, « Le Parfum », Les Fleurs du mal, Paris, Poulet-Malassis et De Broise, 1840-1867.
2   Eugénie Briot, « Les Fabriques de Laire, pionnières de la chimie des corps odorants à Calais (1876-1914) – L'industrie française de la parfumerie au xixe siècle », in PME et grandes entreprises en Europe du Nord-Ouest, xixe-xxe siècles, Presses universitaires du Septentrion, 2012, pp. 140-146.
3   L'École centrale des arts et métiers, fondée en 1829, deviendra l'École centrale. Avec Péligot, Dumas définit les quatre familles d'alcools : méthylique, éthylique, cétylique et amylique. Dumas isolera aussi l'uranium.
4   Le Guérer, op. cit.
5   Le chimiste Perkins, voulant produire de la quinine artificielle, trouve accidentellement un colorant violet, « l'aniline purple », plus joliment nommée la mauvéine. Elle se vend au prix du platine.
6   Le Guérer, op. cit.
7   Lettre de Maupassant à Maurice de Fleury, citée par Annick Le Guérer.
8   Le Guérer, op. cit.
9   Briot, op. cit.
10 Ibid.
11 Joris-Karl Huysmans, À rebours, Charpentier, 1884. Jean des Esseintes, le héros, a mis au point un orgue à bouche, avec des alcools à boire, et non des parfums, chapitre IV.
12 Ibid., chapitre X.

CRISTAL SOCIAL
1   C'est dans la verrerie de Saint-Louis-lès-Bitche que le cristal parvint en 1781 en France ; en 1816 à Baccarat.
2   Pierre-Antoine Godard-Desmaret, bourgeois enrichi durant la Révolution et l'Empire, expert en gestion financière, a acheté la verrerie en 1823 alors que la technique du cristal était parvenue jusqu'à elle depuis huit ans. Il s'associe avec le polytechnicien Jean-Baptiste Toussaint pour la partie industrielle.
3   Françoise Birck, Entre le patronage et l'organisation industrielle. Les cristalleries de Baccarat dans le dernier quart du xixe siècle, Paris, CNRS, 1990, pp. 29-53.
4   Le temple de Mercure est inspiré du temple de la Sibylle à Tivoli près de Rome. Le comte et la comtesse de Chambrun construiront aussi une copie exacte de l'original en marbre pour leur propriété de Nice, devenue aujourd'hui le parc Chambrun, où elle se trouve toujours.
5   Birck, op. cit.
6   En référence à Andrew Carnegie (1835-1919), industriel de l'acier et célèbre philanthrope américain.
7   Frédéric Le Play, ingénieur X-mines, développe une technique de récolement des données, base des sciences sociales d'aujourd'hui.
8   Comte de Chambrun, Aux montagnes d'Auvergne, mes nouvelles conclusions sociologiques, Calmann-Lévy, 1893, p. 69.
9   Émile Cheysson, ancien directeur du Creusot ; Jules Siegfried, lié au protestantisme social et à la grande bourgeoisie des affaires.
10 Le Musée social existe toujours, au même endroit, 5, rue Las-Cases à Paris. Le comte de Chambrun avait prévu à sa mort comment assurer la longévité de l'institution.
11 Le comte Albert de Mun, fondateur des cercles catholiques d'ouvriers.
12 Annie Stora-Lamarre, La République des faibles, Paris, Armand Colin, 2005.
13 Birck, op. cit.
14 Pareto Vilfredo, Journal des économistes, 1899, cité par Janet Horne, in André Gueslin, Pierre Guillaume (dir.), De la charité médiévale à la sécurité sociale, Éditions ouvrières, 1992, p. 108.
15 Birck, op. cit.

ÉLECTRO... LUXE ?
1   Paul Meyan, La France automobile, Paris, Tarride, 1896.
2   Fulmen (la foudre en latin) : société fondée par Albert Brault en 1891 pour fabriquer des batteries électriques.
3   Patrick Fridenson, « Une industrie nouvelle : l'automobile en France jusqu'en 1914 », Revue d'histoire moderne et contemporaine, 1972, pp. 557-578.
4   Jacques-Marie Vaslin, Le Monde, 24 septembre 2012.
5   L'ordonnance du 14 août 1893 éditée par le préfet de police, Louis Lépine, crée le « certificat de capacité » obligatoire pour circuler dans le périmètre de la préfecture de police de Paris, l'ancêtre du permis de conduire.
6   Jacques Payen, « Les Brevets de Lenoir concernant le moteur à combustion interne », Revue d'histoire des sciences, 1963.
7   « La Métallurgie », 13 novembre 1907, cité par Fridenson. L'année suivante Henry Ford lancera la première voiture standardisée en Amérique du Nord, la fameuse Ford T.
8   Arch. nat., F/12/7713, Lucien Périssé, Rapport de réorganisation de l'industrie automobile, 12 février 1917, cité par Fridenson.
9   Le Parlement britannique adopte le Locomotive Act en 1865, dit le Red Flag Act en référence au fameux chiffon rouge. Vitesse limitée à 2 miles/h en ville.

人名索引 INDEX

A

乔治·德·莱尔 Aire, Georges de l'
皮埃尔-约瑟夫·阿拉里 Alary, Pierre-Joseph
让·勒隆·达朗贝尔 Alembert, Jean Le Rond, d'
埃米莉安娜·达朗松 Alençon, Émilienne d'
法国王后，奥地利的安妮 Anne d' Autriche, reine de France
达尔让塔尔伯爵 Argental, comte d'
弗朗索瓦·洛朗·达朗朗侯爵 Arlande, François Laurent, marquis d'
波兰国王，奥古斯特二世 Auguste II, roi de Pologne

B

水晶厂巴卡拉 Baccarat, cristallerie
让·德·蒙吕克·德·巴拉尼 Balagny, Jean de Monluc de
西蒙·巴布 Barbe, Simon
杜巴里夫人，让娜·贝屈 Barry, Jeanne Bécu, madame du
让-弗朗索瓦·巴斯蒂德 Bastide, Jean-François
夏尔·波德莱尔 Baudelaire, Charles
约瑟夫·德·博阿尔奈，玛丽·约瑟芙·萝丝·塔契·拉·帕热利 Beauharnais, Marie Josèphe Rose Tascher de La Pagerie, dite Joséphine de
博马舍，皮埃尔·奥古斯丁·卡龙 Beaumarchais, Pierre-Augustin Caron, dit
马里于斯·贝利耶 Berliet, Marius
莎拉·伯恩哈特 Bernhardt, Sarah
贝尔尼主教，弗朗索瓦-若阿香·皮埃尔 Bernis, François-Joachim de Pierre, cardinal de
费迪南·贝尔图 Berthoud, Ferdinand
玛丽-让娜，萝丝·贝尔坦 Bertin, Marie-Jeanne, dite Rose
瓦尔黛丝·德·拉比尼 Bigne, Valtesse de la
伯努瓦·比内 Binet, Benoît
让-皮埃尔·布朗夏尔 Blanchard, Jean-Pierre
索菲·布朗夏尔 Blanchard, Sophie
奥托·博贝格 Bobergh, Otto
皮埃尔·德·邦奇 Bonzi, Pierre de
约翰·弗里德里希·贝格特尔 Böttger, Johann Friedrich
弗朗索瓦·布歇 Boucher, François
亨利·布伊耶 Bouilhet, Henri
皮埃尔·米雄·布尔德罗 Bourdelot, Pierre Michon
白晋 Bouvet, Joachim
布朗卡公爵夫人，玛丽-安吉莉卡·弗雷米·莫拉 Brancas, Marie-Angélique Frémyn de Moras, duchesse de
布朗泰斯领主，莱昂·达尔贝尔 Brantes, Léon d' Albert, seigneur de
亚伯拉罕-路易·宝玑 Breguet, Abraham-Louis
路易·尼古拉·德·布雷图尔 Breteuil, Louis Nicolas de
路易吉·瓦伦提诺·布鲁尼亚泰利 Brugnatelli, Luigi Valentino
帕梅拉·布吕拉尔·德·希勒里 Brûlart de Sillery, Pamela
布封伯爵，乔治·路易·勒克莱尔 Buffon, Georges-Louis Leclerc, comte de

C

卡德内领主，奥诺雷·达尔贝尔 Cadenet, Honoré d' Albert, seigneur de
艾蒂安·卡拉 Calla, Étienne
美蒂奇家族的凯瑟琳，法国王后 Catherine de Médicis, reine de France
俄国女皇，叶卡捷琳娜二世 Catherine II, impératrice de Russie
阿尔德贝·德·尚布伦 Chambrun, Aldebert de

钱斯兄弟 Chance Brothers
雅克·夏尔 Charles, Jacques
沙特尔公爵，路易-菲利普·德·奥尔良 Chartres, Louis-Philippe d' Orléans, duc de
沙特尔公爵夫人，路易丝-玛丽-阿德莱德·德·波旁 Chartres, Louise-Marie-Adélaïde de Bourbon, duchesse de
弗朗索瓦·德·卡尔塔尼厄夫·夏特奥内夫莱侯爵夫人，加布里埃尔·艾米丽·勒托内利·埃·德·布雷图尔 Châteauneuf, François de Castagnères
沙莱侯爵夫人，加布里埃尔·艾米丽·勒托内利·埃·德·布雷图尔 Châtelet, Gabrielle Émilie Le Tonnelier de Breteuil, marquise du
埃米尔·谢松 Cheysson, Émile
弗朗索瓦·蒂莫莱翁·德·舒瓦西神父 Choisy, François-Timoléon, abbé de
弗里德里克·肖邦 Chopin, Frédéric
夏尔·克里斯托弗勒 Christofle, Charles
保罗·克里斯托弗勒 Christofle, Paul
桑克-马尔侯爵，亨利·科菲尔·德·鲁泽 Cinq-Mars, Henri Coëffier de Ruzé d' Effiat, marquis de
让-巴蒂斯特·柯尔贝尔 Colbert, Jean-Baptiste
尼古拉·雅克·孔代 Conté, Nicolas Jacques
安娜·弗朗西斯卡·克拉多克 Cradock, Anna Francesca

D

安德烈·达莱姆 Dalesme, André
克劳德·当贡 Dangon, Claude
罗贝尔·达尼 Danis, Robert
路易-让-玛利·多邦东 Daubenton, Louis Jean-Marie
苏比士·黛保 Debauve, Sulpice
德芳侯爵夫人，玛丽·德·维希-尚隆 Deffand, Marie de Vichy-Chamrond, marquise du
皮埃尔·德劳内-德朗德 Delaunay-Deslandes, Pierre
安德烈·德朗德 Deslandes, André
德尼·狄德罗 Diderot, Denis
儒勒-阿尔贝·德·迪翁 Dion, Jules-Albert de
约瑟夫·迪富尔 Dufour, Joseph
亚历山大·仲马 Dumas, Alexandre
让-巴蒂斯特·杜马 Dumas, Jean-Baptiste
尼古拉·迪努瓦耶 Dunoyer, Nicolas

E

塞巴斯蒂安·埃拉尔 Érard, Sébastien
阿德莱德夫人，沙特尔小姐，欧仁妮-阿德莱德-路易丝·德·奥尔良 Eugénie-Adélaïde-Louise d' Orléans, Mademoiselle de Chartres, dite Madame Adélaïde
欧仁妮·德·蒙蒂霍，法国皇后 Eugénie de Montijo, impératrice des Français

F

居依-克雷桑·法贡 Fagon, Guy-Crescent
让·法尔容 Fargeon, Jean
鲁道尔夫·菲蒂格 Fittig, Rudolph
芳丹姬公爵夫人，玛丽-安吉莉卡·德·斯科拉耶·鲁西尔 Fontanges, Marie-Angélique de Scoraille de Roussille, duchesse de
热罗姆·弗拉卡斯托尔 Fracastor, Jérôme
本杰明·富兰克林 Franklin, Benjamin
沈福宗 Fuzong, Shen

G

阿贝尔·冈斯 Gance, Abel
让利斯伯爵夫人，斯特凡妮·菲莉希缇·迪克雷 Genlis, Stéphanie Félicité du Crest, comtesse de
玛丽特-蕾莎·罗代·若弗兰 Geoffrin, Marie-Thérèse Rodet
埃德姆-弗朗索瓦·吉尔桑 Gersaint, Edme-François

马克'安东尼奥·朱斯蒂尼亚尼 Giustiniani, Marc' Antonio
皮埃尔·戈迪约 Godillot, Pierre
弗朗索瓦·戈雅 Goyard, François
格雷菲勒伯爵夫人，伊丽莎白·德·卡拉曼-希迈 Greffulhe, Élisabeth de Caraman-Chimay, comtesse
埃梅·娇兰 Guerlain, Aimé
夏尔·居梅里 Gumèry, Charles
瑞典国王古斯塔夫三世 Gustave III, roi de Suède

H

威廉·哈尔曼 Haarmann, Wilhelm
约翰·哈里森 Harrison, John
奥古斯特·奥斯曼 Haussmann, Auguste
伊西多尔·埃德 Hedde, Isidore
法国国王，亨利二世 Henri II, roi de France
法国国王，亨利四世 Henri IV, roi de France
约翰·霍尔克 Holker, John
小约翰·霍尔克 Holker, John Jr.
让-弗朗索瓦·乌比冈 Houbigant, Jean-François
让-巴蒂斯特·于埃 Huet, Jean-Baptiste
维克多·雨果 Hugo, Victor
威廉·赫斯基森 Husskinson, William
克里斯蒂安·惠更斯 Huygens, Christian
若利斯-卡尔·于斯曼 Huysmans, Joris-Karl

J

莫里茨·冯·雅各比 Jacobi, Moritz von
雅卡尔，约瑟夫·玛丽·夏尔 Jacquard, Joseph Marie Charles, dit
让·雅拉贝尔 Jallabert, Jean
路易·雅诺 Janot, Louis
夏尔·让托 Jeantaud, Charles
卡米耶·热纳齐 Jenatzy, Camille
奥地利大公，约瑟夫二世 Joseph II, empereur d' Autriche
大卫·茹伊斯 Jouyse, David

K

约翰·凯 Kay, John
路易·克里热 Krieger, Louis

L

玛丽-特蕾莎·德·拉费尔泰-安博 La Ferté-Imbault, Marie-Thérèse de
让-巴蒂斯特·拉昆蒂尼 La Quintinie, Jean-Baptiste
泰奥多尔·德·拉格雷尼 Lagrené, Théodore de
朗贝尔夫人，安妮-特蕾莎·德·马格纳·德·古尔赛尔 Lambert, Anne-Thérèse de Marguenat de Courcelles, madame de
菲利普·拉萨尔 Lasalle, Philippe
约翰·劳 Law, John
夏尔·勒布朗 Le Brun, Charles
克劳德·勒佩雷勒捷 Le Peletier, Claude
弗雷德里克·勒普莱 Le Play, Frédéric
朱利安·勒鲁瓦 Le Roy, Julien
纪尧姆·勒内·勒费比尔 Lefébure, Guillaume René
妮科尔·勒盖 Leguay, Nicole
戈特弗里德·威廉·莱布尼茨 Leibniz, Gottfried Wilhelm
尼古拉·勒梅里 Lémery, Nicolas
艾蒂安·雷诺阿 Lenoir, Étienne
雷欧纳尔，雷欧纳尔-阿历克斯·奥提埃 Léonard, Léonard-Alexis Autié, dit
让·安托万·莱皮纳 Lépine, Jean Antoine
朱莉·德·莱斯皮纳斯 Lespinasse, Julie de
儒勒-路易·利萨如 Lissajoux, Jules-Louis
弗朗茨·李斯特 Liszt, Franz
夏尔·德·洛尔姆 Lorme, Charles de
法国国王，路易十三 Louis XIII, roi de France

法国国王，路易十四 Louis XIV, roi de France
法国国王，路易十五 Louis XV, roi de France
法国国王，路易十六 Louis XVI, roi de France
法国国王，路易-菲利普一世 Louis-Philippe Ier, roi de France
卢瓦侯爵夫人，安妮·德·苏弗雷 Louvois, Anne de Souvré, marquise de
卢瓦侯爵，弗朗瓦·米歇尔·勒泰利埃 Louvois, François Michel Le Tellier, marquis de
吕内公爵，夏尔·菲利普·达尔贝尔 Luynes, Charles-Philippe d'Albert, duc de
理查·卢卡·德·讷邬 Lucas de Néhou, Richard

M

缅因公爵，路易·奥古斯特·德·波旁 Maine, Louis Auguste de Bourbon, duc du
缅因公爵夫人，路易丝-本尼迪克德·德·波旁 Maine, Louise-Bénédicte de Bourbon, duchesse de
曼特农夫人，弗朗索瓦丝·德奥比涅 Maintenon, Françoise d'Aubigné, madame de
伯纳德·曼德维尔 Mandeville, Bernard
法国王后，玛丽-安托瓦内特 Marie-Antoinette, reine de France
西班牙王后，玛丽·克里斯蒂娜 Marie-Christine, reine d'Espagne
马里尼侯爵夫人，阿贝尔-弗朗索瓦·普瓦松·德·旺蒂耶尔 Marigny, Abel-François Poisson de Vandières, marquis de
马夏尔先生 Martial, monsieur
艾蒂安-西蒙·马尔丹 Martin, Étienne-Simon
马尔丹兄弟 Martin, frères
纪尧姆·马尔丹 Martin, Guillaume
保罗-埃米尔·雷米·马丁 Martin, Paul-Émile Rémy
弗朗索瓦·马西亚罗 Massialot, François
居伊·德·莫泊桑 Maupassant, Guy de
红衣主教马扎然，儒勒·雷蒙 Mazarin, Jules Raymond, cardinal
梅特涅公主，波丽娜·桑多尔 Metternich, Pauline Sandor, princesse
玛丽·莫拉德拉克 Meurdrac, Marie
保罗·梅扬 Meyan, Paul
保罗·米肖 Michaut, Paul
威廉·希尔德马尔·米耶克 Mielck, Wilhelm Hildemar
蒙特斯潘侯爵夫人，弗朗索瓦丝·阿特纳伊斯·德·罗切朔亚宁·德·莫特马尔 Montespan, Françoise Athénaïs de Rochechouart de Mortemart, marquise de
蒙哥尔费兄弟 Montgolfier, frères
马克·莫雷尔 Morel, Marc
约瑟夫·博尼耶，拉莫松男爵 Mosson, baron Joseph Bonnier de la
让娜·德·瓦卢瓦-圣-雷米·拉莫特伯爵夫人 Motte, Jeanne de Valois-Saint-Rémy, comtesse de la
雅克-安托万·穆尔格 Mourgue, Jacques-Antoine
利奥波德·莫扎特 Mozart, Léopold
南内尔·莫扎特 Mozart, Nannerl
沃尔夫冈·莫扎特 Mozart, Wolfgang
阿尔弗雷德·德·曼 Mun, Alfred de

N

法国人民的皇帝，拿破仑一世 Napoléon Ier, empereur des Français
法国人民的皇帝，拿破仑三世 Napoléon III, empereur des Français
芙拉·娜哈依 Narai, Phra
纳里·巴尔特莱米 Naris, Barthélémy
玛丽·内穆尔公爵夫人 Nemours, Marie, duchesse de
伊萨克·牛顿 Newton, Isaac
让·安托万·诺莱 Nollet, Jean Antoine
诺查丹玛斯 Nostradamus
奥兰普·迪努瓦耶 Noyer, Olympe du

O

克里斯托弗·菲利普·奥伯坎普夫 Oberkampf, Christophe Philippe
夏尔·尼古拉·奥迪奥 Odiot, Charles-Nicolas
让·巴蒂斯特·克劳德·奥迪奥 Odiot, Jean Baptiste Claude
菲利普·德·奥尔良 Orléans, Philippe d'
卡洛琳娜，美人奥特罗 Otéro, Caroline, dite La Belle
雷诺·伍迪耶 Outhier, Renaud

P

帕杰尔小姐 Pagelle, mademoiselle
布朗什·帕伊瓦 Paiva, Blanche
帕拉廷公主，伊丽莎白-夏洛特·德·巴伐利亚 Palatine, Elisabeth-Charlotte de Bavière, princesse
勒内·潘哈德 Panhard, René
安布鲁瓦兹·德雷 Paré, Ambroise
路易·巴斯德 Pasteur, Louis
欧仁-梅勒舒瓦尔·佩里戈 Péligot, Eugène-Melchior
威廉·亨利·珀金 Perkin, William Henry
夏尔·佩罗 Perrault, Charles
贝尔纳·佩罗 Perrot, Bernard
武耶曼·德·拉·珀蒂尔夫人 Petitière, madame Voullemin de la
阿尔芒·标致 Peugeot, Armand
西班牙国王，腓力四世 Philippe IV, roi d'Espagne
伊尼亚斯·普莱耶尔 Pleyel, Ignace
马可波罗 Polo, Marco
皮埃尔·波梅 Pomet, Pierre
蓬帕杜侯爵夫人，让娜-安托瓦内特·普瓦松 Pompadour, Jeanne-Antoinette Poisson, marquise de
利亚娜·德·普吉 Pougy, Liane de
普拉斯林公爵，凯撒·加布里耶尔·德·舒瓦瑟尔-舍维涅 Praslin, César Gabriel de Choiseul-Chevigny, duc de

R

乔治·雷文斯科罗夫特 Ravenscroft, George
埃德蒙·雷纳尔 Renard, Edmond
路易·雷诺 Renault, Louis
让-巴蒂斯特·雷韦永 Réveillon, Jean-Baptise
路易·雷博 Reybaud, Louis
亚历山大·巴尔塔扎尔·洛朗·格里莫·德·拉雷尼耶尔 Reynière, Alexandre Balthazar Laurent Grimod de la
红衣主教黎塞留，阿尔芒·让·杜普雷西 Richelieu, Armand Jean du Plessis, cardinal de
路易-约瑟夫-玛丽·罗贝尔 Robert, Louis-Joseph-Marie
路易-勒内，罗昂主教 Rohan, Louis-René, cardinal de
那达利·隆多 Rondot, Natalis
让-雅克·卢梭 Rousseau, Jean-Jacques
让-弗朗索瓦·皮拉特尔·德·罗齐耶 Rozier, Jean-François Pilâtre de
亨利·德·吕奥尔斯 Ruolz, Henri de

S

萨迪克·穆罕默德·可汗四世 Sadeq Muhammad Khan IV
圣戈班 Saint-Gobain
克劳德·亨利·德·鲁弗鲁瓦，圣-西蒙伯爵 Saint-Simon, Claude-Henri de Rouvroy, comte de
约瑟夫·索弗尔 Sauveur, Joseph
雅克·萨瓦里 Savary, Jacques
莱昂·赛 Say, Léon
玛德莱娜·德·斯库德里 Scudéry, Madeleine de
奥利维耶·德·赛尔 Serres, Olivier de
塞夫尔瓷器厂 Sèvres, manufacture de porcelaine
儒勒·西格弗里德 Siegfried, Jules
让-巴蒂斯特·西蒙 Simon, Jean-Baptiste
赛佐·苏瓦伊拉 Sugawara, Seizo
亨利·苏利 Sully, Henry
苏利公爵，马克西米利安·德·贝蒂纳 Sully, Maximilien de Béthune, duc de

T

塔里安夫人，特蕾莎·卡巴吕 Tallien, Thérésa Cabarrus, madame
让-巴蒂斯特·塔韦尼耶 Tavernier, Jean-Baptiste
克劳迪娜-亚历山德里娜-索菲·介朗·德·坦辛 Tencin, Claudine-Alexandrine-Sophie Guérin de
拉娜·特尔西 Terzi, Lana
费尔迪南·蒂曼 Tiemann, Ferdinand
夏尔·弗朗索瓦·勒诺尔芒·德·图尔纳姆 Tournehem, Charles François Paul Le Normant de
丹尼尔·夏尔·特吕代纳 Trudaine, Daniel Charles
埃伦弗里德·瓦尔特·冯·奇恩豪斯男爵 Tschirnhaus, Ehrenfried Walther, von
斯特凡诺·图尔凯迪 Turchetti, Stéfano

U

于泽斯公爵夫人，玛丽·阿德里娜·安妮·维克多尼安妮·克莱蒙蒂娜·德·罗舒瓦尔·德·莫特马尔 Uzès, Marie Adrienne Anne Victurnienne Clémentine de Rochechouart de Mortemart, duchesse d'

V

乔斯·凡·罗拜 Van Robais, Josse
雅克·沃康松 Vaucanson, Jacques
达芬奇 Vinci, Léonard de
亚历山德罗·伏打 Volta, Alessandro
弗朗索瓦-马利·阿鲁埃，伏尔泰 Voltaire, François-Marie Arouet, dit
加斯东-路易·威登 Vuitton, Gaston-Louis
乔治·威登 Vuitton, Georges
路易·威登 Vuitton, Louis

W

韦特尔兄弟 Wetter, frères
奥斯卡·王尔德 Wilde, Oscar
爱德华·威尔逊 Wilson, Edward
查尔斯·弗里德里克·沃斯 Worth, Charles Frederick
玛丽·奥古斯蒂娜·沃斯 Worth, Marie Augustine

Y

煜呱 Yoeequa

Z

让·祖伯 Zuber, Jean
艾蒂安·德·泽伊伦 Zuylen, Étienne de

部分参考书目　BIBLIOGRAPHIE SÉLECTIVE

卡特莉娜·阿尔曼容，贝阿特利克斯·索尔，《凡尔赛宫中的科学珍品》（一份展览目录），巴黎，国家博物馆联合会出版，2010年。
ARMINJON, Catherine, SAULE, Béatrix, *Sciences & Curiosités à la cour de Versailles*, catalogue d'exposition, Paris, RMN, 2010.

伊丽莎白·巴丹泰，《沙特莱夫人、伊皮奈夫人或十八世纪的女性雄心》，巴黎，弗拉马里翁出版社，2006年。
BADINTER, Élisabeth, *Madame du Châtelet, madame d'Épinay ou l'ambition féminine au XVIIIe siècle*, Paris, Flammarion, 2006.

亨利·鲍德里亚，《私人和公共奢侈品的历史：从古至今》，巴黎，路易·阿歇特出版社，1881年。
BAUDRILLARD, Henri, *Histoire du luxe privé et public depuis l'Antiquité jusqu'à nos jours*, Paris, Louis Hachette, 1881.

皮埃尔·伊夫·波尔佩雷和皮耶里克·普尔夏斯（主编），《欧洲的国际循环：1680—1780》，雷恩大学出版社，2010年。
BEAUREPAIRE, Pierre-Yves, POURCHASSE, Pierrick (dir.), *Les Circulations internationales en Europe: années 1680- années 1780*, Presses universitaires de Rennes, 2010

马克西尼·贝格，《十八世纪英国的奢华与享乐》，牛津出版社，2010年。
BERG, Maxine, *Luxury & Pleasure in eighteenth-century Britain*, Oxford Editions, 2010.

路易·贝热龙，帕特里斯·波尔德莱（主编），《法国不擅长工业吗？》，巴黎，贝兰出版社，1998年。
BERGERON Louis, BOURDELAIS Patrice (dir.), *La France n'est-elle pas douée pour l'industrie ?* Paris, Belin, 1998.

弗朗索瓦·布鲁什（主编），《盛世辞典》，巴黎，法亚尔出版社，1990年。
BLUCHE, François (dir.), *Dictionnaire du Grand Siècle*, Paris, Fayard, 1990.

弗朗索瓦·布歇（主编），《西方服装史》，巴黎，弗拉马里翁出版社，2008年。
BOUCHET François (dir.), *Histoire du costume en Occident*, Paris, Flammarion, 2008.

布耶，《科学、文学和艺术词典》，巴黎，路易·阿歇特出版社，1867年。
BOUILLET, *Dictionnaire des sciences, des lettres et des arts*, Paris, Louis Hachette, 1867.

让-路易·布尔容（主编），《柯尔贝尔之前的柯尔贝尔们：商人家族的命运》，巴黎，法国大学出版社，1973年。
BOURGEON, Jean-Louis (dir.), *Les Colbert avant Colbert, destin d'une famille marchande*, Paris, PUF, 1973.

埃马努埃尔·宝玑，《始于1775的钟表世家宝玑：亚伯拉罕·路易·宝玑的生活和他的后代》，古尔屈夫出版社，2017年。
BREGUET, Emmanuel, *Breguet, horloger depuis 1775, vie et postérité d'Abraham-Louis Breguet*, Paris, Gourcuff, 2017.

欧仁妮·布里奥、克里斯特尔·德·拉苏，《奢侈品营销：新战略和新实践》，巴黎，公司与管理出版社，2014年。
BRIOT, Eugénie, LASSUS, Christel (de), *Marketing du luxe: stratégies innovantes et nouvelles pratiques*, Paris, EMS, 2014.

里夏尔·坎蒂隆，1755年，《关于普通商业性质的论文》（评注版），国家人口研究所，1952年。
CANTILLON, Richard, *Essai sur la nature du commerce en général*, 1755, édition commentée, Institut national d'études démographiques, 1952.

弗朗索瓦·卡隆，《创新、技术变革和社会变革（十六至二十世纪）》，伽利玛出版社，2010年。
CARON, François, *La Dynamique de l'innovation, changement technique et changement social*, Paris, NRF, Gallimard, 2010.

斯特凡纳·卡斯特卢西欧，《十七至十八世纪巴黎对中国和日本瓷器的喜爱》，巴黎，莫奈尔·阿约出版社，2013年。
CASTELLUCCIO, Stéphane, *Le Goût pour les porcelaines de Chine et du Japon à Paris aux XVIIe-XVIIIe siècles*, Paris, Monelle Hayot, 2013.

塞尔吉·夏萨涅，《奥伯坎普夫：启蒙运动世纪的商业大亨》，奥比耶出版社，2015年。
CHASSAGNE, Serge, *Oberkampf, un grand patron au siècle des Lumières*, Paris, Aubier, 2015.

集体著作，《人类史：1492—1789年》第五卷，联合国教科文组织，2008年。
Collectif, *Histoire de l'humanité, 1492-1789*, vol. V, Unesco éditions, 2008.

集体著作，《柯尔贝尔：1619—1683年》（展览目录），法国文化部，1983年。
Collectif, *Colbert 1619—1683*, catalogue d'exposition, ministère de la Culture, 1983.

文森·克罗宁，《利玛窦，来自西方的智者》，巴黎，阿尔宾·米歇尔出版社，2010年。
CRONIN, Vincent, *Matteo Ricci, le sage venu de l'Occident*, Paris, Albin Michel, 2010.

玛丽·阿涅斯·德基特，《启蒙时代的钟表匠：十八世纪巴黎的时间与社会》，巴黎，历史和科学研究委员会，2014年。
DEQUIDT, Marie-Agnès, *Horlogers des Lumières, temps et société à Paris au XVIIIe siècle*, CTHS, 2014.

让-弗朗索瓦·埃克，米歇尔-皮埃尔·凯利尼，《十九至二十世纪欧洲西北部的中小企业和大企业：活动、战略、绩效》，北方大学出版社，2012年。
ECK, Jean-François, CHELINI, Michel-Pierre, *PME et grandes entreprises en Europe du nord-ouest XIXe-XXe siècles: activités, stratégies, performances*, Presses universitaires du Septentrion, 2012.

琼·埃文斯，《珠宝史：1100—1870年》，纽约，多佛出版社，1970年。
EVANS, Joan, *A history of jewellery, 1100-1870*, New York, Dover, 1970.

埃德加·富尔，《约翰·劳的破产》，伽利玛出版社，1977年。
FAURE, Edgar, *Banqueroute de Law*, Paris, NRF, Gallimard, 1977.

奥利维耶·加贝，《万年奢华：卢浮宫展览名录》，Kaph Books出版社，2020年。
GABET, Olivier, *Dix mille ans de luxe*, catalogue d'exposition, Kaph Books, 2020.

丹妮尔·加莱，《蓬帕杜夫人或女性权力》，巴黎，法亚尔出版社，1985年。
GALLET, Danielle, *Madame de Pompadour ou le pouvoir féminin*, Paris, Fayard, 1985

让-弗朗索瓦·戈万，刘易斯·派尔森，《物理教学的艺术：让·安托万·诺莱的演示设备（1700—1770）》，魁北克，北部出版社，2002年。
GAUVIN, Jean-François, PYENSON, Lewis, *L'Art d'enseigner la physique. Les appareils de démonstration de Jean-Antoine Nollet, 1700-1770*. Québec, Septentrion, 2002.

古贝尔·皮埃尔，《路易十四：王太子教育回忆录》，国家印刷厂，1992年。
GOUBERT Pierre, *Louis XIV, mémoires pour l'instruction du Dauphin*, Imprimerie nationale, 1992.

莫里斯·阿蒙，《从太阳到地球：圣戈班史》，巴黎，拉特斯出版社，1998年。
HAMON, Maurice, *Du Soleil à la Terre, une histoire de Saint-Gobain*, Paris,

J.-C. Lattès, 1998.

莫里斯·阿蒙,《若弗兰夫人：启蒙时代里有影响力的女人和女商人》,巴黎,法亚尔出版社,2010年。
HAMON Maurice, *Madame Geoffrin, femme d'influence, femme d'affaires au temps des Lumières*, Paris, Fayard, 2010.

菲利普·奥德雷尔,《东印度公司》,巴黎,德容凯尔出版社,2006年。
HAUDRÈRE, Philippe, *Les Compagnies des Indes orientales*, Paris, Desjonquères, 2006.

莉莉安娜·希拉尔-佩雷,《启蒙运动中的科技发明》,巴黎,阿尔宾·米歇尔出版社,2000年。
HILAIRE-PÉREZ, Liliane, *L'Invention technique au siècle des Lumières*, Paris, Albin Michel, 2000.

雅内·霍恩,《社会博物馆》,巴黎,贝兰出版社,2004年。
HORNE, Janet, *Le Musée social*, Paris, Belin, 2004.

大卫·休谟,《关于几个研究主题的论文（1752—1777）》,米歇尔·马莱伯为其作了导言、翻译和注释,第二卷,巴黎,维兰出版社,2009年。
HUME, David, *Essais et traités sur plusieurs sujets, 1752-1777*, introduction, traduction et notes de Michel Malherbe, vol. 2, Paris, Vrin, 2009.

埃米尔·朗拉德,《玛丽-安托瓦内特的时装商人》,阿尔宾·米歇尔出版社,1925年。
LANGLADE, Émile, *La Marchande de modes de Marie-Antoinette*, Albin Michel, 1925.

安尼克·勒盖雷,《香水：从起源到现在》,巴黎,奥迪尔·雅各布出版社,2005年。
LE GUÉRER, Annick, *Le Parfum, des origines à nos jours*, Paris, Odile Jacob, 2005.

伯纳德·曼德维尔,《蜜蜂的寓言（1723）》,丹尼-罗贝尔·迪富尔作序,巴黎,口袋书出版社,2017年。
MANDEVILLE, Bernard, *La Fable des abeilles, 1723*, préface Dany-Robert Dufour, Paris, Pocket, 2017.

迪沃米尔·J.马尔科维奇《法国羊毛纺织业：从柯尔贝尔到大革命》,日内瓦,德罗兹出版社,1976年。
MARKOVITCH, Tihomir J., *Les Industries lainières de Colbert à la Révolution*, Genève, Droz, 1976.

雅克·马赛（主编）,《法国奢侈：从启蒙运动到今天》,巴黎,ADHE出版社,1999年。
MARSEILLE, Jacques (dir.), *Le Luxe en France du siècle des Lumières à nos jours*, Paris, ADHE, 1999.

菲利普·米纳尔,《柯尔贝尔主义的财富》,巴黎,法亚尔出版社,1998年。
MINARD Philippe, *La Fortune du colbertisme*, Paris, Fayard, 1998.

安托万·蒙克雷蒂安,《政治经济学论文（1615）》,马克·罗代点评版,加尔尼埃经典文库,巴黎,2017年。
MONTCHRÉTIEN, Antoine, *Traité de l'économie politique*, 1615, édition commentée de Marc Laudet, classiques Garnier, Paris, 2017.

弗朗索瓦丝·莫塞,《十八世纪的财政管理者：勒菲弗·德奥梅森和"税收部"（1715—1777）》,日内瓦-巴黎,德罗兹出版社,1978年。
MOSSER, Françoise, *Les Intendants des finances au XVIIIe siècle. Les Lefèvre d'Ormesson et le « département des impositions» (1715-1777)*, Genève-Paris, Droz, 1978.

阿尔诺·奥兰,《奇迹政策：约翰·劳体系的另一个故事》,法亚尔出版社,2018年。
ORAIN, Arnaud, *La Politique du merveilleux, une autre histoire du système de Law*, Paris, Fayard, 2018

多米尼克·佩斯特（主编）,《科学与知识史》,巴黎,瑟依出版社,2015年。
PESTRE, Dominique (dir.), *Histoire des sciences et des savoirs*, Seuil, 2015.
- 卡佩里·拉吉,奥托·西布辛姆,《现代性与全球化》第2卷。
- KAPIL Raj, SIBUM Otto, *Modernité et globalisation*, tome 2.
- 斯特凡纳·凡·达默（主编）,《从文艺复兴到启蒙运动》第1卷。
- VAN DAMME, Stéphane (dir), *De la Renaissance aux Lumières*, tome 1.

阿兰·雷伊,巴黎,《法语历史词典》,罗贝尔出版社,2000年。
REY Alain, *Dictionnaire historique de la langue française*, Paris, Le Robert, 2000.

丹尼尔·罗什,《启蒙时代的法国》,巴黎,法亚尔出版社,1993年。
ROCHE, Daniel, *La France des Lumières*, Paris, Fayard, 1993.

玛丽-洛尔·德·罗什布吕内（主编）,《凡尔赛宫里的中国：十八世纪的艺术与外交》（展览目录）,巴黎,索莫吉出版社,2014年。
ROCHEBRUNE, Marie-Laure (de) (dir.), *La Chine à Versailles, art et diplomatie au XVIIIe siècle, catalogue d'exposition*, Paris, Somogy, 2014.

特里·萨尔芒,马蒂厄·斯托勒,《伟人柯尔贝尔》,达朗迪耶出版社,2019年。
SARMONT Thierry, STOLL Mathieu, *Le Grand Colbert*, Tallandier, 2019.

亚当·斯密,《国富论（1773）》,热尔曼·加尔尼埃翻译,丹尼尔·迪亚特金编辑,巴黎,弗拉马里翁出版社,1991年。
SMITH, Adam, *La Richesse des nations*, 1773, traduit par Germain Garnier, édité par Daniel Diatkine, Paris, Flammarion, 1991.

亚历山德罗·斯坦齐亚尼（主编）,《法国产品的质量（十八至二十世纪）》,巴黎,贝兰出版社,2003年。
STANZIANI, Alessandro (dir.), *La Qualité des produits en France, XVIIIe-XXe siècles*, Paris, Belin, 2003.

宋应星,《天工开物：十七世纪中国科技》,任以都、孙宋全译,纽约,多佛出版社,1996年。
SUNG YING-HSING, *T'ien-Kung K'ai-Wu, Chinese technology in the seventeenth century*, traduction E-Tu Zen Sun et Shiou-Chuan Sun, Dover publication, New York, 1996.

玛丽-保罗·德·威特-皮洛尔热,马克·埃尔桑,弗朗索瓦·拉维耶,《圣-西蒙》,罗贝尔·拉封出版社,2017年。
WEERDT-PILORGE Marie-Paule (de), HERSANT Marc, RAVIEZ, François, *Tout Saint-Simon*, Robert Laffont, 2017.

图片版权 CRÉDITS PHOTOGRAPHIQUES

扉页图片	© 法国国家图书馆；	126	© 布里奇曼图库；
正文前页图片	© 国家艺术与文化研究中心图书馆，雅克·杜赛系列；	128	© J.P. 泽诺贝尔 / 布里奇曼图库；
6	© 贝洛塔影业 / 劳伦斯·皮科	132	© 阿尔弗雷德·拜特基金，罗斯伯鲁格，Co. 维克罗
10	照片 © 国家自然史博物馆（发行）法国国家博物馆联合会 - 巴黎大皇宫 / 图片 - 国家自然史博物馆，中央图书馆；	134-135	© 法国国家图书馆；
		137	© 法国国家图书馆；
12-13	照片 © 法国国家博物馆联合会 - 巴黎大皇宫（凡尔赛宫）/ 图片-法国国家博物馆联合会 - 巴黎大皇宫；	138	© 法国国家图书馆；
		140-141	© 布里奇曼图库；
14	照片 © 法国国家博物馆联合会 - 巴黎大皇宫 / 图片法国国家博物馆联合会 - 巴黎大皇宫；	142	© 里昂织物博物馆，西尔维安·普莱托，皮埃尔·威利耶
		146	© 布里奇曼图库；
18	© 布里奇曼图库；	148	© 布里奇曼图库；
20	照片 © 法国国家博物馆联合会 - 巴黎大皇宫（凡尔赛宫）/ 杰拉德·布洛特；	150	© 法国国家图书馆；
		152-153	© 布里奇曼图库；
22-23	© 匿名作者 / 圣戈班集团档案馆；	154	© 勒鲁弗尔城市艺术和历史博物馆；
24	© 迪亚哥图库 / 布里奇曼图库；	158	© 布里奇曼图库；
26-27	© 阿布维尔城，O. 马克龙；	160	照片 © 卢浮宫博物馆（发行），法国国家博物馆联合会 - 巴黎大皇宫 / 特里·奥利维埃；
28	© 加达涅博物馆 / 泽维尔·施韦贝尔；		
31	照片 © 法国国家博物馆联合会 - 巴黎大皇宫（凡尔赛宫）/ 克里斯提安·让 / 让·朔尔曼	162-163	© 布里奇曼图库；
		164	© 国家自然史和科学博物馆，里斯本大学；
32	© 沙尔梅档案馆 / 布里奇曼图库；	166-167	© 布里奇曼图库；
34	照片 © 法国国家博物馆联合会 - 巴黎大皇宫（凡尔赛宫）/ 丹尼尔·阿尔诺代 / 让·朔尔曼；	168	照片 © 法国国家博物馆联合会 - 巴黎大皇宫（凡尔赛宫）（卢浮宫博物馆）/ 让 - 吉尔·贝利兹
36	© 法布尔企业；	172	© akg 图片库；
37	© "看和学" / 布里奇曼图库；	174	© 沙尔梅档案馆 / 布里奇曼图库；
40	© 巴黎博物馆 / 卡纳瓦莱博物馆；	176	© 匿名作者 / 法国航空文物馆合集 - 勒布尔热机场 / Inv. 4040
42	© 埃罗省档案馆（法国），C2215		
44-45	© akg 图片库 / 埃里克·莱辛	178-179	© G. 达利·奥尔迪，迪亚哥图片库 / 布里奇曼图库；
46	照片 © 法国国家博物馆联合会 - 巴黎大皇宫（凡尔赛宫）/ 弗兰克·霍；	180	© 巴黎博物馆 / 卡纳瓦莱博物馆；
48-49	© 爱德华·安德鲁·泽加与贝尔纳 H. 达玛. 建筑水彩画	184	© 法国国家图书馆；
		186	© 宝玑表业全集；
49	© 法国国家博物馆联合会 - 巴黎大皇宫（凡尔赛宫）/ 艾尔维·莱万多夫斯基；	188-189	© 时间博物馆，皮埃尔·戈纳；
		190	© 贝洛塔影业 / 劳伦斯·皮科；
50	图片来自盖蒂图片社开放资源库	194	© 巴黎博物馆 / 卡纳瓦莱博物馆；
54	© 斯特普尔顿合集 / 布里奇曼图库；	196	希利基金 / 布里奇曼图库；
56	照片 © 法国国家博物馆联合会 - 大皇宫（卢浮宫博物馆）/ 艾尔维·莱万多夫斯基；	198-199	© 巴黎博物馆 / 卡纳瓦莱博物馆；
		202	巴黎装饰艺术博物馆 © MAD, Paris / 让·托朗斯；
59	© 布里奇曼图库；	204-205	"黄金之国" 装饰 / 祖伯；
60	© 迪亚哥图片库 / 布里奇曼图库；	206	© "看与学" / 布里奇曼图库；
62-63	照片 © 柏林 BPK 图片库，法国国家博物馆联合会 - 巴黎大皇宫 / 约尔格.P. 安德斯；	208	音乐博物馆 / 让·马克·安格莱；
		210-211	照片 © 贝尔格精美图画，克斯克·海斯特，比利时 / 布里奇曼图库；
64	© 斯德哥尔摩，皇家军事博物馆；	212-213	音乐博物馆 / 克劳德·热尔曼；
66	© 布里奇曼图库；	216	茹伊布博物馆，inv. 977.11.1.a-c © 马克·瓦尔特；
70	照片 © 巴黎军事博物馆，法国国家博物馆联合会 - 巴黎大皇宫 / 艾米丽·康比耶；	218-219	© 茹伊布博物馆 inv. 920.1
72	照片 © 凡尔赛宫（发行），法国国家博物馆联合会 - 巴黎大皇宫 / 克里斯托弗·富安；	220	照片 © 乔斯 / 布里奇曼图库；
		222	© 布里奇曼图库；
74	© 法国国家图书馆；	224	© 国家工艺博物馆 - 国立工艺学院，巴黎 / 照片来自 S. 佩里；
76	© 法国国家图书馆；	228	© 勒皮昂韦莱，克罗扎蒂埃博物馆；
77	照片 © 凡尔赛宫（发行），法国国家博物馆联合会 - 巴黎大皇宫 / 克里斯托弗·富安；	230-231	© 法国国家图书馆；
		232	© 法国国家图书馆；
78	照片 © 法国国家博物馆联合会 - 巴黎大皇宫（凡尔赛宫）/ 热拉尔·布罗	234	© 创始人公司，R.H. 坦纳尔创始基金 / 布里奇曼图库；
82	© 斯特普尔顿合集 / 布里奇曼图库；	236-237	© 克里斯托夫勒遗产；
84	照片 © 伦敦，阿格纽 / 布里奇曼图库；	238	© 克里斯托夫勒遗产；
86	© 布里奇曼图库；	242	照片 © 法国国家博物馆联合会 - 巴黎大皇宫（贡比涅城堡）/ 丹尼尔·阿尔诺代；
88-89	照片 © 法国国家博物馆联合会 - 巴黎大皇宫（凡尔赛宫）/ 弗兰克·霍；	244-245	© 路易·威登档案馆
90	照片 © 法国国家博物馆联合会 - 巴黎大皇宫（凡尔赛宫）/ 热拉尔·布罗；	246	© 戈雅；
		248	© 巴黎博物馆 / 卡纳瓦莱博物馆；
94	照片 © 柏林 BPK 图片库，法国国家博物馆联合会 - 巴黎大皇宫 / 于尔根·卡尔平斯基；	250	巴黎装饰艺术博物馆 © MAD, Paris / 让·托朗斯；
		253	© 法国国家图书馆；
96	巴黎博物馆 / 巴黎美术博物馆，小皇宫；	256	照片 © 国家文化部 - 国家遗产和建筑影像资料中心，法国国家博物馆联合会 - 巴黎大皇宫 / 保罗·纳达尔；
98	© 贝洛塔影业 / 劳伦斯·皮科；		
102	照片 © 乔斯 / 布里奇曼图库；	258-259	© 法国国家图书馆；
104	照片 © 法国国家博物馆联合会 - 巴黎大皇宫（凡尔赛宫）/ 丹尼尔·阿尔诺代 / 艾尔维·莱万多夫斯基	260	巴黎装饰艺术博物馆 © MAD, Paris；
		262	© 布里奇曼图库；
106-107	© 布里奇曼图库；	264	© 雷米·马丁 / 佩里昂工作室，2014；
110	照片 © 凡尔赛宫（发行），法国国家博物馆联合会 - 巴黎大皇宫 / 克里斯托弗·富安；	266	照片 © 克里斯蒂图片库 / 布里奇曼图库；
		268-269	照片 © 欧洲和地中海文明博物馆（发行），法国国家博物馆联合会 - 巴黎大皇宫 / 伊夫·安舍尔曼；
112-113	© 巴黎，国家工艺博物馆 - 国立工艺学院 / 德福提·韦内特；		
114	照片 © 法国国家博物馆联合会 - 巴黎大皇宫（凡尔赛宫）/ 热拉尔·布罗	272	© 帕特里克·许特勒 / 巴卡拉档案馆；
		274	© 巴卡拉档案馆；
116	© 德国明斯特漆器艺术博物馆 / 照片·托马斯·萨梅克；	278	照片 © 法国国家博物馆联合会 - 巴黎大皇宫（贡比涅城堡）/ 弗兰克·霍；
118	© 维多利亚和阿尔伯特博物馆，伦敦；	280	© 法国国家图书馆；
122	© 巴黎博物馆 / 卡纳瓦莱博物馆；	282-283	照片 © 法国国家博物馆联合会 - 巴黎大皇宫（贡比涅城堡）/ 斯特凡纳·马雷夏尔．
124	© 布里奇曼图库；		

致谢 REMERCIEMENTS

我，劳伦斯·皮科，想向多米尼克·贝尔诺致以谢意，感谢他的善良、支持和提出的宝贵建议；我想感谢法国国家档案馆和它可贵的管理员们，尤其是安妮·梅津；感谢将珍贵资料保存完好的各家企业，尤其是巴卡拉、宝玑、克里斯托夫勒、戈雅、雷米·马丁、圣戈班、威登和祖伯；感谢法国及外国博物馆和所有保存了重要历史资料，并允许我对它们进行研究的人们，没有你们的协助，我根本不可能完成这项工作；我同样想感谢慷慨地向 Luxinside 团队借出古董文物，支持其完成创作的各家企业：宝玑、文森·盖尔、安妮·奥盖、圣戈班、塞夫尔瓷器厂；感谢所有支持我们这个艺术团体的人们——让-弗朗索瓦·保罗，莱拉·巴黛，埃玛努埃尔·布勒盖，玛丽·德·洛比耶，马克西姆·勒费布尔-洛克和塞西尔·达奥利斯科。

我还想感谢以下人士给予我的鼓励和支持，他们是：奥尔拉娜·阿奇里那，艾利克斯，弗雷德里克·克拉维尔，让·古阿科，奥利维耶·古尔特芒什，伊丽莎白·德拉卡尔特，菲利波·德尔·奥索，阿里克西斯·唐斯科，维克多·埃斯科巴尔和爱蕾欧诺尔·埃斯科巴尔奥利维耶·弗朗克普莫阿，尼古拉和德尼·杰斯塔，马丽娜·德·拉奥利，塔卡·可达，菲利普·库里尔斯基，柯丽娜·拉文尼尔，宋·勒，卡罗·勒卡尔庞捷，伊丽莎白·勒普雷特，阿涅斯·莫尔桑，亚米娜·内贾迪，米歇尔·克里斯蒂娜和克劳德，娜塔莉·拉斯图安，丽莎和让-菲利普·里基耶，丹尼尔·鲁塞尔，欣德·萨伊，克劳德·德·伍尔夫。

《创造法式奢侈》是一部由斯特凡那·贝戈恩拍摄的纪录片。该片受劳伦斯·皮科启发，由弗洛尔·柯西内茨（Flore Kosinetz）和斯特凡那·贝戈恩（Stéphane Bégoin）共同创作、贝洛塔影业和阿尔特法国（Arte France）共同出品，并由阿尔特电视台（arte.tv）进行放送。

图书在版编目（CIP）数据

奢侈品的秘密 /（法）劳伦斯·皮科著；王彤译
. -- 北京：中译出版社，2022.1
书名原文：Les Secrets du Luxe
ISBN 978-7-5001-6788-4

Ⅰ. ①奢… Ⅱ. ①劳… ②王… Ⅲ. ①消费品工业—研究—法国 Ⅳ. ①F565.68

中国版本图书馆CIP数据核字（2021）第234726号

Copyright : Les Secrets du Luxe © Hachette-Livre (Editions EPA), 2020
Author's name：Laurence Picot

奢侈品的秘密
Les Secrets du Luxe

作　　者	[法]劳伦斯·皮科
译　　者	王　彤
责任编辑	温晓芳
助理编辑	苟　丹
装帧设计	付诗意

出版发行	中译出版社
地　　址	北京市西城区车公庄大街甲4号物华大厦6层
电　　话	（010）68002926
邮　　编	100044
电子邮箱	book@ctph.com.cn
网　　址	http://www.ctph.com.cn
印　　刷	中煤（北京）印务有限公司
经　　销	新华书店

规　　格	787mm×1092mm　1/16
印　　张	19
字　　数	150千字
版　　次	2022年1月第1版
印　　次	2022年1月第1次

ISBN　978-7-5001-6788-4
定　　价　198.00元

版权所有　侵权必究
中 译 出 版 社

作者简介

劳伦斯·皮科（LAURENCE PICOT），奢侈品行业专家，与《ELLE》《法国世界报》《巴黎竞赛画报》等著名出版物合作。奢侈品品牌管理硕士导师，艺术科学团体"内在之光（LuxInside）"的联合创始人。

译者简介

王彤，本科毕业于上海外国语大学法语系，现为上海外国语大学法语语言文学专业硕士研究生。曾在韩素音国际翻译大赛、"上译"杯翻译竞赛中获奖。